IL FASCINO DELLA RAGIONE

IL FASCINO DELLA RAGIONE

PAUL HAFFNER

GRACEWING

Prima edizione 2007
Seconda edizione riveduta, corretta ed aggiornata 2014
Pubblicato da
Gracewing
2, Southern Avenue,
Leominster
Herefordshire
HR6 0QF
GB-Inghilterra
www.gracewing.co.uk

The Mystery of Reason
© Paul Haffner 2001
Tradotto dall'inglese da Giovanni Patriarca e Luca Attanasio

Tutti i diritti riservati. Nessuna parte del testo di questo libro può essere riprodotta o trasmessa in qualsiasi forma o con qualsiasi mezzo, elettronico o meccanico, incluso le fotocopie, la trasmissione facsimile, la registrazione, il riadattamento o l'uso di qualsiasi sistema di immagazinamento e recupero di informazioni, senza il permesso scritto dell'editore.

© Paul Haffner 2007, 2014

Il diritto di Paul Haffner, autore di questo libro, è protetto dalla della legge sul diritto d'autore.

ISBN 978 0 85244 688 1

Copertina: Bernardita Peña Hurtado

Prefazione

Questa opera si propone di illustrare come l'uomo si avvicina a Dio attraverso la ragione, e come Dio ci comunica la sua conoscenza. Essa esplora la relazione tra la ragione umana ed i diversi aspetti della fede. L'opera contiene un insieme di riflessioni filosofiche, teologiche e mistiche ma piuttosto che essere un trattato sistematico rappresenta l'approccio personale dell'autore nel mostrare come l'intelligenza umana può mettersi in relazione con Dio e con altri aspetti dell'esperienza religiosa umana. Qui ci proponiamo di investigare la proiezione della fede sul piano della ragione, o in altre parole di esaminare l'impatto del divino sull'umano, di Dio sul mondo dell'uomo e della donna.

Questo libro, perciò, aspira a mostrare come la ragione cerca Dio, cioè come l'intelletto cerca la fede, per indicare come la ragione sostenga la fede e come la fede aiuti la ragione. Ci assiste a comprendere in che modo Dio va in cerca della mente umana, come la fede cerca la comprensione, e quindi come la fede è razionale. L'opera mostra come la ragione è aperta alla fede, e come la fede sostenga e trascenda la ragione. Propone, inoltre, una armonia gradevole tra fede e ragione, non un'opposizione dialettica; però un armonia che deve essere coltivata. Il libro illustra anche la relazione tra la mente e il cuore nella ricerca di Dio.

Il punto di partenza è l'analisi degli strumenti della ragione, prendendo in considerazione alcune delle definizioni basilari e delle acquisizioni della filosofia, che saranno parte del bagaglio preso per il viaggio che questo libro propone. Nel secondo capitolo saranno esplorati alcuni dei punti di incontro tra la fede e la ragione nel Nuovo Testamento. Successivamente, nel terzo capitolo sarà esaminato lo sviluppo della ragione in relazione alla fede cristiana nei Padri della Chiesa. La fruizione della riflessione sulle relazioni tra fede e ragione nel Medioevo è ritratta nel quarto capitolo. Nel quinto capitolo verrà illustrato come, nell'epoca moderna, sorsero frammentazioni in quella relazione. Nel sesto capitolo verrà presentata la sfida, particolarmente interessante, della ragione scientifica. In un certo senso il settimo capitolo è il centro del libro quando descrive molte dimostrazioni razionali, antiche e moderne, dell'esistenza di Dio. L'ottavo capitolo tenta di fare una sintesi e di mostrare come e perché la fede cristiana è razionale. Al termine l'ultimo capitolo indica che l'amore deve entrare in ogni discussione delle relazioni tra fede e ragione.

Questo libro è stato scritto principalmente per gli studenti di filosofia e di teologia, ma non soltanto per questo pubblico particolare. Sarebbe infatti utile per chiunque è alla ricerca di dimostrazioni razionali dell'esistenza di Dio, e anche per quelli che stanno cercando di portare la fede cristiana ad un contatto più stretto con l'esperienza umana. Ho, quindi, relegato alle note il materiale più difficile ed intricato, nella speranza che il lettore meno accademico possa procedere senza troppi impedimenti. Sono grato a molte persone per il loro aiuto nella preparazione di questo volume. Discussioni con gli studenti nelle vari atenei romani hanno gettato il seme per alcune delle idee qui contenute. Un sincero ringraziamento è dovuto a P. Marco Simino, LC, a Giovanni Patriarca, e a Luca Attanasio per la preparazione della versione italiana. Il libro è dedicato a mia madre.

Roma, 28 gennaio 2014,
Festa di San Tommaso d'Aquino

Abbreviazioni

AAS = Acta Apostolicae Sedis. Commentarium officiale. Roma: Typis Poliglottis Vaticanis, 1909– .

CCC = Catechismo della Chiesa Cattolica. Città del Vaticano: LEV, 1992.

DP = Discorsi indirizzati dai Sommi Pontefici Pio XI, Pio XII, Giovanni XXIII, Paolo VI, Giovanni Paolo II alla Pontificia Accademia delle Scienze dal 1936 al 1986. Vatican City: Pontifical Academy of Sciences, 1986.

DS = H. Denzinger. Enchiridion Symbolorum, Definitionum et Declarationum de rebus fidei et morum. Bologna: EDB, 1995.

IG = Insegnamenti di Giovanni Paolo II. Vatican City: Vatican Polyglot Press, 1978–2005.

IP = Insegnamenti di Paolo VI. Vatican City: Vatican Polyglot Press, 1963–1978.

OR = L'Osservatore Romano, edizione quotidiana.

PG = J.P. Migne. Patrologiae cursus completus, series graeca. 161 vols. Paris: 1857–1866.

PL = J.P. Migne. Patrologiae cursus completus, series latina. 221 vols. Paris: 1844–1864.

Le citazioni e le abbreviazioni della Sacra Scrittura sono dalla Bibbia di Gerusalemme.

1
Strumenti della ragione

> Diventare cattolico non vuol dire rinunciare a pensare, bensì imparare come pensare.
>
> G. K. Chesterton, *La Chiesa Cattolica e la conversione*

> È possibile riconoscere, nonostante il mutare dei tempi e i progressi del sapere, un nucleo di conoscenze filosofiche la cui presenza è costante nella storia del pensiero. Si pensi, solo come esempio, ai principi di non contraddizione, di finalità, di causalità, come pure alla concezione della persona come soggetto libero e intelligente e alla sua capacità di conoscere Dio, la verità, il bene; si pensi inoltre ad alcune norme morali fondamentali che risultano comunemente condivise. È come se ci trovassimo dinanzi a una filosofia implicita per cui ciascuno sente di possedere questi principi, anche se in forma generica e non riflessa. Queste conoscenze, proprio perché condivise in qualche misura da tutti, dovrebbero costituire un punto di riferimento delle diverse scuole filosofiche. Quando la ragione riesce a intuire e a formulare i principi primi e universali dell'essere e a far correttamente scaturire da questi, conclusioni coerenti di ordine logico e deontologico, allora può dirsi una ragione retta o, come la chiamavano gli antichi, orthòs logos, recta ratio.
>
> Papa Giovanni Paolo II, *Fides et Ratio*, 4

Il mistero della ragione è al centro della cultura umana e della vita cristiana. Attraverso la ragione, gli uomini e le donne riescono ad arrivare alla conoscenza del mondo e, principalmente, si protendono verso Dio. Per mezzo della ragione, essi esperimentano quanto Dio si abbassi verso di loro. La fede non è quindi irrazionale, ma uno strumento superiore alla ragione. Dio non può essere confinato entro i limiti della ragione umana, pur tuttavia Egli ha scelto di rivelarSi attraverso Cristo, il suo Verbo, ed ha utilizzato categorie umane che hanno valore perenne. La parola «mistero» è qui usata propriamente in quanto, nella ricerca della conoscenza, la ragione rivela ma allo stesso tempo nasconde; la comprensione è perciò un processo permanente che permette di giungere alla verità in tutta la sua varietà e la sua ricchezza. La relazione che esiste tra fede e ragione è senza dubbio misteriosa. Questo libro vuole esplorare il contributo offerto dalla ragione umana alla ricerca di Dio, visto da una prospettiva cristiana. La posizione qui assunta è che non è possibile, pensabile, né tanto meno auspicabile, mettere da parte la fede cristiana quando ci si impegni ad esaminare la ragione: la fede infatti trascende la ragione ed addirittura la perfeziona e la purifica con il suo impatto positivo.[1] All'inizio quindi, il testo offrirà un esame dell'ambiente da cui provengono alcuni simboli, alcuni geroglifici o alcuni strumenti utilizzati nel processo del ragionare.

1.1 La ragione

L'espressione «animale razionale»[2] nel pensiero classico veniva usata per descrivere la persona umana come un essere dotato di propria ragione. In questo modo l'uomo assurgeva ad una posizione speciale che lo rendeva «poco inferiore agli angeli» (*Sal* 8:7) e superiore agli animali. Prima di tutto sarà qui opportuno capire che cosa si intenda con il termine ragione, un'espressione usata nella vita di tutti i giorni, in filosofia o in teologia, ma che varia di significato a seconda di come la si utilizzi. La parola prende origine dal nome latino ratio. Il verbo latino da cui la parola deriva

---

1. Vedi VATICANO I, *Dei Filius*, capitolo III, Canone 5 che condanna l'errore secondo il quale «I cattolici potrebbero avere un giusto motivo per sospendere il proprio giudizio e chiamare in causa la fede da loro ricevuta sotto l'autorità dell'insegnamento della Chiesa, fino a che non avranno portato a termine una dimostrazione scientifica della credibilità e veridicità della loro fede.»

2. L'origine di questa espressione proviene dalla frase stoica, *zoon logicòn*, adoperata da Seneca: «rationale animal est homo» (*Epistulae morales ad Lucilium* 46:63). Nell'utilizzo cristiano, la parola viene approfondita riguardo al suo significato, mediante la fede nell'immortalità dell'anima. Cfr. S.L. JAKI, *La strada della scienza e le vie verso Dio*, Jaca Book, Milano 1988, p. 367.

Strumenti della ragione 3

è *reor*, che significa «penso», oppure «propongo qualcosa» (una *res*) alla mia mente in una maniera estremamente concreta.[3] La parola *ratio*, da una parte denota l'atto del pensare e, in senso più lato, descrive la facoltà del pensiero; dall'altra sta ad indicare l'elemento formale del pensiero quale potrebbe essere un progetto o un'operazione matematica. Questo uso così ampio della parola ragione nel suo significato di facoltà cognitiva (specialmente quando si tratta di un'evidenza intrinseca) è senza dubbio il più comune anche ai giorni nostri. Già in Aristotele si trovava una chiara distinzione tra intelletto (*voûs*), la facoltà intuitiva, e ragione (*lógos*), la facoltà discorsiva o inferenziale. Questa stessa distinzione fu mantenuta dagli studiosi medioevali. Tuttavia, da Kant in poi, la parola ragione è stata spesso utilizzata quasi come un ombrello per racchiudere un'enorme e confusa gamma di idee.[4] Per Newman, la ragione è quella facoltà dell'anima che ci permette di arrivare a conoscere cose che oltrepassano la sfera dei sensi: esseri, fatti, eventi. La ragione

> non si limita a darci informazioni soltanto sulle cose materiali, o su quelle immateriali, o soltanto sulle presenti, o sulle passate, o sulle future; anche se la sua forza è limitata, la sua sfera d'azione non ha limiti, se la si considera in quanto facoltà... Essa giunge fino ai confini dell'universo, e, al di là di questi, al trono di Dio; da ogni parte ci porta conoscenze che, certe o incerte che siano, perfette o imperfette, sono pur sempre conoscenze; ma la sua

---

3. La parola latina *res* può in qualche modo essere messa in relazione a *h-ra-is*, che a sua volta deriva da *hir* equivalente a χείρ (mano, in lingua greca); *res* quindi, è «ciò che è maneggiabile», un oggetto del pensiero, secondo con la tendenza pratica della mente romana di considerare tutte le cose come tangibili.

4. Oltre ad usare la ragione (*Vernunft*), distinta dalle facoltà della concezione (*Verstand*) e del giudizio (*Urteilskraft*), Kant impiegava la parola in senso trascendentale come la funzione per includere sotto l'unità delle idee, i concetti e le regole della comprensione.

caratteristica è che le ottiene in modo indiretto e non immediato.[5]

Il processo della ragione in una persona umana si compone di vari aspetti: la deduzione e l'induzione, l'intuizione e la ricerca dell'evidenza empirica. Alcuni pensatori, come Sant'Agostino, videro una correlazione tra la parola dell'uomo e della Santissima Trinità.[6] Tuttavia, nella vita terrena la nostra conoscenza è frammentaria ed approssimativa, una specie di enigma messo assieme dal senso logico. Solo nel paradiso l'esistenza di Dio sarà completamente auto-evidente e riusciremo a percepirla immediatamente grazie solamente al nostro intuito. A quel punto assurgeremo allo stesso livello degli angeli che sono intelligenze semplici ed agiscono solo attraverso l'intuito. L'uomo è un essere razionale anche nel senso che giunge a delle conclusioni partendo da premesse, attraverso la deduzione logica. La nostra vita intellettuale è un processo, un viaggio di continue scoperte; la nostra conoscenza non è un monolite statico, al contrario essa è un processo in continua evoluzione che cresce parallelamente alla nostra esistenza. Nella costruzione del castello della conoscenza, mattone su mattone, ogni nuova conclusione diviene la base per la prossima inferenza. In questa impresa, l'espressione «ragione» viene applicata al processo di edificazione così come a quegli elementi che costituiscono il corpo della conoscenza nella sua interezza.

Il ragionamento non può essere sempre formulato o espresso attraverso la parola. Il linguaggio dopotutto, è l'abito del pensiero che si indossa per analizzare in maniera logica o per comunicare con gli altri. Tuttavia, non capita anche a noi, nella vita di tutti giorni, di esprimerci con gli occhi o di ragionare attraverso suoni? E la nostra mente, con le sue inferenze, non si lancia talora in avanti, lontana

---

5. B. J.H. NEWMAN, Sermone XI «La natura della fede vista nel suo rapporto con la ragione. 13 gennaio 1839», §6, in *Opere di John Henry Newman*, a cura di A. Bosi, Unione Tipografico-Editrice Torinese, Torino 1988, p. 619.
6. Si veda p. 69 sotto.

Strumenti della ragione

dai pesi del nostro linguaggio macchinoso? E chi di noi è mai riuscito ad analizzare pienamente le proprie abitudini comuni o le proprie emozioni? Per spiegare gran parte dell'esistenza umana è necessario possedere una facoltà del processo di ragionamento, che è controllo intuitivo ed allo stesso tempo principio dirigente nei giudizi. Detta facoltà può essere considerata senso illativo, o ragione artistica o ancora pensiero implicito.[7] La prima cosa da osservare è che non si tratta di una facoltà speciale. Al contrario, è la

---

7. Si tratta di una facoltà analoga alla *phrónesis* aristotelica, o prudenza o saggezza pratica. Vedi ARISTOTELE, *L'etica Nicomachea*, libro 6, v. Per il senso illativo, vedi b. J. H. NEWMAN, *Grammatica dell'Assenso*, Jaca Book-Morcelliana, Milano 1980, pp. 211–237, e più specificamente pp. 221–222, dove Newman elenca le sue caratteristiche:

«1) Quanto al suo esercizio, esso è unico quale che ne sia il campo d'applicazione, sebbene nei vari campi si esplichi in misura diversa. I nostri ragionamenti non sono diversi se li applichiamo alla chimica o al diritto, oppure alla morale a alla religione; ma resta che ragionando in ogni materia concreta noi procediamo fin dove ci è possibile col mezzo logico del linguaggio, ma più in là vi dobbiamo supplire con la logica ben più sottile ed elastica dell'intelligenza; perché le formule di per sé non proverebbero nulla.

2) Di fatto il senso illativo è strettamente legato alle varie specifiche materie: la stessa persona ne può essere provvista in un dato campo di studio, la storia ad esempio, e non in un altro, per esempio la filosofia.

3) Esso procede verso le sue conclusioni, sempre ad un solo modo: seguendo un metodo di ragionamento che, come ho segnalato, è poi il principio elementare del calcolo matematico moderno: quel calcolo che ha così ammirevolmente esteso il territorio del sapere astratto.

4) In nessun settore dell'indagine concreta, non più nelle scienze sperimentali che storia o nella teologia, disponiamo d'un criterio decisivo per la verità e l'errore nelle nostre inferenze, al di fuori della fiducia che dobbiamo prestare al senso illativo che sancisce la verità: così come non c'è un metro sufficiente per il valore poetico, per l'eroismo, per la condotta di un gentiluomo, all'infuori di quel particolare criterio intimo—lo si chiami buon gusto, decenza, moralità che è pertinente nel campo specifico. In ognuno di tali campi d'azione il nostro dovere è di rafforzare e rifinire quella nostra speciale facoltà che ne forma la regola viva. Siffatto è il nostro dovere, e siffatta la nostra necessità, nei riguardi del senso delle inferenze.»

ragione che agisce nonostante l'inadeguatezza del linguaggio ad incapsulare i concetti del pensiero.

Va inoltre considerata la relazione che sussiste tra mente e cuore, tra ragione e volontà. Nel medioevo queste facoltà erano in qualche modo accorpate. Solo più tardi e grazie all'intervento di filosofi quali Kant e Schleiermacher, si operò una netta distinzione tra mente e cuore. È vero che la ragione opera in assoluta libertà e che cioè è in grado di selezionare e discernere, ma ad essa manca la capacità di creare o trasformare. La natura è un cosmo con un ordine del quale noi stessi facciamo parte ed ogni oggetto ha un'influenza «pratica» sulle nostre esistenze: è collegato con il nostro appetito razionale, sensibile o naturale. Ciò che è conosciuto non è mai completamente estraneo alle nostre emozioni ed alle nostre volizioni. Affermare una cosa o ragionare su un argomento significa sempre prendere posizione riguardo ad essi. Questo è poi particolarmente vero se si parla di questioni morali e religiose. La genesi emozionale delle convinzioni etiche è stata spesso portata come prova della loro irrazionalità. Tuttavia non dovrebbe essere dimenticato che la disposizione ad essere influenzati da fattori emozionali non è solo appannaggio del ragionamento etico e religioso. Quando si giunge ad una conclusione non significa necessariamente che la si preferisca o che si sia da essa influenzati. La volizione, così come S. Tommaso sosteneva riguardo agli pseudo-mistici o gli Agostiniani di ogni tempo, è possibile solo in quanto include la cognizione; e, potremmo aggiungere noi, l'emozione è un aspetto dell'esperienza solo in quanto presuppone la conoscenza.[8]

1.2 La conoscenza

La ragione conduce quindi alla conoscenza della quale vorremmo ora considerare alcune caratteristiche. Per cominciare, sarà utile prendere in esame i vari usi che si

---
8. Per ulteriori dettagli riguardo a questo punto, vedi sotto, capitolo 9. Si veda anche A. J. RAHILLY, «Reason» in *The Catholic Encyclopedia*, vol. 12, Robert Appleton Company, New York 1911, pp. 673–675.

Strumenti della ragione 7

fanno del termine «conoscere». Dire che si conosce una data persona significa spesso che la si è incontrata in precedenza e che la si riconosce ogni volta che la si rivede. Ciò implica la permanenza di un'immagine mentale che permetta di discernere quella stessa persona tra tante altre. A volte si tratta persino di qualcosa in più di semplice familiarità con caratteristiche esteriori. Conoscere una persona può significare conoscere il suo carattere, le sue più intime e sconosciute qualità ed aspettarsi che essa reagisca in un certo modo in determinate circostanze. Colui che afferma di conoscere un avvenimento sta dicendo che è certo di esso a tal punto da non avere dubbi riguardo la sua realtà. Uno studente conosce la sua materia quando la possiede ed è in grado di rispondere a domande su di essa. Ciò richiede abilità di ritenzione della stessa materia nella memoria così come un lavoro intellettuale di comprensione. Una scienza è conosciuta quando i suoi principi, metodi e conclusioni sono capiti ed i fatti e le leggi ad essa collegati sono spiegati. Questi diversi significati possono essere tutti ridotti a due gruppi: il primo fa riferimento principalmente alla conoscenza sensoriale ed al riconoscimento di esperienze particolari; il secondo invece si basa sulla comprensione di leggi e principi generali. Il primo gruppo ha in genere a che fare con fatti concreti mentre il secondo è più legato a concetti astratti. Questa distinzione viene espressa in molti linguaggi con l'utilizzo di due verbi differenti: *gnônai* ed *eidénai*, in greco; *cognoscere* e *scire*, in latino, *conoscere* e *sapere* in italiano, *connaître* e *savoir* in francese ed altri paralleli in altre lingue latine; in tedesco è resa da *kennen* e *wissen*.

La conoscenza è essenzialmente la coscienza di un dato oggetto, cioè di ogni cosa, fatto o principio che appartenga all'ordine fisico, mentale, o metafisico e che possa in qualche modo essere raggiunta grazie alle facoltà della ragione.[9] Un

---

9. Cf. E. GILSON, *Le réalisme méthodique*, Téqui, Paris 1935, p. 89: «La conoscenza di cui parla il realista è l'unità vissuta e sperimentata tra un intelletto ed un oggetto della realtà appreso. Questo è il motivo per cui una filosofia realista si riferisce sempre allo stesso oggetto che è colto, e senza il quale non ci sarebbe conoscenza.»

evento, una sostanza, un uomo, un teorema matematico, un processo mentale, l'immortalità dell'anima, l'esistenza e la natura di Dio, possono quindi essere oggetto della conoscenza. La conoscenza implica una relazione tra soggetto conoscente ed oggetto conosciuto. Possiede sempre un carattere oggettivo; al contrario, ogni processo che sia concepito come esperienza meramente soggettiva, non può essere considerato un processo cognitivo. Qualsiasi tentativo di ridurre l'oggetto ad un'esperienza puramente soggettiva, finirebbe per distruggere il fatto stesso della conoscenza che invece implica sia la presenza dell'oggetto (il non-sé) così come quella del soggetto (il sé).

La conoscenza poi, presuppone un giudizio, sia esso esplicito o implicito. L'apprendimento, che non è altro che il concetto mentale di un semplice oggetto presente, è generalmente catalogato tra i processi cognitivi. Pur tuttavia, l'apprendimento in se stesso, non è conoscenza pura, ma solo il suo punto d'inizio. La conoscenza in senso stretto avviene in noi solo quando paragoniamo, identifichiamo, discriminiamo, colleghiamo. Questi stessi processi, equivalenti al giudizio, si riscontrano anche nella normale percezione sensoriale. Solo pochi giudizi sono raggiunti all'istante, per la maggior parte è richiesta una paziente ricerca. La mente non è solamente un soggetto passivo della conoscenza, uno specchio o un obiettivo fotografico nel quale gli oggetti si riflettono; essa prende parte attiva nella ricerca delle cause e delle condizioni, nella edificazione della scienza a partire dal materiale che riceve dall'esperienza. L'osservazione ed il pensiero quindi, sono due fattori essenziali nel processo del conoscere.

La verità e la certezza sono condizioni della conoscenza: una persona potrebbe commettere un errore per amore della verità o dare il proprio totale assenso ad una falsa affermazione. Potrebbe in questo caso trovarsi nell'illusorio convincimento di conoscere e sarebbe sottoposto ad un processo identico a quello della conoscenza anche se mancante di un elemento essenziale: la conformità del pensiero con la realtà. La sua conoscenza in definitiva, sarebbe solo

Strumenti della ragione

apparentemente completa. D'altra parte, finché permanga un serio dubbio nella mente di una persona, essa non può ragionevolmente affermare di conoscere. «Penso di sì» è molto diverso da «so che è così»; la conoscenza non è una semplice opinione o un probabile assenso. Più difficile è tracciare una netta demarcazione tra conoscenza e credo, proprio a causa della vaghezza di quest'ultimo termine. A volte il credere sta ad indicare assenso senza certezza e denota un atteggiamento della mente relativo ad accadimenti non direttamente governati da leggi rigide ed uniformi quali quelle che regolano il mondo fisico, ma che al contrario dipendono da molti fattori e circostanze complessi, tipici degli esseri umani. So per certo che l'acqua ghiaccia ad una determinata temperatura; credo che un uomo sia adatto ad assolvere ad un determinato compito o che le riforme intraprese da un certo partito porteranno più benefici che quelle programmate da un altro. A volte anche, però, può succedere che sia la fede che la conoscenza implichino certezza e denotino stati in cui si sia mentalmente sicuri della verità. Tuttavia quando si crede, l'evidenza è sempre più oscura ed indistinta rispetto a quando si conosce, sia perché le basi sulle quali poggia l'assenso non sono mai del tutto chiare, sia perché le prove non sono personali, ma basate sulla parola di testimoni o ancora perché, oltre al fattore oggettivo che crea l'assenso, vi sono delle condizioni soggettive che predispongono ad esso. La fede sembra dipendere da molti fattori, emozioni, interessi, situazioni contingenti, oltre alle ragioni convincenti per cui viene accordato un certo assenso. Essa si basa sulla testimonianza di qualcun altro, Dio o uomo a seconda che si parli di fede divina o umana. Se l'autorità su cui si basa, ha tutte le garanzie di cui ha bisogno, allora la fede offre la certezza di un dato evento e la conoscenza che esso sia vero; ma da se stessa, essa non può fornire la prova istintiva del perché quell'evento sia in un certo modo.

È impossibile che tutta la conoscenza immagazzinata da un uomo sia presente nella propria coscienza allo stesso tempo. La maggior parte di essa infatti, se si eccettuano alcuni pensieri presenti al momento, viene conservata nella forma di disposizioni latenti che permettano alla mente di accedervi quando lo desideri. Qui però va fatta una distinzione tra conoscenza effettiva ed abituale. Quest'ultima si estende a tutto ciò che viene immagazzinato nella memoria e può venire richiamata ogni volta che lo si voglia. Questa capacità di essere richiamata potrebbe richiedere molte esperienze; una scienza non è conosciuta se non dopo essere stata più volte dominata. Essa infatti, potrebbe venire dimenticata facilmente. Per conoscenza abituale, si intende quella conoscenza sempre pronta a tornare allo stadio di coscienza e che chiaramente può avere differenti gradi di perfezione.

Secondo il processo attraverso cui viene acquisita, la conoscenza può essere intuitiva ed immediata o discorsiva e mediata. La prima proviene da una percezione diretta e sensoriale o dalla intuizione mentale diretta della verità di una data situazione e si basa su propri meriti. La seconda consiste nel riconoscimento della verità di una data proposizione attraverso le connessioni sintetiche della stessa con un'altra di cui si sia già constatata la verità. La proposizione auto-evidente è di una natura tale da risultare immediatamente chiara alla mente. Nessuno che ne comprenda i termini può sbagliare nel riconoscere che due più due fa quattro o che l'intero è più grande di una sua qualsiasi parte. Tuttavia la maggior parte della conoscenza umana, viene acquisita progressivamente. La conoscenza induttiva parte da eventi auto-evidenti e risale fino alle leggi e alle cause. La conoscenza deduttiva invece, procede da proposizioni generali ed auto-evidenti allo scopo di rivelarne la particolare applicazione. In entrambi i casi il processo potrebbe risultare lungo, difficile ed intricato. Si potrebbe aver bisogno di concezioni negative e prove analogiche e, alla fine, la conoscenza potrebbe risultare meno chiara, meno certa e più vulnerabile.

Nelle varie scienze, viene applicato un punto di vista differente rispetto alla conoscenza. La psicologia ad esempio, considera la conoscenza come uno stato mentale i

Strumenti della ragione 11

cui elementi, condizioni, leggi e crescita, debbono essere determinati. Si sforza di capire il comportamento della mente nel processo del conoscere e lo sviluppo del processo cognitivo al di fuori dei suoi elementi. La psicologia fornisce alle altre scienze, i dati su cui esse dovranno lavorare. Tra questi, vi si trovano alcune leggi del pensiero che la mente deve osservare per evitare contraddizioni e per raggiungere una conoscenza coerente. Anche la logica formale parte dal punto di vista soggettivo. Si occupa delle leggi che regolano il pensiero e, trascurando l'aspetto obiettivo della conoscenza (che in definitiva è sua materia precipua), studia solamente gli elementi formali necessari ad ottenere coerenza e prove valide. All'altro estremo troviamo la scienza (fisica o metafisica) che postula la validità della conoscenza, o che, quando non considera questo problema, studia solamente i diversi oggetti della conoscenza con la loro natura e le loro proprietà. Per ciò che riguarda le domande cruciali (la validità della conoscenza e le sue limitazioni e le relazioni tra soggetto conoscente ed oggetto conosciuto) va detto che esse appartengono al campo dell'epistemologia.

La conoscenza è essenzialmente oggettiva. I termini «contenuto» della conoscenza o una «data» conoscenza, possono essere sostituiti dalla parola «oggetto»; rimane sempre vero comunque, il fatto puro e semplice che noi conosciamo qualcosa di esterno, che non si forma nella mente ma ad essa, al contrario, viene offerto. Ciò, tuttavia, non deve farci trascurare un altro fatto ugualmente evidente. Menti diverse, avranno spesso una visione diversa dello stesso oggetto. Oltretutto, anche in una stessa mente, la conoscenza può essere sottoposta a vari cambiamenti nel corso del tempo; i giudizi saranno costantemente modificati, ampliati o ristretti a seconda di fatti nuovi di cui si è venuti a conoscenza ed a nuove verità accertate. La percezione sensoriale è influenzata da processi, associazioni e contrasti pregressi. Nella conoscenza razionale, una vasta gamma di assensi, viene prodotta da predisposizioni personali, siano esse innate o acquisite nel tempo. In poche parole, la conoscenza dipende senza dubbio dalla mente, così come sottolinea San Tommaso: «Infatti la conoscenza avviene per il fatto che il conosciuto viene a essere nel conoscente. Ma il conosciuto è nel conoscente secondo il modo del conoscente. Quindi la conoscenza in ogni soggetto conoscitivo è conforme al modo della sua propria natura.»[10] La conoscenza è necessariamente proporzionata o relativa alla capacità della mente e alle manifestazioni dell'oggetto. Non tutti gli uomini posseggono la stessa acutezza nella vista e nell'udito, né le stesse abilità intellettive. La stessa realtà può assumere diverse sfumature a seconda delle angolature da cui la si osserva. Così come occhi sovrumani sarebbero capaci di percepire i raggi infrarossi ed ultravioletti, così anche intelletti superiori potranno giungere alla comprensione di molti misteri della natura, capire più e meglio di altri, con maggiore facilità, certezza e chiarezza. Questa presenza dell'oggetto nel soggetto conoscente, non è certo fisica; non è neanche sotto forma di immagine, di un duplicato o di una copia. Non può essere in nessun modo correlata al mondo fisico. Al contrario essa vive in una dimensione tutta sua e può essere definita una somiglianza cognitiva.

Quando si dice che la conoscenza, in riferimento a realtà concrete o a proposizioni astratte, consiste nella presenza di un oggetto nella mente, si intende che questo oggetto non è isolato dalla mente stessa. Noi infatti, non possiamo pensare al di fuori del nostro stesso pensiero e la mente non può conoscere ciò che non sia in qualche modo presente nella mente stessa. Tuttavia, la conoscenza non è meramente soggettiva, così come risulta nella prospettiva idealista. Se l'oggetto di un assenso o di un'esperienza non può essere realtà assoluta non ne consegue necessariamente che non ci sia corrispondente realtà ad un assenso o ad un'esperienza; ed il fatto che un oggetto sia raggiunto attraverso il con-

---

10. S. Tommaso d'Aquino, *Summa Theologiae* I, q. 12, a. 4: «Cognitio enim contingit secundum quod cognitum est in cognoscente. Cognitum autem est in cognoscente secundum modum cognoscentis. Unde cuiuslibet cognoscentis cognitio est secundum modum suae naturae.»

cetto di esso, non porta alla conclusione che la concezione mentale sia la somma della realtà dell'oggetto. Dire che la conoscenza è un processo conscio corrisponde al vero, ma è solo una parte della verità. Il *soggettivista* pone la sua attenzione sulla difficoltà di spiegare la transizione della realtà esterna alla mente, una difficoltà che, in definitiva, non ha niente a che vedere con il mistero della coscienza stessa. Al contrario, i suoi occhi sono ostinatamente chiusi, sulla totale impossibilità a spiegare la costruzione mentale di una realtà esterna, al di fuori di processi che siano meramente consci. L'esperienza umana mostra come nel processo di conoscenza, la mente non sia solo attiva, ma anche passiva; che si deve conformare non solo alle sue stesse leggi, ma anche alla realtà circostante; che non crea fatti e leggi, ma li scopre; e che il diritto della verità al riconoscimento persiste anche quando esso sia ignorato o violato. La mente, certamente, dà il proprio contributo al processo di conoscenza, ma, come sostiene Sant'Agostino, la generazione di conoscenza richiede un'altra causa: «ogni cosa che noi conosciamo co-ingenera in noi la conoscenza che abbiamo di essa. Infatti la conoscenza è generata da tutti e due, dal conoscente e dal conosciuto.»[11]

Tutta la conoscenza comincia con l'esperienza concreta ma, se vuole raggiungere il grado di perfezione, ha bisogno di altri fattori esterni all'esperienza. Ha bisogno ad esempio, della ragione che interpreti i dati dell'osservazione, che estrapoli i contenuti dell'esperienza dalle condizioni che li situano nello spazio e nel tempo e rimuova lo strato esterno della concretezza per giungere al cuore della realtà. In questo modo la conoscenza non è, così come nella prospettiva kantiana, una fusione di due elementi, uno esterno e l'altro che dipende esclusivamente dalla natura della mente; neanche il puro riempimento dei gusci vuoti, forme e categorie mentali *a priori*, attraverso ciò che è sconosciuto o che

---

11. S. Agostino, *De Trinitate*, Libro 9, c.12, n.18 in *PL* 42, 970. La frase latina è «unde liquido tenendum est quod omnis res quamcumque cognoscimus, congenerat in nobis notitiam sui. Ab utroque enim notitia paritur, a cognoscente et cognito.»

non si potrà mai conoscere. Perfino la conoscenza astratta rivela la realtà, sebbene il suo oggetto non possa esistere al di fuori della mente senza quelle condizioni di cui la mente, nell'atto della conoscenza, lo priva.

Il fatto che noi non conosciamo tutto e che tutta la nostra conoscenza sia incompleta, non vanifica la conoscenza che noi possediamo, non più di quanto l'orizzonte, che limita la nostra vista, costringa la nostra percezione, più o meno distinta, dei vari oggetti, entro i suoi stessi limiti. La realtà si manifesta alla mente in modi differenti e con vari gradi di chiarezza. Alcuni oggetti sono chiari in sé e vengono percepiti immediatamente. Altri invece vengono conosciuti indirettamente, per mezzo di una luce presa in prestito da qualche altra parte, o semplicemente per pura casualità o anche per similarità od analogia delle loro caratteristiche, con ciò che già conosciamo. L'evoluzione del progresso scientifico essenzialmente consiste nel reperimento di connessioni tra vari oggetti e procede da ciò che ci è noto, verso l'ignoto. Più noi recediamo da ciò che è auto-evidente, più difficile diventa il cammino e più lento sarà il progresso. Tuttavia, non è giustificabile l'utilizzo della via agnostica né l'attribuzione di limiti sconosciuti alle nostre facoltà cognitive. È infatti possibile passare gradualmente da un oggetto all'altro senza discontinuità, e c'è inoltre una relazione tra scienza e metafisica. Gli stessi strumenti, principi e metodi che sono universalmente riconosciuti in varie scienze, ci possono condurre sempre più in alto, finanche all'Assoluto, la Prima Causa, la Sorgente di tutta la realtà. L'induzione ci condurrà dall'effetto alla causa, dall'imperfetto al perfetto, dal contingente al necessario, dal dipendente all'auto-esistente, dal finito all'infinito.[12] Questo stesso processo, attraverso il quale noi arriviamo a conoscere l'esistenza di Dio, non può sbagliare nel manifestare qualcosa, per quanto piccola, della sua natura e perfezione.

---

12. Alcuni di questi processi saranno impiegati nelle prove dell'esistenza di Dio, come si potrà osservare nel capitolo 7 di questo libro. Si veda anche C. A. DUBRAY, «Knowledge» in *The Catholic Encyclopedia*, vol. 8, New York 1910, pp. 673–675.

Il fatto che noi Lo conosciamo imperfettamente, attraverso cioè principalmente la negazione e l'analogia, non depriva questa conoscenza di tutto il suo valore. Possiamo conoscere Dio fin quando Lui si manifesterà attraverso le Sue opere che sono una pallida immagine delle sue perfezioni e fino a che la nostra mente limitata ce lo permetterà. Questa conoscenza naturalmente, sarà sempre lungi dall'essere una comprensione, ma sarebbe fuorviante identificare ciò che non è scibile con ciò che è incomprensibile. La vista «come in uno specchio» e «in maniera confusa» è lontana dalla visione «faccia a faccia» (cf. *1 Co* 13,12). Di quest'ultima la nostra mente è incapace senza una luce speciale che proviene da Dio stesso. Pur tuttavia, è la conoscenza di Dio che è fonte sia dall'intelligibilità e della verità del mondo, che dell'intelligenza della mente.

1.3 La prospettiva realista

Il realismo è il ponte metafisico che garantisce la vera relazione tra la mente e la realtà ed è per questo l'approccio migliore per collegare la ragione con la fede che i cristiani ripongono in Dio.[13] Chi conosce la Parola divina conosce pienamente anche il significato di ogni creatura. Siccome tutte le cose «sussistono» in Colui che è «prima di tutte le cose» (*Col* 1,17), allora chi costruisce la propria vita sulla sua Parola edifica veramente in modo solido e duraturo. La Parola di Dio ci spinge a forgiare il nostro concetto di realismo: realista è chi riconosce nel Verbo di Dio il fondamento di tutto.[14]

Per spiegare cosa si intenda per realismo, sarà utile metterlo in contrasto con il nominalismo, il positivismo, il pragmatismo, l'idealismo ed il nichilismo. Il realismo, a differenza del nominalismo, afferma l'esistenza degli universali. Contro il positivismo invece, il realismo propone che la realtà si estenda oltre ciò che può essere misurato dalle scienze naturali. Afferma la validità della verità

---

13. Vedi il mio opuscolo, *Il mistero della creazione*, LEV, Città del Vaticano 1999, pp. 2–5.
14. Si veda Papa Benedetto XVI, *Verbum Domini* (2010), 10.

obiettiva nel suo essere insito, contro la visione meramente pragmatista o utilitaristica. Il realismo afferma, al contrario dell'idealismo, che il mondo esterno non è semplicemente la proiezione della mente. Contrariamente al nichilismo invece, il realismo sostiene che il mondo ha un senso.

La differenza dal *nominalismo* la si può notare nella controversia incentrata sullo status degli universali. La soluzione data dal Platone al problema degli universali ha portato al realismo assoluto, nel quale esistevano due livelli di realtà: un primo livello, quello di un essere assolutamente reale che corrisponde al giudizio dell'identità, ed un secondo nel quale la realtà partecipa all'essere delle forme, e che corrisponde al giudizio di partecipazione. Nel realismo assoluto di Platone il concetto universale in tutta la sua universalità è l'essere ed il ruolo della mente è unicamente quello di discernere tale essere.

La fase iniziale del Medioevo era caratterizzata da un realismo esagerato, o ultra-realismo. In questa impostazione «i nostri concetti generici e specifici corrispondono ad una realtà esistente extramentalmente negli oggetti, una realtà sussistente alla quale partecipano gli individui.»[15] Nel suo dibattito con l'ultra-realista Guglielmo di Champeaux, Pietro Abelardo ha sostenuto una distinzione tra gli ordini logici e reali, senza negare assolutamente le fondamenta oggettive del concetto universale. Abelardo apparteneva al movimento che ha portato al realismo moderato tomistico, dove si sosteneva l'oggettività delle specie e nature reali. Il Beato Giovanni Duns Scoto ha compiuto un ulteriore passo lungo la strada del realismo, dal momento che per lui «gli universali erano entità reali, a prescindere dalla loro esistenza negli individui,» mentre per San Tommaso, «gli universali sono virtualmente presenti negli individui, dai quali essi vengono astratti dal nostro intelletto.»[16]

---

15. Vedi F. COPLESTON, *A History of Philosophy*, vol. II, «Augustine to Scotus,» Image Books, New York 1985, p. 140.
16. E. GILSON, *The Unity of Philosophical Experience*, Christian Classics, Westminster, Md. 1982, p. 66.

Nel XIV secolo, tuttavia, Guglielmo di Ockham (c.1290–1349) offrì una nuova soluzione al problema degli universali, soluzione che non andava nella direzione del realismo. Per Ockham ed i nominalisti non vi sono realtà universali al di fuori della mente. L'uomo incontra soltanto delle entità esistenti individualmente, senza essere in grado di arrivare ad una unità di significato per un gruppo di entità esistenti individualmente che hanno qualcosa in comune. L'universale veniva ridotto ad una parola (sia mentale, che pronunciata o scritta) che è essa stessa una entità individuale.

Auguste Comte (1798–1857), il fondatore del *positivismo*, formulò la «filosofia positiva» che, unitamente alle scienze positive, avrebbe dato la risposta completa a tutti gli interrogativi relativi all'uomo e al cosmo. Per Comte, la conoscenza viene ottenuta solamente dall'esperienza dei sensi attraverso il metodo scientifico. Ora gli oggetti della scienza sono fatti empirici ed un sistema di rapporti tra tali fatti. Dal momento che per Comte le leggi esprimono solo rapporti estrinseci, esse non possono fornire spiegazioni ai fenomeni in termini di principi intrinseci. John Stuart Mill ha dato un impulso ulteriore al positivismo di Comte. La sua teoria della conoscenza era il cosiddetto fenomenalismo, secondo il quale solo i dati registrati dai sensi sono ammissibili e la realtà non è qualcosa indipendente dalla mente, piuttosto un complesso di sensazioni reali e possibili. Oltre alla variante *fenomenalista* del positivismo, abbiamo anche un'impostazione *fisicista* (abbracciata da Reichenbach, Neurath e dal primo Carnap), secondo la quale le affermazioni concettuali devono essere tradotte in affermazioni su eventi esterni o eventi sperimentali. Per Bridgman, tutti i concetti devono essere messi in relazione con operazioni sperimentali effettuabili; quindi il significato di un concetto viene visto in termini della serie di operazioni corrispondente. Questa impostazione va sotto il nome di *operazionalismo*, sotto taluni aspetti analogo allo *strumentalismo*.

L'eredità filosofica del positivismo e del neo-positivismo è lo scientismo che «si rifiuta di ammettere come valide, forme di conoscenza diverse da quelle che sono proprie delle scienze positive.» Lo scientismo

> relega nei confini della mera immaginazione sia la conoscenza religiosa e teologica, sia il sapere etico ed estetico... La scienza, quindi, si prepara a dominare tutti gli aspetti dell'esistenza umana attraverso il progresso tecnologico. Gli innegabili successi della ricerca scientifica e della tecnologia contemporanea hanno contribuito a diffondere la mentalità scientista, che sembra non avere più confini, visto come è penetrata nelle diverse culture e quali cambiamenti radicali vi ha apportato... Accantonata, in questa prospettiva, la critica proveniente dalla valutazione etica, la mentalità scientista è riuscita a fare accettare da molti l'idea secondo cui ciò che è tecnicamente fattibile diventa per ciò stesso anche moralmente ammissibile.[17]

Il realismo viene anche contrastato dallo strumentalismo, che offre una visione pragmatica della conoscenza. Esso ha a che fare con l'analisi linguistica che a sua volta è uno sviluppo del positivismo logico. In quest'ultimo, le uniche asserzioni a venire giudicate significanti, erano o le proposizioni empiriche (quelle cioè che potevano essere verificate dall'esperienza sensoriale) o le definizioni formali, le tautologie e le convenzioni linguistiche. Nell'analisi linguistica, invece, il punto centrale è l'*uso* del linguaggio, piuttosto che il suo significato. Mentre i positivisti logici ritenevano che le frasi avessero un unico ruolo, quello di riferire fatti empirici, gli analisti linguistici vedono invece la varietà di funzioni servite dal linguaggio. Quando l'analisi linguistica viene applicata al linguaggio della scienza, in genere ciò promuove una visione *strumentalista* della scienza. Questa impostazione viene spesso riscontrata tra i filosofi della scienza di oggi; fra gli esponenti si trovano S. Toulmin, F. P. Ramsey, G. Ryle e R. B. Braithwaite. Per gli strumentalisti

---

17. PAPA GIOVANNI PAOLO II, Enciclica *Fides et Ratio*, 88.

Strumenti della ragione 19

le leggi scientifiche sono ausili all'indagine, le teorie scientifiche sono giudicate in base alla loro utilità più che alla loro verità, ed i concetti scientifici sono messi in relazione, in modo funzionale, alle osservazioni, ma non è necessario che i concetti stessi sono riducibili ad osservazioni.

Gli strumentalisti attribuiscono maggior valore al ruolo del conoscitore di quanto non facciano i positivisti. I primi creano schemi e modelli concettuali, anche se per motivi pragmatici; i secondi invece si limitano a registrare ed organizzare i dati.

> In contrasto con i positivisti, gli strumentalisti non richiedono agli oggetti una corrispondenza osservabile e non si sforzano di eliminare i termini teorici; contrariamente ai realisti, tuttavia, essi *non* sostengono che ci siano *entità reali* che corrispondono a concetti. Le leggi sono inventate, non scoperte.[18]

Ma gli strumentalisti non sostengono (come fanno gli idealisti) che i concetti abbiano origine dalla mente imponendo la propria struttura sull'esperienza.

Poi, il realismo epistemologico deve essere contrapposto all'*idealismo*. La più grande delle differenze tra il realista e l'idealista è che l'idealista *pensa*, invece il realista *conosce*.

> Per il realista *pensare* è soltanto mettere in ordine delle conoscenze o riflettere sul loro contenuto; mai gli verrebbe in mente di fare del pensiero il punto di partenza della propria riflessione perché non è possibile, per lui, pensare se non laddove ci siano delle conoscenze. L'idealista, per il fatto che procede dal pensiero alle cose, non può sapere se ciò da cui parte corrisponde o meno ad un oggetto; quando domanda al realista come raggiunge l'oggetto partendo dal pensiero, quest'ultimo deve dunque affrettarsi a rispondere che non si può, e che è proprio questa la ragione principale del suo non essere idealista, perché il realismo parte dalla conoscenza,

---

18. I. G. Barbour, *Issues in Science and Religion*, Harper and Row, New York 1971, p. 164.

cioè da un atto dell'intelletto che consiste essenzialmente nel cogliere un oggetto.[19]

Secondo il realista, il fattore ultimo dell'essere risiede al di là o al di fuori della mente, mentre gli idealisti ritengono che il principio ultimo e il punto di partenza filosofico sia la mente. Gli idealisti affermano che le strutture della teoria sono completamente *imposte* dalla mente sul caos dei dati sensori. L'idealismo quindi, rispetto allo strumentalismo, pone ulteriormente l'accento sul ruolo del conoscitore. Tutte le diverse forme di idealismo si oppongono al realismo, nella misura in cui esse asseriscono che la realtà procede dall'intelligenza o dallo spirito, e che in ultima analisi essa rappresenta semplicemente un'altra dimensione della mente.

Abbiamo visto una gradualità nelle posizioni sopra citate riguardo al contributo alla conoscenza del soggetto e dell'oggetto, del conoscitore e della realtà conosciuta. Il realista asserisce, in opposizione al nominalista, che è possibile addivenire ad un concetto universale; in opposizione al positivista asserisce che il reale non può essere ridotto all'osservabile. Il realista si oppone allo strumentalista affermando che i concetti validi sono veri oltre che soltanto utili. A differenza dell'idealista, il realista sostiene una corrispondenza tra concetti e la struttura degli eventi nel cosmo. Per il realista, «l'oggetto, non il soggetto, apporta il contributo prevalente alla conoscenza,» o, in altre parole, «*l'essere precede il conoscere.*»[20]

Il realismo tuttavia, assume varie forme che possono essere opportunamente raggruppate in varietà scolastiche e non-scolastiche. Per ciò che riguarda le forme non-scolastiche del realismo, si può affermare con certezza che riflettono in gran parte il pensiero di Kant, specie in filosofi quali H. Bergson, W. James e G. Santayana. Alcune

---

19. E. GILSON, *Le réalisme méthodique*, p. 88.
20. Si veda BARBOUR, *Issues in Science and Religion*, pp. 168–169. Cfr. S. TOMMASO D'AQUINO, *Summa Theologiae* I, q.16, a.1: «esse rei, non veritas eius, causat veritatem intellectus.»

Strumenti della ragione

tendenze nella fenomenologia di F. Brentano, E. Husserl e M. Scheler possono essere considerate realiste, anche se si tratta qui di un realismo di essenza che prescinde da un realismo di esistenza. Secondo la visione scolastica, le filosofie realiste di G.E. Moore, B. Russell, A.N. Whitehead, S. Alexander e N. Hartmann operano un'eccessiva divisione tra l'essenza e l'esistenza. Tra le versioni scolastiche del realismo, la linea di S. Tommaso ripresa nell'ultimo secolo da J. Maritain e E. Gilson si differenza dalle varie scuole del Tomismo trascendentale che risulta dagli scritti di J. Maréchal, B. Lonergan e K. Rahner.[21] Scopo precipuo di questa corrente è stato quello di mettere insieme la filosofia di S. Tommaso con il pensiero di Kant e di altri idealisti o di esistenzialisti quali M. Heidegger. Qui «trascendentale» significa «una conoscenza che non deriva dall'esperienza ma che è data a priori dal soggetto umano.»[22]

Il realismo deve essere anche visto in contrasto con il *nichilismo*. Alcune forme estreme negano ogni senso o significato al cosmo; tra queste eccelle quella di F. Nietzsche. L'esistenzialismo, così come viene enunciato negli scritti di J.-P. Sartre, M. Heidegger e R. Bultmann, tende a negare l'essenza delle cose ed a sminuire la continuità nello spazio, il tempo e la realtà. In un certo senso, questa corrente apre la strada ad un rifiuto del senso e di uno scopo nella vita. I darwinisti ed i neo-darwinisti, che basano la loro visione sull'evoluzione casuale della vita, hanno spesso una tendenza nichilista. Il nichilismo è una filosofia del nulla.

> I suoi seguaci teorizzano la ricerca come fine a se stessa, senza speranza né possibilità alcuna di raggiungere la meta della verità. Nell'interpretazione nichilista, l'esistenza è solo un'opportunità per sensazioni ed esperienze in cui l'effimero ha il primato.

---

21. Vedi S.L. Jaki, Introduzione a E. Gilson, *Methodical Realism*, Christendom Press, Front Royal, Va. 1990, pp. 11–14; Idem, *The Keys of the Kingdom*, The Franciscan Herald Press, Chicago 1986, pp. 155–160.
22. A.A. Maurer, *About Beauty. A Thomistic Interpretation*, Center for Thomistic Studies, Houston, Texas 1983, p. 15.

Il nichilismo è all'origine di quella diffusa mentalità secondo cui non si deve assumere più nessun impegno definitivo, perché tutto è fugace e provvisorio... Anzi—cosa anche più drammatica—in questo groviglio di dati e di fatti tra cui si vive e che sembrano costituire la trama stessa dell'esistenza, non pochi si chiedono se abbia ancora senso porsi una domanda sul senso. La pluralità delle teorie che si contendono la risposta, o i diversi modi di vedere e di interpretare il mondo e la vita dell'uomo, non fanno che acuire questo dubbio radicale, che facilmente sfocia in uno stato di scetticismo e di indifferenza o nelle diverse espressioni del nichilismo... Secondo alcune di esse, infatti, il tempo delle certezze sarebbe irrimediabilmente passato, l'uomo dovrebbe ormai imparare a vivere in un orizzonte di totale assenza di senso, all'insegna del provvisorio e del fuggevole. Parecchi autori, nella loro critica demolitrice di ogni certezza, ignorando le necessarie distinzioni, contestano anche le certezze della fede.[23]

Per alcuni pensatori, il nichilismo è stato a volte giustificato dalla «terribile esperienza del male che ha segnato la nostra epoca. Dinanzi alla drammaticità di questa esperienza, l'ottimismo razionalista che vedeva nella storia l'avanzata vittoriosa della ragione, fonte di felicità e di libertà, non ha resistito, al punto che una delle maggiori minacce, in questa fine di secolo, è la tentazione della disperazione.»[24] Il nichilismo spesso propone un rifiuto dei principi della causalità e della finalità, così come dell'analogia dell'essere.

La logica realista implica anche l'accettazione di alcuni principi basilari in quanto tutta la realtà ed il pensiero si fondano su di essi e non possono in alcun modo contraddirli. Primo, il Principio dell'Identità afferma che A è A. Sostiene semplicemente che una cosa è quello che è, è una con se stessa. Un cane è un cane, un uomo è un uomo. Ogni atto di ogni persona viene fatto in accordo con que-

---

23. Papa GIOVANNI PAOLO II, Enciclica *Fides et Ratio*, 46.3, 81.1.
24. *Ibid.*, 91.2–91.3.

Strumenti della ragione 23

sto principio. È auto-evidente. Secondo, il Principio della Non-Contraddizione, afferma che A non è non-A. Questo principio nega che una cosa sia il suo opposto. Un cane non è un non-cane. Cioè, se un cane è un cane, esso non può essere niente di diverso. La sua natura di cane, esclude tutto il resto, cioè tutto ciò che è non-cane. Affermare che una cosa è sia quello che è che non quello che non è, è chiaramente assurdo. La non-contraddizione è la precondizione essenziale acciocché una cosa esista o sia concepita. Terzo, il Principio del Medio Escluso propone che tra A e non-A non ci sia un termine intermedio. Questo principio dice che non c'è interspazio tra qualcosa ed il suo opposto. Ha molte applicazioni. Ad esempio, una cosa può essere sia un albero così come può non esserlo. Ma non c'è uno spazio intermedio tra essere e non essere, tra si e no. Se eliminiamo l'albero ed il non-albero, che, in opposta contraddizione, è tutto tranne l'albero, non resta nulla. In modo simile, nella biologia troviamo che una cosa è o vivente o non vivente. Non c'è nulla in mezzo. Una cosa vivente può essere colui che conosce o colui che non conosce. Questa è la linea di divisione tra le piante che non posseggono conoscenza e gli esseri superiori alle piante. Se una cosa appare all'inizio come una pianta ma più tardi mostra segni di conoscenza sensoriale, essa è un animale. Non c'è una terza possibilità tra pianta ed animale perché non c'è spazio intermedio tra colui che conosce e colui che non conosce, tra essere e non-essere. Ciò può essere anche applicato alla distinzione che esiste tra animale razionale (l'uomo) ed animale irrazionale, tra Creatore e creatura.

1.5 L'analogia

La filosofia realista accoglie pienamente l'analogia e la garantisce. L'analogia indica prima una proprietà dell'essere e poi un processo di ragionamento. Come proprietà, l'analogia denota una certa somiglianza così come alcune differenze. La somiglianza può essere principalmente rintracciata riguardo al concetto di mente; in questo senso diciamo ad esempio, che c'è un'analogia tra la luce del sole e la luce della mente, tra un leone ed un uomo impavido, tra un organismo e la società. Questo tipo di analogie sono alla base della metafora. Un'altra somiglianza può essere riscontrata sull'esistenza reale di proprietà simili in oggetti di specie, genere o classe differenti; alcuni organi ad esempio, sono analoghi, pur appartenendo a specie e generi diversi ma differendo in quanto alla struttura; essi però, assolvono a identiche funzioni fisiologiche o hanno le stesse connessioni. Per ciò che riguarda il processo di ragionamento, l'analogia consiste nel giungere ad una conclusione partendo da certe similitudini sotto alcuni aspetti e giungendo ad altre similitudini, sotto altri. Il ragionamento analogico, è una combinazione tra il processo induttivo e deduttivo. Basandosi su una pura concezione della mente, esso può suggerire, ma non può provare; non può neanche offrire conclusioni, ma solo paragoni. Basandosi inoltre su proprietà reali, può giungere più o meno a conclusioni a seconda del numero e del significato delle proprietà simili e della scarsità o l'insignificanza delle proprietà dissimili. Da un punto di vista strettamente logico, il ragionare per analogie, può solo offrire conclusioni probabili ed ipotesi. È questo ad esempio, il caso della maggior parte delle teorie nelle scienze fisiche e naturali, che restano ipotetiche fin tanto che si limitano ad essere il risultato di un'analogia e non siano state verificate direttamente o indirettamente.

L'analogia nella filosofia scolastica era altamente considerata dallo Pseudo-Dionigi, da S. Alberto Magno e da S. Tommaso d'Aquino. Può anche essere considerata sia come una proprietà che come un processo di ragionamento. Quale proprietà metafisica, l'analogia non è solo pura somiglianza tra oggetti diversi, ma una proporzione di relazione tra oggetto ed oggetto. Non è quindi né una pura coincidenza equivoca o verbale, né una partecipazione pienamente univoca in un concetto comune; essa in realtà prende parte all'una e all'altra.[25] Si possono distinguere due tipi di analogia. Nella prima, due oggetti possono venire

---

25. Cfr. S. TOMMASO D'AQUINO, *Summa Theologiae*, I, q.13, aa.5, 10; anche IDEM, *De potentia*, q.7, a.7.

Strumenti della ragione

definiti analoghi sulla base di una relazione che non hanno tra di loro, ma con un terzo oggetto. Ad esempio, ci può essere un'analogia tra un clima e l'aspetto di una persona, in virtù della quale questi due oggetti possono entrambi essere definiti sani. Ciò si basa sulla relazione che ognuno di essi ha con la salute dell'uomo in questione, essendo il primo una causa ed il secondo un segno. Questo tipo di analogia, può essere definita indiretta. Nella seconda, due oggetti sono analoghi sulla base di una relazione che essi non hanno con un terzo oggetto, bensì tra di loro. Il clima e l'aspetto esteriore si dicono sani a seguito di una relazione diretta che entrambi hanno sulla salute della persona. Qui la salute è alla base dell'analogia. La seconda forma di analogia invece, si muove in due direzioni. Due cose vengono messe in relazione da una proporzione diretta di grado, distanza e misura: ad esempio, 6 è in diretta proporzione a 3, di cui è il doppio; o l'esattezza di una cura è in relazione e viene misurata direttamente a seconda della salute che produce. Questa analogia viene chiamata *analogia della proporzione*. O ancora, i due oggetti sono in relazione l'uno con l'altro, non attraverso una proporzione diretta, ma per mezzo di un'altra relazione intermediaria. L'analogia tra la visione corporale ed intellettuale, è di questo tipo, perché l'intelligenza sta alla mente così come l'occhio sta al corpo. Questa forma di analogia si basa sulla proporzione della proporzione e viene definita *analogia della proporzionalità*.[26]

Poiché la conoscenza umana procede dai dati che le provengono dai sensi, diretta ed interpretata dalla ragione, è evidente come l'uomo non possa giungere ad una perfetta conoscenza della natura di Dio che è essenzialmente spirituale ed infinita. Tuttavia i vari elementi della perfezione, della dipendenza e della limitazione che esistono in tutti gli esseri finiti, se da una parte ci forniscono la prova dell'esistenza di Dio, dall'altra ci portano anche ad una certa conoscenza della sua natura. Gli esseri dipendenti debbono in qualche modo trovare ristoro in qualcosa che

---

26. Cfr. S. Tommaso d'Aquino, *De veritate*, q.2, a.11; *De veritate*, q.23, a.7, ad 9.

non sia dipendente, quelli relativi, in qualcosa che non sia relativo e, poiché questo Essere non-dipendente e non-relativo non può essere concepito direttamente in se stesso, sarà necessariamente concepito attraverso gli esseri che dipendono da esso e che ad esso sono correlati.

La nostra conoscenza di Dio in questo mondo avviene in tre modi: affermazione, negazione ed eminenza. In primo luogo, l'affermazione o causalità, prende origine dal fatto che Dio è causa efficace di tutte le cose e che questa causa efficace contiene in se stessa ogni perfezione che giace nell'effetto. Dio quindi possederà ogni vera perfezione presente nelle Sue creature. Gli esseri finiti vengono prodotti sulla base di un certo progetto ed in vista di una certa fine. In questo modo essi hanno una causa che contiene in se stessa un potere di efficacia, esemplarità e finalità, con tutti gli elementi che tale potenza richiede, quali intelligenza, volontà e personalità. In questo approccio, la perfezione dell'essere finito viene affermata da Dio come causa propria. Questo processo di ragionamento è noto come la via positiva.[27] D'altra parte, il processo del ragionamento che dagli effetti va alla Prima Causa, richiede l'eliminazione di tutti i difetti, le imperfezioni e le limitazioni presenti negli effetti (per il semplice fatto di essere effetti) quali cambiamento, limitazione, tempo e spazio. Questa via nega che Dio possa avere quelle imperfezioni tipiche delle creature e va sotto il nome di via negativa.[28] Mentre la via positiva sottolinea l'immanenza di Dio all'interno della sua stessa

---

27. L'espressione latina è *via positiva*. Vedi L. DE RAEYMAEKER, *The Philosophy of Being*, Herder, St. Louis, Missouri 1966, p. 306. Vedi anche PSEUDO-DIONIGI, *De Divinis Nominibus* c. 1, sez. 6, in *PG* 3, 595; vedi anche S. TOMMASO D'AQUINO, *Summa Theologiae*, I, q.3, a.3; q.13, a. 12. Questo metodo viene a volte descritto come «la via della causalità» (*via causalitatis*).

28. L'espressione latina è *via negationis*. Cf. PSEUDO-DIONIGI, *De Divinis Nominibus* c. 1, sect. 6, in *PG* 3, 595; vedi anche S. TOMMASO D'AQUINO, *Summa Theologiae*, I, q.3, a. 1; q.13, a.1. IDEM, *Summa contra Gentiles*, Libro 1, c.14.

creazione, la via negativa indica la sua completa trascendenza sulla sua creazione.[29] Questi due processi conducono all'idea che le perfezioni, le quali appartengono a Dio in quanto Prima e Perfetta Causa, non possono essere attribuite a Lui nello stesso modo in cui vengono attribuite agli esseri finiti, ma solo in un modo assolutamente eccellente o sovreminente.[30] Possiamo quindi concepire e nominare Dio solo attraverso un «modo analogico». Le perfezioni che si manifestano nelle creature sono di Dio, non solo in senso nominale (*equivoce*), ma realmente e positivamente in quanto è Lui la loro fonte. Tuttavia esse non sono in Lui così come sono nelle creature, con un'unica differenza di grado; nemmeno con una differenza specifica o generica (*univoce*), poiché non esiste un concetto comune in grado di assimilare il finito e l'Infinito. Esse sono in Lui in una maniera davvero sovreminente (*eminenter*) che non è assolutamente paragonabile al modo in cui sono presenti nelle creature.[31] Possiamo concepire ed esprimere queste perfezioni solo attraverso un'analogia; non certo però, attraverso un'analogia della proporzioni, in quanto questa analogia si basa su una partecipazione ad un concetto comune e, come già detto sopra, non esistono elementi che siano comuni al finito ed all'Infinito; piuttosto, grazie ad un'analogia della proporzionalità. Queste perfezioni sono veramente in Dio e sono in Lui relativa-

---

29. Vedi M. ARTIGAS, *The Mind of the Universe. Understanding Science and Religion*, Templeton Foundation Press, Philadelphia and London 2000, p. 329: «dire che Dio è trascendente ha due implicazioni legate ma diverse. Da una parte significa che Dio è differente dal mondo creato. Dall'altra significa che noi non possiamo concettualizzare completamente Dio.»

30. L'espressione latina è *via eminentiae*. Cfr. PSEUDO-DIONIGI, *De Divinis Nominibus* c. 1 sez. 41, in *PG* 3, 516, 590; c. 2, sez. 3, 8, in *PG* 3, 646, 689. Vedi anche S. TOMMASO D'AQUINO, *Summa Theologiae* I, q.13, a.8; II–II, q.27, a.4. IDEM, *In I Sententiarum* Distinctio 3, Prologus; Distinctio 3, q.1, a.2.

31. Cfr. S. TOMMASO D'AQUINO, *Summa Theologiae*, I, q.13, aa.5, 6; IDEM, *Summa contra Gentiles*, libro 1, cc.22–25; IDEM, *In I Sententiarum*, Distinctio 13, q.1, a.1.

mente alla sua infinita essenza, nello stesso modo in cui esse sono nelle creature relativamente alla finitezza della loro natura. Possiamo quindi affermare che tutte le perfezioni sono in Dio, infinitamente. Questo *infinitamente* non può essere definito ed espresso; possiamo solo dire che questa è la via assolutamente perfetta, che non ammette nessuna delle limitazioni tipiche delle creature.

Quindi, la nostra concezione di Dio, seppur molto positiva nel suo contenuto obiettivo, risulta essere, per come è rappresentata nella nostra mente od espressa con parole nostre, più negativa che positiva. Quando parliamo di Dio, il nostro linguaggio usa modi di esprimersi tutti umani; ciò nonostante, per quanto incapace di esprimerLo nella sua infinita semplicità, esso si rifà a Dio stesso.[32] In questo modo «tra Creatore e creatura nessuna similitudine può essere espressa senza sottintendere una dissimilitudine perfino maggiore»[33] e «quando ci riferiamo a Dio, non riusciamo ad afferrare ciò che veramente è, ma solo ciò che non è ed in che modo altri esseri siano in relazione con Lui.»[34]

1.6 La causalità

La *causa*, in quanto correlativa dell'effetto, è ciò che in qualsiasi modo fa esistere ogni cosa o ne contribuisce all'esistenza; ciò che produce un risultato; ciò a cui va ascritta l'origine di ogni cosa. La descrizione appena fornita della *causa* è quella filosofica. Ma essa può essere così descritta anche nel linguaggio popolare: la causa infatti, essendo trascendentale, non può essere definita logicamente.

---

32. Vedi *CCC* 43.
33. LATERANO IV, caput II. *De errore abbatis Ioachim, De Trinitate* come si trova in DS 806.
34. S. TOMMASO D'AQUINO, *Summa Contra Gentiles*, Libro 1, c.30. Vedi anche IDEM, *Summa Theologiae*, I, q.3, l'intera questione; q.13, aa.2, 3, 5, 12. Vedi anche R.A. KNOX, *The Hidden Stream*, Burns Oates, London 1952, p. 38: «I nostri intelletti stentano e faticano quando provano a raggiungere la verità riguardo le cose divine, non perché l'altro mondo è un riflesso del nostro, quanto perché il nostro ad essere un riflesso, e quale vago riflesso, dell'altro.»

Nelle scuole filosofiche, la causa è ciò che è propedeutico a qualsivoglia investigazione sulla natura della causalità. Sebbene le idee di causa e causalità facciano ormai parte del nostro bagaglio culturale, essendo entrambe chiamate in causa in ogni nostro esercizio di ragionamento e siano presupposto di ogni forma di discussione e di ogni azione pratica, ancora una certa quantità di vaghezza avvolge questi due termini e, di conseguenza, si riscontra spesso un'enorme ambiguità nell'uso che di essi viene proposto. Ogni essere umano attribuisce naturalmente a certi fenomeni un'azione di causa rispetto ad altri. Questa naturale attribuzione della relazione causa-effetto ai fenomeni, è anteriore ad ogni speculazione od analisi filosofica. Gli oggetti dei sensi, sono raggruppati in genere in due classi: quelli che agiscono e quelli che subiscono l'azione. Nessuna riflessione cosciente sembra poter esprimere giudizi in grado di suddividere le cose naturali tra causa ed effetto. Tuttavia, quando ad esempio ci chiediamo cosa si intenda precisamente con l'espressione: A è la causa e B è l'effetto, A causa B, oppure B è il risultato di A, solleviamo la questione della causalità.

Aristotele ha suddiviso le cause in quattro classi: materia, forma, movimento, o causa efficace, causa finale. I suoi insegnamenti furono poi assorbiti dalle varie scuole medievali. Questa quadruplice classificazione, seppure con alcune determinanti modifiche riguardo all'eternità della causa materiale, la sostanzialità di certe cause formali di entità materiali e la determinazione della causa finale, divenne parte degli insegnamenti cristiani delle scuole patristica e scolastica. I fenomeni dei quali Aristotele si sforzò di capire le cause, non erano semplicemente i cambiamenti accidentali che avvengono nelle cose, quanto piuttosto, i loro mutamenti più profondi e sostanziali. Egli diresse la sua attenzione proprio al mutamento delle sostanze; la scienza moderna ha mostrato quanto giusto fosse il suo metodo, in seguito alla scoperta che i mutamenti chimici o di sostanza, sono alla base di molti fenomeni che invece, all'epoca di

Aristotele, venivano dati per scontati, come ad esempio la combustione.

Quando una cosa cambia di sostanza, qualcosa di essa rimane mentre subisce la mutazione e ciò che resta, ne giustifica in qualche modo la realtà del cambiamento. Se ad esempio, quando un pezzo di carbone si trasforma in cenere, non rimanesse nulla di ciò che era carbone nella cenere stessa, non risulterebbe alcun legame tra le due sostanze e non si potrebbe quindi dire che la cenere sia derivata dal carbone; il carbone sarebbe semplicemente scomparso e la cenere improvvisamente comparsa dal nulla. La causa *materiale* è precisamente ciò che rimane e che viene chiamato la materia prima delle cose. Essa è da considerarsi qualcosa di indeterminata e potenziale che può esistere in vari modi a seconda dei diversi elementi determinanti, che la fanno esistere in un modo piuttosto che in un altro. La causa *formale* invece è ciò che fa esistere la causa materiale in un certo modo: è ciò che rende una cosa un pezzo di carbone ed un'altra, la cenere. È un elemento determinante ed attuale. La causa *efficiente* è la potenza attiva che rende possibile alla causa formale di essere unita a quella materiale. La causa *finale* è lo scopo per cui viene effettuato un mutamento. Secondo S. Tommaso d'Aquino, «il bene, presentandosi come desiderabile, richiama l'idea di causa finale, il cui influsso ha un primato, poiché l'agente non opera se non in vista del fine.»[35]

Lo studio della causa finale viene chiamato teleologia. Essa sostiene che c'è uno scopo ed un disegno in ogni evento ed in ogni azione. Questo scopo conduce l'agente ad agire ed è per questo chiamato causa. La spinta a raggiungere un determinato scopo è dovuta ad un impulso interiore ed immanente in ogni essere vivente. Questo impulso è immanente in misura maggiore o minore, a seconda del grado di perfezione della vita del singolo essere vivente. Altri esseri sono spinti a raggiungere determinati scopi, da agenti esterni. Ad esempio una freccia è guidata verso

---

35. S. Tommaso d'Aquino, *Summa Theologiae*, I, q.5, a.2.

il bersaglio, da un arco. Solo gli esseri intelligenti sono coscienti dello scopo delle loro azioni e possono agire deliberatamente. Lo scopo ed il disegno di ogni altro agente, sono scelti e determinati dalla Prima Causa e dall'Autore della loro natura. La teleologia si oppone a quei sistemi che affermano che gli eventi sono dovuti ad una forza casuale e cieca.

Questo concetto di causalità viene giustamente collegato ad una visione della realtà fondata sul senso comune, ed è basato sull'osservazione, attraverso i sensi, di casi individuali di azione causale nel mondo dei fenomeni.[36] Si

---

36. I principali assiomi della causalità possono essere riassunti come segue:

a) Tutto ciò che esiste in natura è una causa o un effetto. (Vedi S. TOMMASO D'AQUINO, *Summa Contra Gentiles*, Libro 3, capitolo 107, n.3.)

b) Nessuna entità può essere causa a se stessa. (Vedi S. TOMMASO D'AQUINO, *Summa Contra Gentiles*, Libro 2, capitolo 21.)

c) Non c'è effetto senza una causa.

d) Data una causa, segue un effetto; quando la causa viene rimossa, cessa anche l'effetto. Questo assioma può essere inquadrato nell'ambito delle cause efficaci in atto e degli effetti ad esse correlati, non solo in divenire, ma anche in essere. (Vedi S. TOMMASO D'AQUINO, *Summa Contra Gentiles*, Libro 2, c.25.)

e) Un effetto richiede una causa proporzionata. Questo assioma sta a significare che gli effetti reali rispondono a cause reali, effetti particolari a cause particolari e così via. (Vedi S. TOMMASO D'AQUINO, *Summa Contra Gentiles*, Libro 2, capitolo 21.)

f) La causa è per natura precedente all'effetto. La priorità non va qui necessariamente intesa come in relazione al tempo. (Vedi S. TOMMASO D'AQUINO, *Summa Contra Gentiles*, Libro 2, capitolo 21; IDEM, *Summa Theologiae* III, q.62, a.6; IDEM, *De potentia*, q.3, a.13; IDEM, *De veritate*, q.28, a.7.)

g) La perfezione dell'effetto preesiste nella sua causa. (Vedi S. TOMMASO D'AQUINO, *Summa Theologiae* I, q.6, a.2.)

h) Qualsiasi sia la causa di una causa (precisamente in quanto causa) è la causa anche del suo effetto. Questo assioma enuncia una verità in riferimento ad alla serie di cause concatenate, che agiscono formalmente per loro natura. (Vedi S. TOMMASO D'AQUINO, *Summa Theologiae* I, q.45, a.5.)

i) La prima causa (in qualsiasi ordine di cause dipendenti le une

adatta bene alle scienze naturali ed è in accordo con l'esperienza comune degli esseri umani. Oltre a ciò, esso rende conto del modo in cui un'osservazione di casi individuali possa divenire un concetto intellettuale e si spinge ben al di là delle linee tracciate dal senso comune con le sue analisi e sintesi, fino a che non abbia presentato la conoscenza naturale come un tutto completo e coordinato. È particolarmente nelle Sacre Scritture che questo approccio olistico alla conoscenza può essere ravvisato, così come sarà più approfonditamente spiegato nel capitolo che segue.

---

dalle altre) contribuisce più che la causa secondaria alla produzione dell'effetto.

2
Fonti Scritturali

Il rapporto fede e filosofia trova nella predicazione di Cristo crocifisso e risorto lo scoglio contro il quale può naufragare, ma oltre il quale può sfociare nell'oceano sconfinato della verità. Qui si mostra evidente il confine tra la ragione e la fede, ma diventa anche chiaro lo spazio in cui ambedue si possono incontrare.

Papa Giovanni Paolo II, *Fides et Ratio*, 23.

Nulla è dunque più naturale per un cattolico che trovare la teologia naturale nella Bibbia.

Stanley Jaki, *Bible and Science*.

Gli esseri umani hanno sempre cercato Dio in vari modi, spesso come risultato di quelle domande rivolte alle realtà ultime quali l'origine del mondo e dell'umanità, il significato della vita, della sofferenza, dell'amore e della morte. In tutto il corso della storia sino ai nostri giorni, nella peculiarità delle manifestazioni, ogni popolo ha espresso la propria ricerca di Dio nei propri credi religiosi e nel proprio comportamento: nelle loro preghiere, sacrifici, rituali, meditazioni così come nel ragionamento filosofico rivolto a Dio. Queste forme di espressione religiosa, nonostante le ambiguità che spesso portano con sé, sono così universali che si potrebbe considerare l'uomo come «un essere religioso»[1] e non solo un «essere pensante».

Secondo le Scritture e la Tradizione cristiana, «Dio, principio e fine di ogni cosa, può essere conosciuto con certezza con la luce naturale della ragione umana a par-

---

1. CCC 28.

tire dalle cose create.»² Tuttavia, in pratica, all'infuori della tradizione giudaico-cristiana, l'aspetto razionale della religione non è stato considerato veramente a fondo. Questo potrebbe essere dovuto all'irrazionalità delle credenze in molte religioni al di fuori del Cristianesimo e del Giudaismo.³ In qualche misura l'Islam rispetta la ragione umana. Per esempio, si trovano espressioni coraniche su un cosmo razionale e ordinato: «Oh uomo, adora il tuo Signore che ha creato te e quelli che erano prima di te, e abbi timore di Dio, che ha fatto della terra un tappeto per te e del cielo un castello, e ha fatto scendere l'acqua dal cielo grazie alla quale tu estrai dalla terra quei frutti che sono il tuo nutrimento quotidiano.»⁴ L'Islam comunque contiene molti elementi che sono in netto contrasto con un approccio razionale alla fede. Tre dei novantanove nomi di Allah, infatti, implicano che non c'è somiglianza alcuna fra Lui e le Sue creature; ciò significa in effetti che la via dell'analogia è del tutto chiusa.⁵ Inoltre, qualche passaggio del Corano sa di volontarismo o di quella tendenza che enfatizza fortemente la Volontà divina a scapito della divina Razionalità. Questo è espresso dal frequente uso nel Corano delle frasi «Allah fa ciò che gli piace» o, ad esempio, «Egli punisce chi vuole; e perdona chi vuole.»⁶ Oltre a queste espressioni, anche il seguente versetto del Corano ha un'impronta volontaristica: «Allah fa errare chi vuole e guida chi gli piace.»⁷ Per la dottrina

---

2. VATICANO I, *Dei Filius*, Capitolo II in DS 3004. Si veda anche il Canone 1 in DS 3026. Si veda, inoltre, il capitolo 7 sotto dove si tratta delle prove dell'esistenza di Dio.

3. Sarà trattato ampiamente sull'elemento irrazionale della religione nel Capitolo 8 sotto.

4. *Il Corano*, Sura 2, versetti 21–23.

5. I nomi in questione sono il Nome 10 «Al-Mutakabbir: L'uno che è distinto dagli attributi delle creature e dal somigliarle». Nome 36 «Al-'Ali: L'uno che è distinto dagli attributi delle creature». Nome 78 «Al-Muta'ali: L'uno che è distinto dagli attributi della creazione».

6. *Il Corano*, Sura 5, versetto 40.

7. Ibid., Sura 14, versetto 4; vedi Sura 35, versetto 8. Vedi anche R. SCRUTON, *L'Occidente e gli altri. La globalizzazione e la minaccia terroristica*. Vita & Pensiero, Milano 2004. (Traduzione di R. SCRUTON, *The*

musulmana Allah è assolutamente trascendente. La sua volontà non è legata a nessuna delle nostre categorie, fosse anche quella della ragionevolezza.[8]

È importante difendere la capacità della ragione umana per conoscere Dio, poiché da quella capacità sgorga la possibilità di parlare di Dio a tutte le genti e le culture, e quindi la possibilità di un dialogo con le persone di altre religioni, di incontro tra filosofi e scienziati, così come tra gli agnostici e i non credenti.[9] Di tanto in tanto fuori dalla tradizione giudaico-cristiana, tentativi validi sono stati fatti per leggere il libro della natura con il fine di arrivare ad una affermazione del Creatore dell'Universo. Fra tutti i filosofi antichi, Aristotele si è molto avvicinato alla proclamazione di Dio attraverso la ragione umana:

> Essa, infatti, fra tutte le scienze, è la più divina e la più degna di onore; Ma una scienza può essere divina solo in questi due sensi: o perché è scienza che Dio possiede in grado supremo, o, anche, perché essa ha come oggetto le cose divine; Ora, solo la sapienza possiede entrambe questi caratteri: infatti, è convinzione a tutti comune che Dio sia una causa ed un principio, e, anche, che Dio, esclusivamente o in grado supremo, abbia questo tipo di scienza.[10]

Aristotele arriva al punto in cui si è costretti a porsi domande sull'idea di Dio:

> Se, dunque, in questa felice condizione in cui ci troviamo talvolta, Dio si trova perennemente, è meraviglioso; e se Egli si trova in una condizione superiore, è ancor più meraviglioso. E in questa condizione Egli effettivamente si trova. Ed Egli è anche vita, perché l'attività dell'intelligenza è vita,

---

West and the Rest. Globalization and the Terrorist Threat. Continuum, London 2002.) L'autore illustra le conseguenze al livello sociale-politico dell'irrazionalismo nell'Islam.

8. Si veda Papa BENEDETTO XVI, *Discorso ai Rappresentanti della scienza a Ratisbona* (12 settembre 2006).
9. Si veda *CCC* 39.
10. ARISTOTELE, *Metafisica*, Libro 1,2.

ed Egli è appunto quell'attività. E la sua attività, che sussiste di per sé, è vita ottima ed eterna. Diciamo, infatti, che Dio è vivente, eterno e ottimo; cosicché a Dio appartiene una vita perennemente continua ed eterna: questo, dunque, è Dio.[11]

Tuttavia, è nell'Antico e nel Nuovo Testamento che noi troviamo la più penetrante percezione della relazione tra fede e ragione nella ricerca di Dio.

2.1 Antico Testamento

Il libro della Genesi racconta come Dio ha creato l'uomo e la donna a sua immagine e somiglianza, e li ha creati in comunione con Lui, una comunione di grazia e di fede. «Dio creò l'uomo a sua immagine; a immagine di Dio lo creò; maschio e femmina li creò» (Gen 1,27). Questa triplice espressione della creazione della persona umana significa che Dio è responsabile per la creazione del corpo umano, dell'anima umana e anche della differenza tra uomo e donna. Significa quindi che l'immagine di Dio si trova nel corpo dell'uomo, nell'anima dell'uomo e ugualmente nell'uomo e nella donna. Inoltre, tale creazione ad immagine di Dio riflette la suprema razionalità di Dio e così anche implica le possibilità umane di ragione. Essendo i vicegerenti della creazione, all'uomo e alla donna è stata donata una ragione sufficiente per saper ciò che stessero facendo. Tuttavia, Dio ha imposto un limite alla conoscenza a cui Adamo ed Eva potevano accedere: «ma dell'albero della conoscenza del bene e del male non devi mangiare, perché, quando tu ne mangiassi, certamente moriresti» (Gen 2,17). Questo limite indica che l'uomo e la donna erano inabili a discernere da soli e a decidere ciò che è buono e ciò che è cattivo, ma avevano bisogno di una guida di natura più alta. Invece di obbedire al comando di Dio, loro hanno ceduto alle tentazioni del diavolo e sono stati ingannati nel considerarsi sovrani e autonomi, immaginando che avrebbero potuto ignorare la sapienza che viene da

---

11. Ibid., Libro 12,7.

Dio. Il diavolo tentò i nostri primi antenati a commettere un peccato simile al suo. Nella teologia di alcune Chiese Orientali, il primo peccato, più che essere semplicemente un peccato di orgoglio e disobbedienza, consiste piuttosto nell'abbassamento dell'uomo dalle sfere divine ed eterne a quelle umane e temporali. Il piano divino era che l'uomo avrebbe conosciuto le realtà terrene solo dopo aver conosciuto i misteri celesti e divini.

Purtroppo l'uomo cedette alla tentazione del diavolo e preferì conoscere prima le cose della terra mangiando i frutti dell'albero della conoscenza del bene e del male. Tutti gli uomini e le donne caddero nella prima disobbedienza, che oscurò la ragione tanto che, da allora in poi, il suo cammino per giungere alla verità sarebbe stato irto di ostacoli.[12] San Tommaso ha indicato che, come risultato della caduta, la volontà ha sofferto una maggiore ferita che l'intelletto.[13] Questo offuscamento dell'intelletto e indebolimento della volontà rappresentano soltanto un deterioramento relativo e non assoluto della natura umana, essendo ciò intrinseco alle facoltà umane.[14] La persona umana può ancora conoscere le verità naturali (incluse quelle religiose) attraverso la ragione e può compiere moralmente buone azioni.

Comunque è effettivamente riscontrabile nella letteratura sapienziale che l'intima relazione tra la conoscenza di Dio comunicata dalla fede e la conoscenza di Dio confe-

---

12. Si veda Papa Giovanni Paolo II, *Fides et Ratio*, 22. Si veda, inoltre, P. Haffner, *Il mistero della creazione*, LEV, Città del Vaticano 1999, p. 149.
13. San Tommaso d'Aquino, *Summa Theologiae*, I–II°, q.83, aa.3–4.
14. Papa Giovanni Paolo II, *Discorso all'Udienza Generale*, 8 Ottobre 1986, 7 in *IG* 9/2 (1986), p. 972. Si deve comprendere se la ferita alla natura umana consista semplicemente nella perdita dei doni «preternaturali» o in una intrinseca ma accidentale debolezza. L'approccio tomista mette in relazione una persona nata nel peccato originale con un essere umano nello stato puro di natura come una persona privata dei suoi indumenti sta a una persona nuda. Quelli che ammettono qualche intrinseca debolezza usano l'analogia tra l'uomo in salute (prima della caduta) e la persona malata (nel peccato originale).

rita dalla ragione diviene apparente.[15] L'autore del libro del Siracide, Jesus Ben Sirach, esprime un tema comune a tutta la letteratura sapienziale, cioè la figura dell'uomo saggio che ama la verità e la cerca:

> Beato l'uomo che medita sulla sapienza e ragiona con l'intelligenza, che considera nel cuore le sue vie: ne penetrerà con la mente i segreti. La insegue come uno che segue una pista, si apposta sui suoi sentieri. Egli spia alle sue finestre e starà ad ascoltare alla sua porta. Fa sosta vicino alla sua casa e fisserà un chiodo nelle sue pareti; alzerà la propria tenda presso di essa e si riparerà in un rifugio di benessere; metterà i propri figli sotto la sua protezione e sotto i suoi rami soggiornerà; da essa sarà protetto contro il caldo, egli abiterà all'ombra della sua gloria (Sir 14,20–27).

Il pensiero israelita non procedeva tradizionalmente alla conoscenza per mezzo dell'astrazione ma affrontava la vita nella sua concreta realtà. Il concetto semita della conoscenza è globale e concreto, in complementarità con l'idea greca che è più astratta. Con il passare del tempo, il contatto con la cultura egizia e greca stimolò il pensiero ebraico ad affrontare la realtà anche dal punto di vista astratto. Tuttavia, ogni interscambio con altre culture fu purificato da quegli elementi che avrebbero corrotto la fede del Popolo Eletto. Quindi, il mondo ebraico dell'Antico Testamento porta il suo distintivo contributo ai modi della conoscenza. Ciò che è specifico al testo biblico è la convinzione che ci sia una profonda ed indissolubile unità fra la conoscenza della ragione e la conoscenza della fede. Il mondo e tutto ciò che accade in esso, inclusa la storia e il destino dei popoli, sono realtà da osservare, analizzare e valutare con tutte le risorse della ragione, ma sempre nel contesto della fede in Dio, il Creatore e il Garante dell'Alleanza. Dio ha creato il cosmo in saggezza e ha impresso su questo cosmo razionalità e coerenza: «Il Signore ha fondato la terra con la sapienza, ha consolidato i cieli con intelligenza; dalla sua scienza sono

---

15. Papa GIOVANNI PAOLO II, Fides et Ratio, 16.

Fonti Scritturali

stati aperti gli abissi e le nubi stillano rugiada» (Pr 3,19–20). Perciò il mondo e gli eventi della storia non possono essere compresi in profondità senza professare la fede in Dio che opera in loro. La fede evidenzia l'occhio interiore, aprendo la mente a scoprire il tesoro delle opere della Provvidenza dentro i residui degli eventi quotidiani. Con la luce della ragione, gli esseri umani possono sapere quale cammino prendere, ma possono seguire quel cammino sino alla fine, velocemente e senza ostacoli, soltanto se lo cercano con uno spirito giustamente indirizzato nell'orizzonte della fede. Fa eco a questo messaggio il Libro dei Proverbi: «La mente dell'uomo pensa molto alla sua via, ma il Signore dirige i suoi passi» (*Pr* 16,9). Perciò ragione e fede non possono essere separate senza diminuire le capacità degli uomini e delle donne a conoscere loro stessi, il mondo e Dio in un modo appropriato.[16]

Nell'Antico Testamento non c'è opposizione tra fede e ragione. Tuttavia, c'è coscienza della differenza e connessione fra quei due regni dell'esperienza umana. Il Libro dei Proverbi sottolinea questa differenza: «È gloria di Dio nascondere le cose, è gloria dei re investigarle» (*Pr* 25,2). Attraverso la Rivelazione ricevuta da Dio, il popolo d'Israele ha capito che, se la ragione fosse vera in se stessa e non fosse danneggiata e deformata, essa dovrebbe rispettare delle regole basilari:

> Una prima regola consiste nel tenere conto del fatto che la conoscenza dell'uomo è un cammino che non ha sosta; la seconda nasce dalla consapevolezza che su tale strada non ci si può porre con l'orgoglio di chi pensa che tutto sia frutto di personale conquista; una terza si fonda nel «timore di Dio», del quale la ragione deve riconoscere la sovrana trascendenza e insieme il provvido amore nel governo del mondo.[17]

Quando queste regole vengono abbandonate, la persona umana travisa la ragione e diviene «folle». Per la Bibbia, in

---

16. *Ibid.*
17. *Ibid.*, 18.

questa pazzia si trova una minaccia alla vita. Il folle pensa di sapere molte cose, ma in realtà è incapace di fissare il suo sguardo sulle cose che sono veramente importanti. Perciò egli non può ordinare il suo pensiero (*Pr* 1,7) né assumere una corretta attitudine verso se stesso o il mondo che lo circonda. Perciò quando sostiene che «Dio non esiste» (cf. *Sal* 14,1), mostra con estrema chiarezza soltanto quanto è deficiente la sua conoscenza e quanto è lontano dalla piena verità delle cose, dalla loro origine e dal loro destino.

La relazione fra la ragione e la Rivelazione dà alla ragione una più chiara immagine del suo proprio valore. I risultati del processo del ragionamento umano acquisiscono un senso più profondo quando sono considerati all'interno del grande orizzonte della fede, come è evidente nel libro dei Proverbi: «Dal Signore sono diretti i passi dell'uomo e come può l'uomo comprender la propria via?» (*Pr* 20,24). Ciò che Dio conferisce con la sua grazia è certamente uno stimolo alla conoscenza: «Principio della sapienza è il timore di Dio» (*Pr* 1,7, cf. *Sir* 1,14). La saggezza che viene da Dio trascende l'uomo, cosicché egli sempre ritornerà alla fonte della conoscenza per berne (cf. *Sir* 24,21–22).

Dio ha creato la persona umana come colui che cerca nel pellegrinaggio verso la conoscenza e la saggezza: «Principio della sapienza: acquista la sapienza; a costo di tutto ciò che possiedi acquista l'intelligenza. Stimala ed essa ti esalterà, sarà la tua gloria, se l'abbraccerai» (*Pr* 4,7–8). Affermare che l'uomo deve cercare pazientemente fra le pieghe della realtà nella costante ricerca della verità è senza dubbio esigente e talvolta snervante: «Mi sono proposto di ricercare e investigare con saggezza tutto ciò che si fa sotto il cielo. È questa una occupazione penosa che Dio ha imposto agli uomini, perché in essa fatichino» (*Qo* 1,13). Il processo per acquisire la conoscenza e la saggezza è quasi senza fine ed è paragonato alla grande quantità di gocce di pioggia e alla sabbia nel mare:

> Ogni sapienza viene dal Signore ed è sempre con lui. La sabbia del mare, le gocce della pioggia e i giorni del mondo chi potrà contarli? L'altezza del

cielo, l'estensione della terra, la profondità dell'abisso chi potrà esplorarle? Prima di ogni cosa fu creata la sapienza e la saggia prudenza è da sempre. A chi fu rivelata la radice della sapienza? Chi conosce i suoi disegni? Uno solo è sapiente, molto terribile, seduto sopra il trono (*Sir* 1,1–6).

Qoheleth ha introdotto sfumature interessanti riguardanti fede e ragione. Egli ha indicato la difficoltà e, sembra, persino la futilità della conoscenza umana: «Ho deciso allora di conoscere la sapienza e la scienza, come anche la stoltezza e la follia, e ho compreso che anche questo è un inseguire il vento, perché molta sapienza, molto affanno; chi accresce il sapere, aumenta il dolore» (*Qo* 1,17–18). Allo stesso tempo ha evitato l'agnosticismo e quella negazione secondo la quale non si può avere una valida conoscenza di Dio e della Creazione, elogiando la saggezza: «È buona la saggezza insieme con un patrimonio ed è utile per coloro che vedono il sole; perché si sta all'ombra della saggezza come si sta all'ombra del denaro e il profitto della saggezza fa vivere chi la possiede» (*Qo* 7,11–12). I limiti della conoscenza umana persino nell'ordine naturale sono sempre posti in primo piano: «Come ignori per qual via lo spirito entra nelle ossa dentro il seno d'una donna incinta, così ignori l'opera di Dio che fa tutto» (*Qo* 11,5).

Nei Salmi, un indicazione la si può trovare dal modo in cui il mistero della ragione penetra il mistero della creazione, il cosmo e, soprattutto, la creazione della persona umana. Tuttavia, il Salmista mostra che il lavoro di Dio non può essere compreso dalla sola ragione:

Sei tu che hai creato le mie viscere
e mi hai tessuto nel seno di mia madre.
Ti lodo, perché mi hai fatto come un prodigio;
sono stupende le tue opere, tu mi conosci fino in fondo.
Non ti erano nascoste le mie ossa
quando venivo formato nel segreto,
intessuto nelle profondità della terra.
Ancora informe mi hanno visto i tuoi occhi
e tutto era scritto nel tuo libro;

i miei giorni erano fissati,
quando ancora non ne esisteva uno.
Quanto profondi per me i tuoi pensieri,
quanto grande il loro numero, o Dio;
se li conto sono più della sabbia,
se li credo finiti, con te sono ancora (*Sal* 139,13-18).

Anche il libro di Giobbe ritrae una prospettiva interessante sulla capacità umana di conoscere Dio. Si rende evidente che noi abbiamo una valida conoscenza di Dio, attraverso, ad esempio, la considerazione della sua opera di creazione. Comunque questa conoscenza è limitata e incompleta:

Ecco, Dio è così grande, che non lo comprendiamo:
il numero dei suoi anni è incalcolabile.
Egli attrae in alto le gocce dell'acqua
e scioglie in pioggia i suoi vapori,
che le nubi riversano
e grondano sull'uomo in grande quantità.
In tal modo sostenta i popoli e offre alimento in abbondanza.
Chi inoltre può comprendere la distesa delle nubi,
i fragori della sua dimora?
Ecco, espande sopra di esso il suo vapore
e copre le profondità del mare.
Arma le mani di folgori e le scaglia contro il bersaglio.
(*Gb* 36, 26-32).

Inoltre, di fronte alla sofferenza, alla sua origine e scopo, la conoscenza di Dio è cambiata, cosicché Giobbe, attraverso il suo processo di purificazione arriva alla realizzazione dell'inadeguatezza della sua precedente conoscenza e passa da un assenso nozionale a uno reale di Dio. «Io ti conoscevo per sentito dire, ma ora i miei occhi ti vedono. Perciò mi ricredo e ne provo pentimento sopra polvere e cenere» (*Gb* 42,5-6). La ricerca di Dio conferisce benefici anche all'umana comprensione, «quelli che cercano il Signore comprendono tutto» (*Pr* 28,5), e «quanti confidano in lui comprenderanno la verità» (*Sap* 3,9). In un certo senso Dio offre una condivisione della sua infinita conoscenza e comprensione, nel momento in cui Egli conferisce il dono della sapienza:

Ma colui che sa tutto,
la conosce e l'ha scrutata con l'intelligenza.
È lui che nel volger dei tempi ha stabilito la terra
e l'ha riempita d'animali; lui che invia la luce ed essa va,
che la richiama ed essa obbedisce con tremore.
Le stelle brillano dalle loro vedette e gioiscono;
egli le chiama e rispondono: «Eccoci!»
e brillano di gioia per colui che le ha create.
Egli è il nostro Dio e nessun altro può essergli paragonato.
(*Bar* 3,32–36).

Nel libro della Sapienza, la conoscenza come frutto della ragione implica una investigazione diligente del mondo, dell'essere umano e della storia, in un modo che è aperto a ciò che viene dalla Rivelazione. In verità, persino nel cercare i frutti degli sforzi razionali, la gente ha cercato l'aiuto di Dio, evitando qualsiasi autonomia esagerata fra le due sfere d'azione:

> Mi conceda Dio di parlare secondo conoscenza
> e di pensare in modo degno dei doni ricevuti,
> perché egli è guida della sapienza
> e i saggi ricevono da lui orientamento.
> In suo potere siamo noi e le nostre parole,
> ogni intelligenza e ogni nostra abilità.
> Egli mi ha concesso la conoscenza infallibile delle cose,
> per comprender la struttura del mondo e la forza degli elementi,
> il principio, la fine e il mezzo dei tempi,
> l'alternarsi dei solstizi e il susseguirsi delle stagioni,
> il ciclo degli anni e la posizione degli astri,
> la natura degli animali e l'istinto delle fiere,
> i poteri degli spiriti e i ragionamenti degli uomini,
> la varietà delle piante e le proprietà delle radici.
> Tutto ciò che è nascosto e ciò che è palese io lo so,
> poiché mi ha istruito la sapienza,
> artefice di tutte le cose (*Sap* 7,15–21).

Nel libro della Sapienza si trova una visione che afferma l'universo razionalmente ordinato, una visione del mondo in netto contrasto con quella dei vicini pagani d'Israele, come l'Egitto e Babilonia, dove una visione magica e superstiziosa del cosmo dominava la comprensione: «Ma tu hai tutto disposto con misura, calcolo e peso» (*Sap* 11,20). La visione profondamente realista del mondo da parte dell'antico Israele, come descritto nel libro della Sapienza ha lastricato la via della ragione così da divenire una strada sicura verso l'affermazione di Dio:

> Davvero stolti per natura tutti gli uomini che vivevano nell'ignoranza di Dio, e dai beni visibili non riconobbero Colui che è, non riconobbero l'artefice, pur considerandone le opere. Ma o il fuoco o il vento o l'aria sottile o la volta stellata o l'acqua impetuosa o i luminari del cielo considerarono come dei, reggitori del mondo. Se, stupiti per la loro bellezza, li hanno presi per dei, pensino quanto è superiore il loro Signore, perché li ha creati lo stesso autore della bellezza. Se sono colpiti dalla loro potenza e attività, pensino da ciò quanto è più potente colui che li ha formati. Difatti dalla grandezza e bellezza delle creature per analogia si conosce l'Autore. Tuttavia per costoro leggero è il rimprovero, perché essi forse s'ingannano nella loro ricerca di Dio e nel volere trovarlo. Occupandosi delle sue opere, compiono indagini, ma si lasciano sedurre dall'apparenza, perché le cose vedute sono tanto belle. Neppure costoro però sono scusabili, perché se tanto poterono sapere da scrutare l'universo, come mai non ne hanno trovato più presto il padrone? (*Sap* 13,1–9).

L'idea di «analogia» è perciò presente nel libro della Sapienza in questo punto, come la base fondamentale della conoscenza umana di Dio. Questo è l'unica occasione nell'Antico Testamento dove si trova tale espressione.[18]

Il «libro della natura» quindi rappresenta un primo stadio della Rivelazione divina. Se il cosmo viene letto con gli strumenti propri della ragione umana all'interno di una prospettiva realista, esso può essere un punto di partenza per la conoscenza del Creatore. Se gli esseri umani con la

---

18. Nel testo greco, la parola è ἀναλόγως che letteralmente significa «proporzionalmente». Si veda il capitolo 1, pp. 23–28 sopra, sulla presentazione dell'analogia.

Fonti Scritturali

loro intelligenza falliscono di riconoscere Dio come Creatore di tutto, non è perché ad essi mancano i mezzi per farlo, ma perché una volontà disordinata e un intelletto offuscato sono d'impedimento in questo cammino.[19] Anche in alcuni passi della letteratura profetica, viene indicata la stupidità nell'ignorare la mano di Dio operante nella sua creazione. Ad esempio il profeta Isaia afferma: «Quanto siete perversi! Forse che il vasaio è stimato pari alla creta? Un oggetto può dire del suo autore: "Non mi ha fatto lui"? E un vaso può dire del vasaio: "Non capisce"?» (*Is* 29,16).

Nel contesto dell'Antico Testamento, la fede libera la ragione in quanto le permette di raggiungere coerentemente il suo oggetto di conoscenza e di collocarlo in quell'ordine supremo in cui tutto acquista senso. In una parola, l'uomo con la ragione raggiunge la verità, perché illuminato dalla fede scopre il senso profondo di ogni cosa e, in particolare, della propria esistenza.[20]

2.2 Nuovo Testamento

La domanda di Ponzio Pilato quando si trovò di fronte a Gesù fu «Che cosa è la verità?» (*Gv* 18,38). Questa domanda è stata ripetuta nei secoli sia da coloro che la cercavano sia dagli scettici. Comunque, Cristo stesso è la Risposta finale e definitiva alla domanda perché Egli è «la Via, la Verità, la Vita» (*Gv* 14,6). Nel Nuovo Testamento Cristo impiega varie immagini per se stesso che sono basate sull'analogia. Ad esempio nella parabola della vite e dei tralci: «Io sono la vite, voi i tralci. Chi rimane in me e io in lui, fa molto frutto, perché senza di me non potete far nulla» (*Gv* 15,5). Questa immagine è una testimonianza molto forte della comunione ecclesiale ed allo stesso tempo è un'allusione eucaristica.

L'episodio della pesca miracolosa raccontata da San Luca può essere considerata come una potente imma-

---
19. Si veda Papa GIOVANNI PAOLO II, *Fides et Ratio*, 19.
20. Cf. *ibid.*, 20.

gine per la relazione fra fede, come personale dedizione, e ragione:

> Quando ebbe finito di parlare, disse a Simone: «Prendi il largo e calate le reti per la pesca». Simone rispose: «Maestro, abbiamo faticato tutta la notte e non abbiamo preso nulla; ma sulla tua parola getterò le reti». E avendolo fatto, presero una quantità enorme di pesci e le reti si rompevano. Allora fecero cenno ai compagni dell'altra barca, che venissero ad aiutarli. Essi vennero e riempirono tutte e due le barche al punto che quasi affondavano. Al veder questo, Simon Pietro si gettò alle ginocchia di Gesù, dicendo: «Signore, allontanati da me che sono un peccatore» (Lc 5,4-8).

In questa immagine della ricerca intellettuale di Dio, la rete del pensiero deve andare in acque profonde, poiché Dio non lo si può trovare in superficie. San Pietro confida delle parole di Cristo, sebbene, parlando umanamente, esse sembrano essere irrazionali, dato che aveva lavorato tutta la notte e non aveva preso nulla. La chiave è questa: «sulla tua parola getterò le reti.» Dopo San Pietro si vergognò di non avere confidato pienamente in Cristo e espresse il sentimento di essere stato un peccatore. Per analogia, proiettandoci nelle profondità di Dio con l'intelletto si giunge, per grazia di Dio, ad un processo di conversione dell'intelletto. Un ulteriore episodio di nascita della fede attraverso un processo di interazione con la ragione empirica, fu l'apparizione di Cristo a Tommaso il dubbioso. Questo apostolo non vide la prima apparizione di Cristo e non credeva agli altri ma richiedeva una dimostrazione empirica che il Signore fosse davvero risorto: «Se non vedo nelle sue mani il segno dei chiodi, e non metto il mio dito nel posto dei chiodi, e non metto la mia mano nel suo costato, non crederò» (Gv 20,25). Quando Tommaso vide il Signore e fu invitato, con suo grande imbarazzo, a porre la sua mano nel costato del Cristo Risorto, egli arrivò alla fede e Gesù si rivolse a lui dicendo: «Perchè mi hai veduto, hai creduto:

Fonti Scritturali 47

beati quelli che pur non avendo visto crederanno» (*Gv* 20,29).

Nelle lettere di San Paolo viene sottolineata la natura specifica della sapienza cristiana. In questo contesto emerge in una maniera struggente il contrasto tra «la sapienza di questo mondo» e la sapienza di Dio rivelata in Gesù Cristo. La profondità della sapienza rivelata crea scompiglio nell'ordine dei nostri schemi abituali di pensiero, che non sono affatto capaci di esprimere questa sapienza nella sua totalità. Il Figlio di Dio crocifisso è l'evento storico contro cui s'infrange ogni tentativo della mente di costruire su argomentazioni soltanto umane una giustificazione sufficiente del senso dell'esistenza. Il vero punto nodale, che sfida ogni filosofia, è la morte in Croce di Gesù Cristo. È qui che ogni tentativo di ridurre il piano salvifico del Padre ad una logica puramente umana è condannato a fallire. San Paolo enfatizza il fatto che Cristo lo mandò a predicare il Vangelo «non però con un discorso sapiente, perché non venga resa vana la croce di Cristo» (*1 Co* 1,17). L'Apostolo parafrasa un brano dal libro del profeta Isaia esclamando: «Sta scritto infatti: Distruggerò la sapienza dei sapienti e annullerò l'intelligenza degli intelligenti» (*1 Co* 1,19; vedi *Is* 29,14). Quando San Paolo affermò che «Non ha forse Dio dimostrato stolta la sapienza di questo mondo?» (*1 Co* 1,20), questo non significa che è senza valore ma piuttosto che Dio ha voluto salvare i credenti attraverso «la stoltezza della predicazione» (*1 Co* 1,21). Il contenuto di questo Vangelo è Cristo crocifisso, scandalo per i Giudei, stoltezza per i pagani; ma per coloro che sono chiamati, sia Giudei che Greci, Cristo che è potenza di Dio e sapienza di Dio (vedi *1 Co* 1,23–24). Questo mostra che la «stoltezza di Dio è più sapiente degli uomini» (*1 Co* 1,25).

L'approccio della via negativa è qui chiaramente esposto: la Sapienza di Dio, infatti, trascende la sapienza umana fin tanto che l'una sembra essere quasi del tutto dissimile dall'altra. Allo stesso tempo, l'adozione da parte di San Paolo delle categorie umane di sapienza e follia per descrivere la disparità tra la saggezza umana e la Sapienza Divina implica qualche tipo di analogia, poiché c'è anche una via positiva, una somiglianza tra i due ordini di conoscenza.[21] Allo stesso tempo, «non la saggezza delle parole, ma la Parola della Sapienza è ciò che San Paolo pone come criterio di verità e, insieme, di salvezza.»[22] La saggezza della Croce è, quindi, una sfida alla ragione che non distrugge il pensiero umano ma piuttosto lo purifica, lo eleva e lo trasforma, lo guarisce e lo redime, affinché possa alzarsi più in alto. Questo è un aspetto molto specifico del senso cristiano della fede e della ragione, in contrasto con altre prospettive dove la ragione è considerata come irrilevante, inutile o un ostacolo nella ricerca delle realtà divine.

Quando San Paolo visita Atene in uno dei suoi viaggi missionari, prende in considerazione uno dei monumenti sacri come un conveniente punto di partenza per stabilire una base comune durante la sua predicazione della Verità. Infatti esclamò:

> Cittadini ateniesi, vedo che in tutto siete molto timorati degli dei. Passando infatti e osservando i monumenti del vostro culto, ho trovato anche un'ara con l'iscrizione: Al Dio ignoto. Quello che voi adorate senza conoscere, io ve lo annunzio. Il Dio che ha fatto il mondo e tutto ciò che contiene, che è Signore del cielo e della terra, non dimora in templi costruiti dalle mani dell'uomo né dalle mani dell'uomo si lascia servire come se avesse bisogno di qualche cosa, essendo lui che dà a tutti la vita e il respiro e ogni cosa. Egli creò da uno solo tutte le nazioni degli uomini, perché abitassero su tutta la faccia della terra. Per essi ha stabilito l'ordine dei tempi e i confini del loro spazio, perché cercassero Dio, se mai arrivino a trovarlo andando come a tentoni, benché non sia lontano da ciascuno di noi. In lui infatti viviamo, ci muoviamo ed esistiamo, come anche alcuni dei vostri poeti hanno detto: «Poiché di lui stirpe noi siamo.» (*At* 17,23–28).

---

21. Si veda il capitolo 1, pp. 26–27 sopra a proposito della descrizione della via positiva e negativa.
22. Papa GIOVANNI PAOLO II, *Fides et Ratio*, 23.

La verità che Dio «non è lontano da ciascuno di noi» è un'espressione della sua immanenza all'interno della sua creazione, la base teologica per la ricerca di Dio attraverso la sua Creazione e allo stesso tempo il fondamento per usare le categorie umane nell'esprimere le verità divine. Un noto brano classico dalla lettera di San Paolo ai Romani si occupa di questa capacità fondamentale della ragione umana nel cercare Dio. Il passaggio richiama il sapore di un simile passo del Libro della Sapienza (*Sap* 13,1–9) sopra citato:

> In realtà l'ira di Dio si rivela dal cielo contro ogni empietà e ogni ingiustizia di uomini che soffocano la verità nell'ingiustizia, poiché ciò che di Dio si può conoscere è loro manifesto; Dio stesso lo ha loro manifestato. Infatti, dalla creazione del mondo in poi, le sue perfezioni invisibili possono essere contemplate con l'intelletto nelle opere da lui compiute, come la sua eterna potenza e divinità; essi sono dunque inescusabili, perché, pur conoscendo Dio, non gli hanno dato gloria né gli hanno reso grazie come a Dio, ma hanno vaneggiato nei loro ragionamenti e si è ottenebrata la loro mente ottusa. Mentre si dichiaravano sapienti, sono diventati stolti e hanno cambiato la gloria dell'incorruttibile Dio con l'immagine e la figura dell'uomo corruttibile, di uccelli, di quadrupedi e di rettili. Perciò Dio li ha abbandonati all'impurità secondo i desideri del loro cuore, sì da disonorare fra di loro i propri corpi, poiché essi hanno cambiato la verità di Dio con la menzogna e hanno venerato e adorato la creatura al posto del creatore, che è benedetto nei secoli. Amen. (Rm 1, 18–25).

Attraverso la mediazione della sua creazione, Dio ha stimolato nella ragione un'intuizione del suo potere e della sua divinità. D'altronde nel Nuovo Testamento, l'idea del Creatore responsabile per la sua creazione è presupposta come nella lettera agli Ebrei: «Ogni casa infatti viene costruita da qualcuno; ma colui che ha costruito tutto è Dio» (*Eb* 3,4). Il processo del ragionamento inizia dall'esperienza umana secondo la quale ogni casa è stata costruita da qualcuno, perciò il cosmo deve essere stato creato da Dio. Questo sembra dare alla ragione umana quella capacità che oltrepassa i suoi limiti naturali. Il concetto non è limitato alla conoscenza sensoriale, ma va dai dati forniti dai sensi sino a raggiungere la causa che è all'origine della realtà percepibile.

San Paolo effettivamente afferma che questo passaggio dalla creazione al Creatore sarebbe stato molto semplice se non ci fosse stata la Caduta. Tuttavia, a causa della disobbedienza con la quale l'uomo e la donna scelsero di aggirare la loro relazione all'Uno che gli aveva creati, questo facile accesso a Dio attraverso il potere della ragione divenne più complicato. Il risultato del desiderio di esercitare la ragione senza riferimento a Dio fu che gli occhi della mente non furono più capaci di vedere chiaramente: la ragione divenne sempre più succube della propria confusione.[23] Insieme all'incapacità di conoscere Dio con facilità, lo stato di peccato dell'uomo ha causato una certa difficoltà nell'arrivare alle verità morali, che la ragione dovrebbe essere capace di vedere come connesse alla natura dell'uomo. Perciò l'anarchia ha ceduto alla tirannia. La venuta di Cristo aveva il fine di redimere e guarire la ragione dalla sua debolezza liberandola dai lacci nella quale era stata tenuta prigioniera. Infatti Gesù disse: «Se rimanete fedeli alla mia parola, sarete davvero miei discepoli; conoscerete la verità e la verità vi farà liberi» (Gv 8,31–32).

La fede, sebbene sia connessa principalmente con la vita eterna, ha un reale effetto sul «qui e ora», e sulla capacità umana della ragione nel contesto presente. Questa visione ha la sua base nel passaggio in cui Cristo dice ai suoi seguaci che dirigendo i loro cuori prima di tutto al regno di Dio riceveranno benefici effetti non solo nel cielo, ma anche qui sulla terra: «Cercate prima il regno di Dio e la sua giustizia, e tutte queste cose vi saranno date in aggiunta» (Mt 6,33). I seguaci di Cristo hanno avuto la promessa di qualcosa in premio in questa vita (nonostante le persecuzioni)

---

23. Si veda ibid., 22

Fonti Scritturali 51

così come nella vita che viene: «Chiunque avrà lasciato case, o fratelli, o sorelle, o padre, o madre, o figli, o campi per il mio nome, riceverà cento volte tanto e avrà in eredità la vita eterna» (*Mt* 19,29).[24] Questa guarigione dei poteri della ragione è una delle benedizioni che il Vangelo sta portando dal momento che si diffuse nel mondo (cf. *Col* 1,6). In questo modo, «del resto, noi sappiamo che tutto concorre al bene di coloro che amano Dio, che sono stati chiamati secondo il suo disegno» (*Rm* 8,28).

San Paolo spiegava chiaramente come la validità del Mistero di Cristo non dipenda dalla «sublimità di parola o di sapienza» (*1 Co* 2,1), e non voleva convincere i suoi ascoltatori usando argomenti filosofici (1 Co 2,4). Piuttosto è il potere dello Spirito Santo che fornisce la convinzione al messaggio cristiano. Secondo lui, la fede cristiana non si fonda «sulla sapienza umana, ma sulla potenza di Dio» (*1 Co* 2,5). Conoscenza e saggezza sono coinvolte nella proclamazione di San Paolo: la conoscenza di Cristo crocifisso e «di una sapienza divina, misteriosa, che è rimasta nascosta, e che Dio ha preordinato prima dei secoli per la nostra gloria» (*1 Co* 2,7). Questa conoscenza e saggezza non sono accessibili alla mente che si chiude nelle sue naturali categorie, alla mente che non ha riconosciuto il potere di Cristo crocifisso. San Paolo espresse chiaramente che c'è un ordine di conoscenza che trascende la ragione, cioè il dono della rivelazione: «Ma a noi Dio le ha rivelate per mezzo dello Spirito; lo Spirito infatti scruta ogni cosa, anche le profondità di Dio» (*1 Co* 2,10). San Paolo impiega un'analogia umana per indicare che solo lo Spirito di Dio conosce le profondità di Dio. Come il solo individuo umano conosce se stesso attraverso il proprio spirito dentro di lui, «così

---

24. Cf. *Mc* 10,29–30; *Lc* 18,29–30; *1 Tm* 4,8. Si veda inoltre Vaticano II, *Gaudium et Spes* 38.2: «Con la sua risurrezione costituito Signore, Egli, il Cristo, cui è stato dato ogni potere in cielo ed in terra, tuttora opera nel cuore degli uomini con la virtù del suo Spirito, non solo suscitando il desiderio del mondo futuro, ma per ciò stesso anche ispirando, purificando e fortificando quei generosi propositi con i quali la famiglia degli uomini cerca di rendere più umana la propria vita e di sottomettere a questo fine tutta la terra.»

anche i segreti di Dio nessuno li ha mai potuti conoscere se non lo Spirito di Dio» (*1 Co* 2:11). La ragione umana è sorpassata quando va a formulare categorie per ciò che Dio ha rivelato. Cristo ha benedetto suo Padre perché ha «nascosto queste cose ai dotti e ai sapienti e le hai rivelate ai piccoli.» (*Lc* 10,21; si veda anche *Mt* 11,25). La rivelazione non può perciò essere semplicemente espressa «con un linguaggio suggerito dalla sapienza umana, ma insegnata dallo Spirito, esprimendo cose spirituali in termini spirituali» (*1 Co* 2,13). Il linguaggio umano non è incapace di esprimere la rivelazione divina, ma piuttosto la rivelazione stessa deve riformare il linguaggio umano in una nuovo recipiente per abilitarlo a contenere il nuovo vino delle divine verità (*Mt* 9,17). Ciò implica che la rivelazione porta ad una conversione dell'intelletto, un cambio reale che non distrugge il potere della ragione, ma rende abile il cristiano ad assumere «il pensiero di Cristo» (*1 Co* 2,16). La mente deve essere rinnovata da una rivoluzione spirituale, così come il cristiano riveste «l'uomo nuovo, creato secondo Dio nella giustizia e nella santità vera» (*Ef* 4,24). Questa rivoluzione spirituale permette di vivere la verità nella carità (*Ef* 4,15). Il dono dello Spirito Santo permette al credente di comprendere e apprezzare i doni di Dio, e di «giudicare il valore di ogni cosa» (*1 Co* 2,15). Questa rivelazione è una sapienza ma tale sapienza non è riconosciuta dalle autorità intellettuali del mondo odierno. È una sapienza che cerca un completamento nella gloria del cielo dove Dio ha preparato per chi Lo ama «quelle cose che occhio non vide, né orecchio udì, né mai entrarono in cuore di uomo» (*1 Co* 2,9). Questo tipo di espressione era già stata impiegata dal profeta Isaia nell'Antico Testamento per esprimere la venuta di Cristo: «Orecchio non ha sentito, occhio non ha visto che un Dio, fuori di te, abbia fatto tanto per chi confida in lui» (*Is* 64,3).

L'Apostolo ha anche insegnato che la ragione è resa perfetta dall'amore e che la ragione senza l'amore rimane sterile:

Fonti Scritturali

> Se anche parlassi le lingue degli uomini e degli angeli, ma non avessi la carità, sono come un bronzo che risuona o un cembalo che tintinna. E se avessi il dono della profezia e conoscessi tutti i misteri e tutta la scienza, e possedessi la pienezza della fede così da trasportare le montagne, ma non avessi la carità, non sono nulla (*1 Co* 13,1–2).

L'amore, comunque, è basato sulla verità nella quale si rallegra. San Paolo sembra affermare che mentre la conoscenza imperfetta verrà eliminata, «La carità non avrà mai fine» (*1 Co* 13,8). Egli adotta le due famose analogie della crescita di un bambino e del riflesso in uno specchio per esprimere il pellegrinaggio verso la perfezione celeste:

> Quand'ero bambino, parlavo da bambino, pensavo da bambino, ragionavo da bambino. Ma, divenuto uomo, ciò che era da bambino l'ho abbandonato. Ora vediamo come in uno specchio, in maniera confusa; ma allora vedremo a faccia a faccia. Ora conosco in mo do imperfetto, ma allora conoscerò perfettamente, come anch'io sono conosciuto (*1 Co* 13,11–12).

Quest'ultima analogia dello specchio implica che ci sarà una forma celeste di conoscenza, la quale è perfetta. Anche San Giovanni illustra la via dell'amore che inizia dal prossimo che possiamo vedere di fronte a noi, partendo da ciò che è visibile fino a dirigerci verso Dio, in un processo che efficacemente sta alla base delle prove razionali dell'esistenza di Dio: «Se uno dicesse: «Io amo Dio», e odiasse il suo fratello, è un mentitore. Chi infatti non ama il proprio fratello che vede, non può amare Dio che non vede» (*1 Gv* 4,20).

San Paolo illustra come il problema della non-credenza può presentarsi quando il Vangelo appare velato o nascosto nel suo significato ai non credenti le cui menti sono state accecate dal dio di questo mondo, tanto da non poter vedere brillare la luce del Vangelo della gloria di Cristo, che è immagine di Dio (*2 Co* 4,4). Una volta ancora, questo testo implica che una conversione dell'intelletto è richiesta perché la ragione possa avvicinarsi alla soglia della fede.

54 Il fascino della ragione

Questo processo di conversione non è privo di un'incessante lotta per descrivere la quale l'Apostolo impiega una serie di potenti figure tratte dal linguaggio militare:

> In realtà, noi viviamo nella carne ma non militiamo secondo la carne. Infatti le armi della nostra battaglia non sono carnali, ma hanno da Dio la potenza di abbattere le fortezze, distruggendo i ragionamenti e ogni baluardo che si leva contro la conoscenza di Dio, e rendendo ogni intelligenza soggetta all'obbedienza al Cristo (*2 Co* 10,3–5).

L'Apostolo esorta gli anziani che presiedono l'Assemblea, i precursori dei vescovi,[25] ad avere una ferma cognizione del messaggio immutabile della tradizione, così da poter essere riferimento sia per incoraggiare nella sana dottrina sia per rifiutare quelli che argomentano contro essa (*1 Tm* 1,9). Questa capacità di animare solidamente la dottrina e di rifiutare l'errore, implicava necessariamente l'uso della ragione e di una filosofia elementare, per rendere possibile ai suoi ascoltatori di afferrare quei punti in modo che essi potessero comprenderli. La ragione di questa lotta (vedi *Col* 2,1) sta nel fatto che la parola di Dio trascende il pensiero meramente umano; non è la parola di qualsiasi essere umano, ma la parola di Dio, un potere che opera tra i credenti (vedi *1 Tm* 2,13). Tuttavia c'è una conoscenza reale e valida contenuta nella comprensione del mistero di Dio laddove sono nascosti «tutti i tesori della sapienza e della scienza» (*Col* 2,3). Quando il cristiano si colma del mistero della conoscenza di Dio, la sua mente è riempita da «tutto quello che è vero, nobile, giusto, puro, amabile, onorato, quello che è virtù e merita lode» (*Fil* 4,8). Qui la luce di Cristo disperde le ombre del dubbio dalla mente del credente. Inoltre il credente è protetto dagli argomenti ingannevoli e speciosi (*Col* 2,4) e non può essere imprigionato dai sottili ragionamenti filosofici e «con vuoti raggiri ispirati alla

---

25. Per una descrizione dello sviluppo degli ordini sacri nella Chiesa primitiva, si veda la mia opera, *Il mistero sacramentale*, LEV, Città del Vaticano 2002, pp. 184–187.

Fonti Scritturali 55

tradizione umana, secondo gli elementi del mondo e non secondo Cristo» (*Col* 2,8).

San Paolo parla anche di un «culto ragionevole» che il cristiano si appresta ad offrire a Dio: «Vi esorto dunque, fratelli, per la misericordia di Dio, ad offrire i vostri corpi come sacrificio vivente, santo e gradito a Dio; è questo il vostro culto spirituale» (*Rm* 12,1). I commentatori del testo sanno bene che l'espressione greca (τὴν λογικὴν λατρείαν) non è di facile traduzione. La Bibbia latina traduce: «rationabile obsequium». La stessa parola «rationabile» appare nella prima Preghiera eucaristica, il Canone Romano: in esso si prega che Dio accetti questa offerta come «rationabile». La consueta traduzione italiana «culto spirituale» non riflette tutte le sfumature del testo greco (e neppure di quello latino). In ogni caso non si tratta di un culto meno reale, o addirittura solo metaforico, ma di un culto più concreto e realista—un culto nel quale l'uomo stesso nella sua totalità di un essere dotato di ragione, diventa adorazione, glorificazione del Dio vivente.[26] Questo implica l'opera di Dio che coinvolge sia la mente che il cuore, quindi il potere della ragione non può essere lasciato fuori dalla relazione con Dio. Poiché la conoscenza della verità porta alla vera religione (*Tt* 1,1), e questa conoscenza di Cristo si diffonde come una piacevole fragranza (*2 Co* 2,14). Questa conoscenza è basata sull'amore che permette al cristiano, in unione con il santo popolo di Dio, di acquisire la forza per afferrare la larghezza e la lunghezza, l'altezza e la

---

26. Si veda Papa BENEDETTO XVI, *Discorso all'Udienza Generale* (7 gennaio 2009). Come Cardinale Ratzinger egli aveva già indicato l'importanza di questa espressione come quella che distingue il culto cristiano, con Cristo il Logos al centro, dagli antichi culti pagani. Si veda a tale proposito J. RATZINGER, *Introduzione allo spirito della liturgia*, Edizioni San Paolo, Cinisello Balsamo 2001, pp. 42–47. Si veda anche Papa BENEDETTO XVI, *Discorso ai Rappresentanti della scienza a Ratisbona* (12 settembre 2006) dove ha affermato «il culto cristiano è, come dice ancora Paolo «λογικη λατρεία»—un culto che concorda con il Verbo eterno e con la nostra ragione.» Cfr. Papa BENEDETTO XVI, Esortazione Apostolica *Sacramentum Caritatis*, 2007, 70. Cf. anche S.L. Jaki, «Creation and Monastic Creativity» in *Monastic Studies* (Toronto) 16 (Christmas 1985), p. 84.

profondità; così, conoscendo l'amore di Cristo, che è oltre la conoscenza l'uomo e la donna possono essere colmati con la totale pienezza di Dio (*Ef* 3,18–19). La conoscenza e l'amore di Cristo sono perciò complementari e l'una ha bisogno dell'altra; la conoscenza senza amore è sterile e l'amore senza conoscenza può essere imprudente.[27]

Questa conoscenza del Mistero di Cristo ha anche una dimensione escatologica che conduce alla rivelazione finale del Signore quando Egli verrà nella gloria alla fine dei tempi. Questa conoscenza e questa completa comprensione incoraggiano la crescita spirituale verso il vero discernimento, affinché il Cristiano sia innocente e libero da ogni traccia di peccato quando verrà il Giorno di Cristo (*Fil* 1,9–10).

Ai tempi degli apostoli esisteva una setta di spirituali (*pneumatikoi*), che consideravano inferiori quelli che non erano completamente liberati dalla materia; essi rifiutavano il matrimonio a causa della sua connessione con la materia (vedi *1 Tm* 4,3). Gli spirituali precedettero gli Gnostici del secondo secolo.[28] San Paolo avvisò Timoteo dei pericoli di questo genere di sistema: «O Timòteo, custodisci il deposito; evita le chiacchiere profane e le obiezioni della cosiddetta scienza, professando la quale taluni hanno deviato dalla fede» (*1 Tm* 6,20–21). In questo stesso contesto, San Paolo invita ad evitare «le chiacchiere profane, perché esse tendono a far crescere sempre più nell'empietà» (*2 Tm* 2,16).

San Pietro ha incoraggiato una ragionevole speranza così come una ragionevole fede, indicando in questo modo che la speranza cristiana, come la fede, non è irrazionale ma può essere rivelata in categorie razionali, poiché il mistero della speranza è oltre la ragione: «adorate il Signore, Cristo, nei vostri cuori, pronti sempre a rispondere a chiunque vi domandi ragione della speranza che è in voi» (*1 Pt* 3,15). San Pietro utilizza la parola greca λογος per indicare la

---

27. Si veda il capitolo 9 per un ulteriore approfondimento di questo tema.

28. Si vedano pp. 61–62 sotto, dove si parla dello gnosticismo.

Fonti Scritturali 57

«ragione», e questa espressione conosce varie sfumature nel Nuovo Testamento, tra le quali vi è inclusa una parola del linguaggio parlato da una voce viva che incorpora un concetto e una idea, la materia sotto discussione, il potere della ragione e la facoltà umana di pensare. Il significato diviene particolarmente potente negli scritti di San Giovanni, dove si riferisce alla Parola di Dio, la Seconda Persona della Santissima Trinità, che per la salvezza degli uomini assunse la natura umana in Gesù Cristo. San Giacomo indica che la vera saggezza viene da Dio e questo dono è dato quando viene chiesto «con fede, senza esitare, perché chi esita somiglia all'onda del mare mossa e agitata dal vento» (*Gc* 1,6). Entrambi i doni di fede e ragione vengono dall'alto e discendono dal Padre della luce, nel quale non c'è variazione né ombra di cambiamento (*Gc* 1,17). Il prossimo capitolo esaminerà come le idee riguardo all'interazione tra fede e ragione si svilupparono nei primi secoli del Cristianesimo.

3
Le vie patristiche

Come la melagrana, avvolta dalla buccia, contiene dentro di sé molte cellette e alveoli separati da membrane e innumerevoli granelli, così l'intera creazione è circondata dallo spirito di Dio che, a sua volta, insieme con la creazione è circondato dalla mano di Dio. E come il granello della melagrana, rinchiuso dentro, non può vedere ciò che si trova fuori della buccia, proprio perché sta dentro, così pure l'uomo, circondato con l'intera creazione dalla mano di Dio, non può vedere Dio.

Teofilo di Antiochia, *Ad Autolycus*

Ma poiché nessuno può scalare un precipizio se non si sono scavati dei gradini atti a facilitare il suo cammino verso la vetta, allo stesso modo abbiamo fissato con ordine un primo abbozzo della nostra ascesa; e questo difficile viaggio del nostro spirito abbiamo alleviato con una pendenza per così dire più dolce, non intagliando scalini sulla superficie, ma riducendola ad un insensibile declivio, affinché lo scalatore, potesse arrivare alla sommità quasi senza avvertire il senso dello sforzo che è proprio di chi sale.

S. Ilario di Poitiers, *Sulla Trinità*, I, 20

Sin dalle sue origini nella tradizione cristiana viene discusso il valore della ragione e della filosofia in relazione a Dio. In molti pensatori cristiani si trovava una netta linea di demarcazione fra un approccio positivo ed uno negativo nei confronti della filosofia dovuto al fatto che in parecchi autori vivono insieme due tendenze: quella cristiana piena di riserve sulla filosofia diffusasi con il paganesimo e quella greca, invece, imbevuta di essa. La riflessione cristiana si avvaleva dell'antica filosofia greca, nella quale, forse, il pensiero aristotelico era il più compatibile con la dottrina cristiana, ma che tuttavia doveva essere purificato in molti aspetti per poter essere adottato dai pensatori cristiani. Per quanto concerne le nozioni platoniche, subirono profondi cambiamenti, in particolare per quanto riguarda concetti quali l'immortalità dell'anima, la divinizzazione dell'uomo e l'origine del male.[1]

Nello scritto anonimo, *Epistola a Diogneto*, attribuito a Matete e composto intorno al 130 d.C., si trova una chiara idea sulla relazione fra i Cristiani ed il mondo circostante, la quale indica, anche, come, da un lato, la loro vita non fosse socialmente divisa e, dall'altro, la loro franchezza nei confronti della filosofia:

> I cristiani né per regione, né per linguaggio, né per costumi sono da distinguere dagli altri uomini. Infatti, non abitano città proprie, né usano un gergo che si differenzia, né conducono un genere di vita speciale. La loro dottrina non è nella scoperta del pensiero di uomini multiformi, né essi aderiscono ad una corrente filosofica umana, come fanno gli altri. Vivendo in città greche e barbare, come a ciascuno è capitato, e adeguandosi ai costumi del luogo nel vestito, nel cibo e nel resto, testimoniano un metodo di vita sociale mirabile e indubbiamente paradossale. Vivono nella loro patria, ma come forestieri; partecipano a tutto come cittadini e da tutto sono distaccati come stranieri. Ogni patria straniera è patria loro, e ogni patria è straniera.[2]

Questo documento indica chiaramente che la fede deve essere ragionevole e rappresenta un'importante testimonianza del fatto che l'autore fosse in contatto diretto con gli Apostoli: «Non dico stranezze né cerco il falso, ma, divenuto discepolo degli apostoli, divento maestro delle genti e trasmetto in maniera degna le cose tramandate a quelli che si son fatti discepoli della verità.»[3] Una profonda intuizione dell'argomento è offerta nell'immagine dei due alberi nel giardino dell'Eden: l'uno della conoscenza, l'altro della

---

1. Si veda Papa GIOVANNI PAOLO II, *Fides et Ratio*, 39.
2. *Epistola a Diogneto*, 5,1–5 in PG 2, 1173–1174.
3. Cfr. *ibid.*, c. 12 in PG 2, 1185–1186.

Le vie patristiche 61

vita. Il fatto che Dio sin dall'inizio pianti entrambi gli alberi nel centro del paradiso indica che la conoscenza è la via della vita, ma poiché i nostri primi genitori non usarono correttamente questa conoscenza, a causa dell'inganno del Serpente, furono spogliati di tutto. Né la vita può esistere senza la conoscenza, né la conoscenza è sicura senza la vita. Per questo entrambi gli alberi furono piantati l'uno vicino all'altro. Il cristiano, mediante questa rinascita, si è fatto paradiso di meraviglia, trovando in se stesso l'albero rigoglioso che può produrre ogni genere di frutti; perciò la conoscenza e la vita devono essere collegate.[4]

3.1 L'Occidente cristiano

S. Ireneo di Lione (130–202) rifiuta l'eresia gnostica, che forse fu la prima nella storia della Chiesa in relazione al rapporto fra ragione e fede. Lo gnosticismo deriva dal termine greco *gnosis* (conoscenza), e esso rivendicava una comprensione superiore e segreta delle cose. Questo era un sistema basato sulla conoscenza filosofica piuttosto che sulla fede, dove la distinzione fra l'eterno, l'increato, l'Essere Supremo e tutto il creato era indistinta o cancellata. La creazione della materia era concepita nei termini di una emanazione verso il basso dall'Essere Supremo o come l'opera di un demiurgo. Il fatto che gli Gnostici sminuivano la materia significa che loro non potevano accettare l'Incarnazione. Perciò la loro conoscenza di Dio era basata su ciò che potevano acquisire attraverso la loro comprensione segreta ed elitaria delle cose piuttosto che sulla rivelazione ricevuta da Cristo. In contrasto con gli Gnostici, il cristianesimo ha abbattuto le barriere razziali, sociali e sessuali, e ha annunciato fin dai suoi inizi l'uguaglianza di tutti gli uomini dinanzi a Dio. Una prima conseguenza di questa concezione si applicava al tema della verità. Veniva decisamente superato il carattere elitario che la sua ricerca aveva presso gli antichi: poiché l'accesso alla verità è un bene che permette di giungere a Dio, tutti devono essere nella condi-

---
4. Cfr. *ibid.*, c. 12 in *PG* 2, 1185–1186.

zione di poter percorrere questa strada. Dato che l'accesso alla verità consentiva l'accesso a Dio, non doveva essere negato a nessuno.⁵ S. Ireneo dichiarava che Dio non poteva essere cercato attraverso il significato dei numeri, delle sillabe e delle lettere come facevano gli Gnostici. Da un sistema non scaturiscono dei numeri, ma i numeri da un sistema; Dio non deriva la sua essenza dalle cose create, ma le cose create derivano la loro essenza da Dio poiché tutte le cose sono state generate dallo stesso unico Dio.⁶ S. Ireneo rammentava ai suoi lettori che l'uomo è infinitamente inferiore a Dio e non può avere, come Dio, un'esperienza di tutte le cose o formarsene una concezione. Perciò una doverosa umiltà è richiesta nella ricerca della conoscenza di Dio.⁷ Quindi la verità e la testimonianza dovrebbero essere i criteri nella ricerca della conoscenza di Dio; questa atteggiamento nei confronti dell'indagine del mistero del Dio vivente potrebbe incrementare l'amore per Colui che ci ha donato, ed ancora ci dona, tanta meraviglia. S. Ireneo faceva notare che perfino rispetto alla creazione, la conoscenza di molte cose appartiene solo a Dio, mentre altre sono alla portata della conoscenza umana; allo stesso modo, riguardo ai misteri esposti nelle Scritture, alcuni possono essere spiegati mediante la grazia di Dio, mentre altri possono essere lasciati nelle mani di Dio. In tal modo, non soltanto nel mondo presente, ma anche in quello futuro, Dio potrebbe sempre istruire e l'uomo potrebbe sempre apprendere le cose insegnategli da Dio. Perciò, la conoscenza perfetta non può essere raggiunta nella vita presente: molte questioni dovrebbero essere lasciate nelle mani di Dio.⁸ S. Ireneo affermava, in un famoso passo, che il Verbo di Dio si era fatto uomo, nato dalla Vergine Maria, ricapitolando

---

5. Si veda Papa GIOVANNI PAOLO II, *Fides et Ratio*, 38.
6. Si veda S. IRENEO, *Adversus haereses*, Libro II, capitolo 25, 1 in *PG* 7, 798.
7. Si veda *ibid.*, capitolo 25, 3 e 4 in *PG* 7, 799.
8. Si veda *ibid.*, capitolo 28, 1–3 in *PG* 7, 804–806.

Le vie patristiche 63

in Sé stesso la sua opera e portando ad essa la salvezza.[9] Questa «ricapitolazione» della natura umana attraverso Cristo deve anche includere una redenzione dell'intelletto umano, consentendolo di ricevere la conoscenza di Dio. Un apparente totale rifiuto della filosofia greca viene chiaramente espresso nell'esclamazione di Tertulliano (150–220 circa):

> Può esservi forse qualcosa di comune fra Atene e Gerusalemme? quale relazione potrà stabilirsi fra la Chiesa e l'Accademia? fra gli eretici e i Cristiani? È dal portico di Salomone che la nostra dottrina trae l'origine sua; fu lui stesso che ci ha insegnato che Iddio si deve cercare nella semplicità e nella bontà del nostro cuore. Se la vedano un po' coloro che hanno messo fuori un Cristianesimo stoico, platonico, dialettico. Che bisogno abbiamo noi di ricerche, dopo Gesù Cristo? che cosa dobbiamo richiedere noi, dopo che abbiamo avuto il Vangelo?[10]

La diffidenza apparente di Tertulliano nei confronti della ragione potrebbe essere parte della sua posizione rigoristica che egli assunse in età matura quando aderì alla setta Montanista. D'altra parte, nell'*Apologia* di Tertulliano, indirizzata alle più alte cariche dell'Impero intorno al 200, il suo atteggiamento sull'uso della ragione è più sfumato tanto da indicare le vie per giungere all'esistenza di Dio attraverso la ragione stessa:

> Quello che noi adoriamo è il Dio unico, che questa mole immensa con tutti gli elementi, i corpi, gli spiriti che la compongono trasse dal nulla ad ornamento della sua maestà, mediante il comando della sua parola, con la disposizione della sua ragione, con la potenza della sua virtù, sì che anche i Greci dettero all'universo il nome di cosmo. È Dio invisibile, benché si veda; inestimabile, benché i nostri sensi ce ne rivelino l'immensità. Perciò Egli è vero e tanto grande... Il valore di Dio si misura dall'im-

---
9. Si veda *ibid.*, Libro III, capitolo 22, 1–2 in PG 7, 955–958.
10. Tertulliano, *De Praescriptione Haereticorum*, capitolo 7 in PL 2, 20.

possibilità di misurarne la grandezza, e tale sua immensità lo rivela agli uomini e al tempo stesso lo nasconde. Ed è qui tutta la colpa di quanti non vogliono riconoscere colui che non possono ignorare. Volete che ne comproviamo l'esistenza delle stesse sue opere, da quelle sue tante e mirabili opere, onde noi siamo contenuti, sostenuti, allietati ed anche atterriti? Volete che confermiamo la nostra fede con la testimonianza spontanea dell'anima stessa? Pur costretta nella prigione del corpo ed irretita da perverse consuetudini, pur svigorita da passioni e da cupidigie ed asservita da falsi dei, tuttavia, non appena ritorna in sé, quasi destandosi dall'ebbrezza, dal sonno o dalla malattia, e riacquista lo stato di sanità, immediatamente allora nomina Dio... O testimonianza dell'anima, per sua natura Cristiana![11]

Un elemento interessante dal punto di vista di Tertulliano è che egli considera sia una via interiore di discussione sia una esteriore per arrivare all'esistenza di Dio. Queste due vie sono complementari e saranno la nota dominante del pensiero posteriore sia nel mondo cristiano occidentale che orientale. In generale, per quanto concerne la dimostrazione dell'esistenza di Dio, i Padri Greci preferirono le prove cosmologiche che scaturivano dall'esperienza esterna; i Padri Latini preferirono le prove psicologiche che fiorivano da un'esperienza interiore.

Intorno al 305 d.C., Lattanzio scrisse il trattato *De opificio Dei* (*Sulla creazione di Dio*), indirizzato al suo studente Demetriano. In quest'opera, Lattanzio esalta la potenza divina che si riflette nell'atto della creazione di quel microcosmo che è il corpo umano. Secondo il pensiero di Lattanzio, Dio Creatore ha fatto l'uomo con percezione e ragione, così sarebbe evidente che l'essere umano deriva da Lui, perché Egli stesso è intelligenza, Egli stesso è percezione e ragione. Dio non concesse quel potere della ragione agli altri animali. Infatti, Dio creò l'essere umano senza

---

11. IDEM, *Apologia*, 17,1–6 in *PL* 1, 375–377.

quelle difese impartite agli altri animali, perché la saggezza era in grado di fornire quelle cose che la condizione naturale gli aveva negato. Lo fece nudo ed inerme, affinché egli potesse essere armato dal suo talento e rivestito dalla sua ragione. È meraviglioso come l'assenza di quelle cose che vengono date ai bruti contribuisca alla bellezza dell'uomo. Se Egli avesse dato all'uomo i denti delle bestie selvatiche, o i corni, o gli artigli, o gli zoccoli, o la coda o peli di vari colori, l'uomo sarebbe stato un animale deforme. Invece, l'uomo era destinato ad essere un entità eterna ed immortale; Dio non l'armò, come gli altri, esteriormente, ma interiormente; neppure pose la sua protezione nel corpo ma nell'anima: dato che sarebbe stato superfluo, avendogli donato ciò che è di più alto valore, coprirlo con difese corporali, specialmente quando era d'ostacolo alla bellezza del corpo umano.[12]

Anche S. Ilario di Poitiers (315–367), un grande Padre della Chiesa occidentale, tratta della relazione fra la fede e la ragione. La sua argomentazione per un'affermazione naturale dell'esistenza di Dio si basa sull'attestazione della bellezza nel cosmo. Il Creatore di grandi cose è superiore nella grandezza, l'Artefice delle cose belle è superiore nella Bellezza. Dal momento che l'opera trascende i nostri pensieri, ogni pensiero deve essere trasceso dall'Artefice. Perciò cielo, aria, terra e mare sono belli: l'intero universo è bello, di qui l'espressione greca *cosmos* che significa ordine. Comunque, se il pensiero umano può valutare la bellezza dell'universo tramite un istinto naturale, perché non si deve riconoscere il Signore di questa bellezza universale come il più bello in mezzo alle bellezze che Lo circondano? Sebbene lo splendore della sua gloria eterna superi abbondantemente le nostre migliori facoltà intellettuali, non si può affatto negare la sua bellezza. Noi, in verità, dobbiamo confessare che Dio è molto più bello, con una bellezza

---

12. Si veda Lattanzio, *De opificio Dei*, cap.2 in PL 7, 14–16.

che, benché trascenda la nostra comprensione, richiama la nostra percezione.¹³

Allo stesso tempo Ilario è deciso nell'obbedienza della fede immutabile che «respinge le fallaci e vane questioni della filosofia» e abbraccia una verità, superiore alla comprensione della ragione, che «non si offre in balía dell'errore, soccombendo agli inganni dei meschini sofismi umani.»¹⁴ La fede non potrà confinare Dio entro i limiti della nostra comune ragione. L'azione di Dio si concretizza in un modo tale che è al di là della nostra comprensione; non può essere compresa dalle nostre facoltà naturali, perché l'opera dell'Infinito ed Eterno può essere solo provata da un'intelligenza infinita. Quindi, così come le verità che Dio si fece uomo, che l'Immortale morì, che l'Eterno fu sepolto, non appartengono all'ordine razionale ma sono un'unica opera del suo potere così, d'altra parte, non è effetto dell'intelletto bensì dell'onnipotenza che Colui che è uomo è anche Dio, che Colui che è morto è immortale, che Colui che fu sepolto è eterno.¹⁵ S. Ilario adopera delle espressioni analogiche quando parla di Dio ma sottolinea come quelle non siano né perfette né complete. Non ci può essere comparazione fra Dio e le cose terrene, poiché la debolezza della nostra comprensione ci obbliga a cercare esempi in una sfera più bassa per chiarire il nostro intendimento sui temi più nobili. Il corso della vita quotidiana indica come la nostra esperienza sulle faccende ordinarie ci consenta di giungere a conclusioni riguardo ad argomenti non familiari. S. Ilario, dunque, considera ogni comparazione più utile all'uomo che confacente a Dio, in quanto offre qualche indizio più che una conoscenza completa.¹⁶ Si consideri l'espressione di Cristo riguardo a suo Padre: «Il Padre è in me ed io sono nel Padre» (Gv 10,38), Ilario afferma che qui il potere di Dio porta nell'alveo della

---
13. Si veda S. ILARIO DI POITIERS, *De Trinitate*, Libro I, n. 7 in *PL* 10, 30.
14. *Ibid.*, n.13 in *PL* 10, 34.
15. Si veda *ibid.* in *PL* 10, 35.
16. Si veda *ibid.* n.19 in *PL* 10, 38–39.

comprensione della fede un'espressione che è in se stessa al di là di ogni nostro intendimento. «Vuole fare in modo che quanto l'uomo non intende con la sua debole natura, l'ottenga infine la fede fondata su ragione e conoscenza. Infatti dobbiamo senz'altro credere a Dio quando parla di sé e non dobbiamo ritenere che esista possibilità di intendere la sua potenza fuori dei princìpi della fede.»[17] Quando S. Ilario cerca di difendere la vera fede nella Santissima Trinità, ammise:

> La mente vacilla, l'intelletto è sbigottito: inoltre confesserò la mia capacità di dire, non già insufficiente, ma priva di parole. E senza dubbio io sono costretto a voler questo, poiché significa e resistere alla temerità e intervenire contro l'errore e cautelarsi contro l'ignoranza. L'argomento poi è inesauribile, ciò che oso indagare non ha limiti; tanto che quanto noi diciamo di Dio non può andare oltre gli insegnamenti prestabiliti da Dio. Egli impiegò i nomi naturali, cioè Padre, Figlio e Spirito Santo... la natura stessa dell'argomento rende vane le possibilità di parole: una luce in cui non si può penetrare paralizza la possibilità di contemplazione della mente, tutto ciò che non ha confine supera la capacità dell'intelligenza. Ma noi, chiedendo perdono di questa necessità a Colui che è tutte queste cose, oseremo, cercheremo, parleremo, e, promessa unica in così grande problema, crederemo in quelle verità che saranno da Lui indicate.[18]

Il Dottore più famoso del periodo patristico nella Chiesa Occidentale fu S. Agostino (354–430), che nella sua vita ha sperimentato personalmente varie filosofie di prima mano, giungendo in un secondo momento alla fede cristiana. L'incontro con diverse scuole di pensiero lo lasciò insoddisfatto e la sua ragione trovò un sicuro rifugio solo nella Chiesa Cattolica:

---

17. *Ibid.*, n.22 in *PL* 10, 39.
18. *Ibid.*, Libro II, n.5 in *PL* 10, 54.

Ormai preferivo la dottrina cattolica, perché notavo come essa con minor pretesa e senza inganni invitava a credere delle verità che non venivano dimostrate, fossero esse dimostrabili o lo fossero solo per alcuni o non lo fossero; mentre tra i manichei con temeraria presunzione di scienza si deriva l'altrui credulità e si ordinava poi di credere una quantità di favole assurde che non potevano essere assolutamente dimostrate.[19]

S. Agostino fu il primo a formulare in maniera concisa la relazione reciproca fra ragione e fede: «Credi per poter capire; e comprendi per credere.»[20] Allo stesso tempo, spiega il posto che l'autorità detiene nella fede: «Ciò che comprendiamo, dunque, lo dobbiamo alla ragione; ciò che crediamo all'autorità.»[21] S. Agostino sviluppa la via interiore per la ricerca di Dio, la quale comunque dipende da una riflessione sulla realtà creata esteriore:

> Interrogai il cielo, il sole, la luna, le stelle: «Neppure noi siamo il Dio che cerchi», rispondono. E dissi a tutti gli esseri che circondano le porte del mio corpo: «Parlatemi del mio Dio; se non lo siete voi, ditemi qualcosa di lui»; ed essi esclamarono a gran voce: «È lui che ci fece». Le mie domande erano la mia contemplazione; le loro risposte, la loro bellezza. Allora mi rivolsi a me stesso. Mi chiesi. «Tu, chi sei?»; e risposi: «Un uomo». Dunque, eccomi fornito di un corpo e di un'anima, l'uno esteriore, l'altra interiore. A quali dei due chiedere del mio Dio, già cercato col corpo dalla terra fino al cielo, fino a dove potei inviare messaggeri, i raggi dei miei occhi? Più prezioso l'elemento interiore. A lui tutti i messaggeri del corpo riferivano, come a chi governi e giudichi, le risposte del cielo e della terra e di tutte le cose là esistenti, concordi nel dire: «Non siamo noi Dio», e:

---

19. S. Agostino, *Confessioni*, Libro 6, capitolo 5, 7 in PL 32, 722.
20. Idem, *Discorso 43*, 7 e 9 in PL 38, 257–258. In Latino è «Intellige, ut credas, verbum meum; crede, ut intelligas, verbum Dei».
21. Idem, *De utilitate credendi*, 11, 25 in PL 42, 83. In Latino è: «Quod intellegimus igitur, debemus rationi: quod credimus, auctoritati».

Le vie patristiche 69

«È lui che ci fece». L'uomo interiore apprese queste cose con l'ausilio dell'esteriore; io, l'interiore, le ho apprese, io, io, lo spirito, per mezzo dei sensi del mio corpo.[22]

S. Agostino suggerì inoltre come la Santissima Trinità lasci un'impronta impressa nella persona umana, che se riflettesse su se stessa comprenderebbe ciò che è, ciò che conosce e ciò che vuole.[23] Essere, conoscere, volere sono deboli analogie, ma valide ad illustrare il mistero del Padre, del Figlio e dello Spirito Santo. Il fatto stesso che S. Agostino azzarda tale analogia, indica il suo desiderio di proporre un approccio razionale alla fede. Egli indica che la fede è ragionevole, usando un'analogia fra fede umana e fede divina. Nelle relazioni umane le persone accettano sulla fiducia, tramite la fede umana, alcune cose che sono nascoste. Perché dunque non è possibile accettare tramite la fede divina ciò che Dio rivela? S. Agostino confuta l'atteggiamento di quei non credenti che per prudenza sembrano essere riluttanti a credere ciò che essi non possano vedere, dal momento che nelle loro attività umane credono in quelle cose che non sono viste.[24] Egli dimostra come sia assurdo l'atteggiamento di coloro i quali credono soltanto in ciò che vedono; sembrano quasi essere i precursori del empirismo o positivismo moderno.

Prendendo ad esempio l'amicizia, S. Agostino arguisce che non si possono vedere la volontà e i sentimenti di un amico, ma tuttavia si crede ancora in lui o in lei. La volontà nostra o quella di un amico sono invece percepiti dalla mente, tramite il potere della ragione. Egli ribatte ai precursori del positivismo: «Tu, con il tuo corpo, scorgi il volto dell'amico, con il tuo animo discerni la tua fede: ma la fede dell'amico tu non puoi amarla se, a tua volta, non hai in te quella fede con la quale credi ciò che in lui non vedi.»[25]

---
22. Idem, *Confessioni*, Libro 10, capitolo 6, n.9 in *PL* 32, 783.
23. *Ibid.*, Libro 13, capitolo 11, n.12 in *PL* 32, 849.
24. Si veda S. Agostino, *De fide rerum quae non videntur*, 1,1 in *PL* 40, 171.
25. Cf. *ibid.*, 1,2 in *PL* 40, 174.

Egli nota che se la fede fosse sottratta dagli affari umani, la conseguenza sarebbe un grande disordine ed una temibile confusione. Se la gente cessasse di credere a ciò che non vede, chi amerà l'altro con affetto reciproco, dal momento che l'amore stesso è invisibile?[26] S. Agostino conclude che noi certamente dobbiamo credere in talune cose temporali, che non vediamo, visto che potremmo meritare di vedere le cose eterne in cui crediamo. Adotta l'analogia della fede umana nell'amicizia applicandola alla fede sovrannaturale. La volontà degli amici, che non è evidente, è creduta attraverso simboli che sono visibili. Allo stesso modo, la Chiesa, che è ora visibile, è una garanzia delle cose passate che non erano visibili e un messaggero delle cose future che non sono state ancora rivelate. S. Agostino afferma che se crediamo alle autorità minori nella nostra vita quotidiana, come non potrebbe essere accettata la suprema autorità di Dio?[27]

Secondo il Santo Dottore di Ippona, è l'autorità di Dio che, rivelando Se stesso in Cristo, provvede a guarire e a purificare l'intelletto. Questa autorità solleva la mente dalla dimora terrestre e l'aiuta a volgersi dall'amore di questo mondo all'amore del Vero Dio. Lì esiste una felice intesa fra la forma esteriore di tutte le cose, che scaturisce dalla fonte della vera bellezza, e la coscienza interiore, le quali entrambi esortano a vedere Dio e a servirlo. Dio stesso ha offerto la sua autorità, per cui, come su una scala sicura, possiamo essere sollevati fino a Dio. Una prova esteriore di questa autorità è data dal miracolo visibile che Cristo adempì: l'infermo fu guarito, la lebbra era scomparsa; lo storpio poté tornare a camminare; la vista al cieco, l'udito al sordo. L'uomo di quel tempo vedeva l'acqua trasformata in vino, cinquemila pagnotte da cinque pani, attraversare il mare a piedi, il morto alzarsi di nuovo. Alcune di queste prodezze provvidero più alla salute del corpo, altre più a quella dell'anima, ma tutte furono realizzate per il bene

---

26. Cf. *ibid.*, 2,4 in PL 40, 176.
27. Cf. *ibid.*, 3,5 in PL 40, 176.

Le vie patristiche

degli uomini grazie alla loro fedeltà all'autorità di Dio.[28] S. Agostino affermava inoltre che la fede in un certo senso «predispone alla ragione»,[29] cioè concede la saggezza e la salute dell'intelletto e porta il potere del ragionamento ad un alto grado di perfezione.

Boezio (480–524), un filosofo cristiano latino, era decisamente ottimista riguardo alle capacità della ragione umana nella sua ricerca di Dio. Il suo fondamento era che l'universo è razionale perché è stato creato da Dio che è eminentemente razionale, come indicato dai seguenti versi:

> Tu che il mondo governi con norma sempiterna,
> Creatore della terra e del cielo,
> Che al tempo dai comando di procedere dall'evo e,
> immutabile restando, fai che tutto abbia moto.
> Ne cause esterne ti sospinsero a plasmare la materia
> Diveniente, da Te fatta, ma l'innata
> Forma del sommo bene, d'ogni invidia priva;
> Tu dal sommo modello trai le cose,
> ed il bel mondo porti nella mente,
> Tu bellezza suprema, ed a Tua immagine lo formi,
> e vuoi che parti perfette lo compongano perfetto.
> Tu come numeri unisci gli elementi,
> sì che il freddo con le fiamme s'accordi,
> e l'acque molte coi deserti,
> e così il fuoco etereo via non voli,
> né il lor peso tragga le terre a fondo.[30]

Boezio inoltre ha anticipato il pensiero di S. Anselmo nel suo argomento ontologico sull'esistenza di Dio quando ha

---

28. Si veda S. Agostino, *De utilitate credendi*, Libro I, capitolo 16, n. 34 in *PL* 42, 89–90.
29. *Ibid.*, capitolo 17, n. 35 in *PL* 42, 91. Il testo latino dice: «Nam si nulla certam ad sapientiam salutemquem animis via est, nisi cum eos rationi praecolit fides; quid est aliud ingratum esse opi atque auxilio divino, quam tanto labore praedictae auctoritati velle resistere?» Cfr. S. Agostino, *Tractatus xxix in Joannem*, 6 in *PL* 35, 1631: «L'intelligenza è il frutto della fede. Non cercare dunque di capire per credere, ma credi per capire.»
30. Boezio, *De consolatio Philosophiae*, Libro 3, verso 9 in *PL* 63, 758–760.

affermato: «È concezione comune degli animi umani che Dio, autore di tutte le cose, sia buono; ed invero, poiché non v'è nulla che possa essere pensato migliore di Dio, dubiterà forse alcuno che sia buono quel di cui nulla è migliore?»[31] Boezio si oppose alle spiegazioni sull'universo che erano in voga al suo tempo tanto quanto lo sono oggi: «Se si definisce il caso un evento prodotto da un moto fortuito e senza alcuna connessione causale, confermo che il caso non esiste affatto e dichiaro che è un vocabolo del tutto privo di senso... Posto che Dio assoggetta all'ordine tutte le cose, può essere lasciato alcuno spazio alla casualità? Che nulla scaturisca dal nulla è verità innegabile.»[32] Boezio fu anche molto famoso per la sua affermazione, in un classico passaggio, che l'eternità di Dio la si trova anche nella ragione umana:

> È giudizio comune di tutti gli esseri provvisti di ragione
> che Dio è eterno.
> Consideriamo dunque che cosa sia l'eternità;
> questa infatti ci disvelerà nello stesso tempo
> la natura e la scienza divina. L'eternità, dunque, è
> il possesso simultaneo e perfetto della vita senza termine.
> Questo apparirà più chiaro da un confronto
> Con le realtà temporali.
>
> Tutto ciò che vive nel tempo
> Procede nel presente dal passato verso il futuro,
> e non v'è nulla, di quel che è collocato nel tempo,
> che possa abbracciare tutto insieme
> lo spazio della propria vita;
> mentre non riesce ancora
> ad afferrare quel che avverrà domani,
> ha già perso quel che è stato ieri;
> ed anche nella vita dell'oggi vivete soltanto
> nell'attimo mobile e fuggente.
>
> Pertanto, tutto ciò che è condizionato dal tempo,
> l'intera durata dell'infinità del tempo,

---

31. *Ibid.*, Libro 3, prosa 10 in *PL* 63, 765.
32. *Ibid.*, Libro 5, prosa 1 in *PL* 63, 830–831.

Le vie patristiche

> non è ancora tale da poter essere
> a buon diritto giudicato eterno,
> perché non possiede ancora le realtà future, e
> non possiede più quelle già trascorse
> ed è necessario che, pienamente padrone di sé,
> sia sempre presente
> e per così dire accanto a se stesso, ed abbia a sé presente
> l'infinito scorrere del tempo.[33]

S. Isidoro di Siviglia (560–636) segnò la fine dell'epoca dei Padri della Chiesa, e in verità rappresentava un ponte tra il periodo patristico ed il Medioevo. La sua enciclopedia di conoscenza, l'*Etimologia*, contiene tutti gli insegnamenti che erano disponibili a quel tempo e era un valido testo scolastico per ben nove secoli. Egli mise in guardia contro la pigrizia dell'intelletto in relazione alla fede ed incoraggiò allo studio, alla lettura ed alla preghiera per arrivare ad una profonda comprensione di ciò che Dio ha rivelato:

> Alcune persone sono dotate d'intelligenza ma esse si rifiutano di leggere e a causa del loro rifiuto disdegnano le cose che avrebbero potuto apprendere dalla lettura. D'altra parte, alcune persone hanno l'amore per la conoscenza, ma sono ostacolati da una lentezza nella comprensione; ma esse si impegnano in una costante lettura per acquisire la saggezza, che la gente intelligente nella sua pigrizia non fa. Così come uno che è lento nel comprendere, nonostante tutto ottiene il premio per i buoni studi grazie alla sua applicazione, così l'altro che disprezza la sua naturale abilità a comprendere, che le è stata data da Dio, sta come un colpevole per essere condannato, poiché disdegna il dono che ha ricevuto e pecca di pigrizia.[34]

Si racconta un episodio in cui Isidoro notò delle gocce d'acqua su una roccia vicino alla quale era seduto. Le gocce d'acqua che cadevano repentinamente non avevano forza e sembravano non avere effetti sulla solida roccia. È notò

---

33. *Ibid.*, Libro 5, prosa 6 in *PL* 63, 858–859.
34. S. Isidoro, *Libro 3 delle Sentenze*, capitolo 9, 5–8 in *PL* 83, 681–682.

ancora che, col tempo, l'acqua cadendo aveva formato un foro nella roccia. Isidoro pensò che se avesse continuato i suoi studi i suoi piccoli sforzi sarebbero stati saldati con una grande comprensione. Affermava, infatti, che: «Tanto maggiore è l'impegno nello studio delle Sacre Scritture, tanto più una ricca comprensione di quelle ne risulta; come quando la terra è maggiormente coltivata, il raccolto è maggiore.»[35] Isidoro ha proposto che dalla bellezza delle creature, l'essere umano potrebbe affermare l'esistenza di Dio, il loro Creatore.[36]

3.2 L'Oriente cristiano

Un dialogo chiaramente costruttivo con la filosofia greca fu intrapreso da S. Giustino (100–165), il quale basò il suo discorso sulla creazione dell'universo dal nulla per opera di Dio:

> Abbiamo appreso anche che Egli, in quanto è buono, ha creato in principio tutte le cose dalla materia informe per gli uomini; e se questi si mostreranno, nei fatti, degni del suo volere, abbiamo appreso che diverranno degni di vivere con Lui regnando insieme con Lui, resi incorruttibili ed immuni dal dolore. Come infatti, all'inizio, trasse alla vita chi non esisteva, così riteniamo che saranno giudicati degni dell'immortalità e della vita presso di Lui coloro che, nelle loro scelte razionali, preferiranno ciò che Gli è gradito.[37]

---

35. IDEM, *Libro 3 delle Sentenze*, capitolo 9, 2 in PL 83, 681. In Latino è: «Quanto quisque magis in sacris eloquiis assiduus fuerit, tanto ex eis uberiorem intelligentiam capit; sicut terra, quae quanto amplius excolitur, tanto uberius fructificat».

36. IDEM, *Libro 3 delle Sentenze*, capitolo 4, 4: «Ex pulchritudine circumscriptae creaturae, pulchritudinem suam, quae circumscribi nequit, facit Deus intellegi, ut ipsis vestigiis revertatur homo ad Deum quibus aversus est, ut, quia per amorem pulchritudinis creaturae a Creatoris forma se abstulit, rursum per creaturae decorem ad Creatoris pulchritudinem revertatur.»

37. S. GIUSTINO MARTIRE, *La Prima Apologia*, 10,2–3 in PG 6, 341–342.

La ragione dunque nella visione di Giustino riveste una parte importante nel processo di avvicinamento alla fede. Giustino, ha visto nella filosofia greca elementi o semi di verità (*Logos spermatikos*) che al livello della ragione umana si incontrano con la rivelazione cristiana. In questa prospettiva, il Verbo eterno di Dio che manifestò Se stesso profeticamente e nella figura agli Ebrei dell'Antico Testamento, anche mostrava Se stesso parzialmente ai Greci nella forma di semi di verità.

> Infatti noi adoriamo ed amiamo il Logos che è da Dio non generato ed ineffabile, poiché Egli per noi si è fatto uomo affinché, divenuto partecipe delle nostre infermità, le potesse anche guarire. Tutti gli scrittori, attraverso il seme innato del Logos, poterono oscuramente vedere la realtà. Ma una cosa è un seme ed un'imitazione concessa per quanto è possibile, un'altra è la cosa in sé, di cui, per sua grazia, si hanno la partecipazione e l'imitazione.

Giustino conclude che, poiché il Cristianesimo è la manifestazione storica e personale del Logos nella sua totalità, ne consegue che «ciò che di buono è stato espresso da chiunque, appartiene a noi cristiani.»[38] S. Giustino, dopo la sua conversione, continua ad avere in grande stima i filosofi greci, ma insiste nell'aver trovato nel Cristianesimo «l'unica sicura e proficua filosofia.»[39] Il culto offerto al Cristo deve essere ragionevole, dacché il cristiano ha imparato che Egli è il Figlio del vero Dio.[40]

Il metodo di S. Giustino fu sviluppato dalla scuola di Alessandria e in prima istanza da Clemente (160–215). Qui non solo la filosofia greca non è ripudiata, ma viene anche considerata come un ausilio nella difesa della fede: «La dottrina del Salvatore è perfetta in se stessa e non ha bisogno di appoggio, perché essa è la forza e la sapienza di Dio. La filosofia greca, col suo apporto, non rende più

---

38. IDEM, *La Seconda Apologia*, 13,4–5 in PG 6, 465–466.
39. IDEM, *Dialogo con Trifone*, 8,1 in PG 6, 491–492.
40. Cf. IDEM, *La prima Apologia*, 13 in PG 6, 345–348.

forte la verità, ma siccome rende impotente l'attacco della sofistica e disarma gli attacchi proditori contro la verità, la si è chiamata a ragione siepe e muro di cinta della vigna.»[41] Clemente, in modo esemplare, distingue e spiega le varie caratteristiche della fede, della conoscenza e della saggezza. La conoscenza è un perfezionarsi dell'uomo come uomo ed è inoltre elevata «grazie all'acquisizione delle cose divine», compatibili ad essa e al Verbo Divino. La fede è perfezionata dalla conoscenza, e questa fede, senza la necessità della ricerca di Dio, confessa la sua esistenza e la glorifica. È da questa fede, ed in accordo con essa, che, nei limiti del possibile, la conoscenza di Dio è acquisita attraverso la sua grazia. La conoscenza (*gnosis*) differisce dalla sapienza (*sophia*), che è il risultato dell'insegnamento. Questa consiste nel credere senza incertezze in Dio che è la base della conoscenza.

> La fede è quindi, a dirsi, una conoscenza comprensiva delle cose essenziali; e la conoscenza è la forte e certa dimostrazione che qualcosa è ricevuto dalla fede, costruito sulla fede nell'insegnamento del Signore, che dirige l'anima alla certezza, alla conoscenza e alla comprensione. E, a mia vista, il primo cambiamento salvifico è dal paganesimo alla fede ... il secondo dalla fede alla ragione. L'ultimo passaggio, terminando nell'amore, dona quindi l'amante all'amato, quello che conosce a quello che è conosciuto.[42]

Origene (185–253) portò avanti il pensiero della scuola di Alessandria sul ruolo della ragione. Sottolineò l'importanza della ragione per accedere alle Scritture, nelle quali le relazioni riportate nei Vangeli su Gesù invitano a pensare oltre una «fede semplice ed irrazionale.» Ciò che è richiesto è l'intuizione del significato degli scrittori sacri, affinché lo scopo con il quale ogni evento è ricordato può

---

41. CLEMENTE DI ALESSANDRIA, *Stromata*, Libro I, c.20 in *PG* 8, 817–818.
42. *Ibid.*, Libro VII, c.10 in *PG* 9, 481–482. L'importanza del rapporto fra ragione e amore sarà approfondita nel capitolo nove sotto.

Le vie patristiche

essere scoperto.⁴³ Origene osservò che è molto più consono con lo spirito del Cristianesimo dare l'assenso alle dottrine sulle fondamenta della ragione e della sapienza che attraverso la sola fede. Solo in determinate circostanze il criterio della fede nuda era desiderato dal Cristianesimo, affinché gli uomini non fossero lasciati completamente senza aiuto, come è dimostrato da S. Paolo quando scrive: «Poiché, infatti, nel disegno sapiente di Dio il mondo, con tutta la sua sapienza, non ha conosciuto Dio, è piaciuto a Dio di salvare i credenti con la stoltezza della predicazione» (1 Co 1,21).⁴⁴

In uno dei molti brani notevoli del *Commento al Canto dei Cantici*, Origene unisce la ragione e l'amore descrivendo come Dio avvolga l'anima che Lo ama con la sua freccia d'amore, il suo Verbo. Qui sono legati una riflessione sulla bellezza della creazione, che conduce al Verbo, attraverso Colui che ha creato tutte le cose, come anche un amore che perfeziona la ragione:

> E l'anima è spinta dall'amore celeste e dal desiderio celeste allorché, osservate la bellezza e la grazia del Verbo di Dio, ha preso ad amare il suo aspetto e da lui ha ricevuto un dardo e una ferita d'amore... Pertanto chi avrà potuto con mente capace considerare e comprendere la grazia e la bellezza di esse e ferito dalla magnificenza dello splendore come da freccia scelta, secondo quanto dice il profeta, riceverà da lui una ferita che apporta salvezza, e arderà del fuoco beato del suo amore.⁴⁵

---

43. Si veda ORIGENE, *Contra Celsum*, Libro 1, n.42 in *PG* 11, 737–738.
44. Si veda ORIGENE, *Contra Celsum*, Libro 1, n.13 in *PG* 11, 737–738.
45. Si veda ORIGENE, *Commento al Cantico dei Cantici*, Prologo 2. Si veda inoltre il brano del Cantico dei Cantici al quale Origine si riferisce, precisamente *Ct* 2,5, che in greco testualmente recita: τετρωμένη ἀγάπης ἐγώ, o «Io sono ferita dall'amore». La traduzione della Nuova Bibbia di Gerusalemme «Io sono malata d'amore» è piuttosto debole. Questo passo ha ispirato molte generazioni di mistici cristiani oltre ad Origene, incluso S. Gregorio di Nissa, S. Agostino, S. Teresa d'Avila e S. Giovanni della Croce a considerare la ferita dell'amore. Si veda inoltre *Is* 49,2: «mi ha reso freccia appuntita, mi

Origene poi propone un'analogia tra Salomone e Cristo e tra la Regina di Saba e la Chiesa. La Regina, come la Chiesa, è venuta dai pagani. La Regina venne ad ascoltare la sapienza di Salomone; la Chiesa anche venne ad ascoltare la sapienza del vero Salomone e del vero e pacifico Signore nostro Gesù Cristo. «Venne anch'essa innanzitutto per tentarlo con enigmi e questioni, che prima le risultavano insolubili; e da lui vengono risolti i suoi dubbi sulla conoscenza del vero Dio, sulle creature del mondo, sull'immortalità dell'anima e sul giudizio venturo, questioni che presso di lei e i suoi dottori, cioè i filosofi pagani, rimanevano sempre dubbie ed incerte.»[46]

Origene ha spiegato come la sapienza di Cristo trascende tutto il pensiero dei filosofi pagani. Quando la Regina, come immagine della Chiesa, parlava a Salomone (come tipo di Cristo), fu presa da stupore ed esclamò: «È vera la fama che mi giunse nelle mie terre sulle tue parole e la tua prudenza: grazie alla tua parola, che ho conosciuto essere il vero Verbo, sono venuta a te. Infatti tutte le parole che mi venivano dette e che ascoltavo allorché ero nella mia terra, cioè da parte dei dottori del mondo e dei filosofi, non erano vere. Solo vera è la parola ch'è in te.»[47]

S. Atanasio di Alessandria (296–373) fu un'altro grande esponente della scuola Alessandrina, convinto sostenitore della fede ragionevole. Egli dimostrò la natura irrazionale del culto degli idoli, indicando che nessuna parte della creazione può essere divinizzata, data la reciproca dipendenza di tutte le cose. Se un uomo considera le parti della creazione separatamente e le considera per se stesse, ad esempio il sole per se stesso, la luna a parte, ed ancora la terra e l'aria, il caldo ed il freddo, separandoli dalla loro mutua congiunzione, egli certamente scoprirà che nessuno è sufficiente per se stesso, ma tutti hanno bisogno dell'assistenza dell'altro e sussistono grazie al loro aiuto reciproco.

---

ha riposto nella sua faretra.»
46. ORIGENE, *Commento al Cantico dei Cantici*, Libro 2, 1.
47. *Ibid.* Cf. 1 *Re* 10,6–8; 2 *Ct* 9,5–7.

Le vie patristiche 79

Così il sole si muove lungo l'universo ma è anche da esso contenuto e non potrebbe andare al di là della propria orbita, mentre la luna e le stelle attestano l'assistenza data loro dal sole: mentre la terra evidentemente non produce i suoi frutti senza la pioggia, la quale nel suo operare non potrebbe discendere verso la terra senza l'ausilio delle nuvole; ma allo stesso tempo le nuvole non potrebbero comparire e sussistere, senza l'aria.[48] Né l'universo può essere Dio, perché ciò farebbe consistere Dio di parti dissimili ed assoggettarLo ad una possibile dissoluzione. Per questo motivo, se la combinazione delle parti dà vita al tutto ed il tutto è composto al di fuori delle parti, se ne deduce che il tutto è composto da parti ed ognuna di queste è parte del tutto. Questo, a ben vedere, è ben lontano dalla concezione di Dio. Dio è un tutto e non una somma delle parti e non consiste di diversi elementi, ma è Egli stesso il Creatore del sistema dell'universo.[49] Atanasio affermava che «l'anima dell'uomo, essendo intellettuale, sia in grado di conoscere Dio per se stessa, se vuole corrispondere alla sua propria natura.»[50]

Nell'affermare l'esistenza dell'anima razionale dell'uomo, Atanasio propose un pietra di guado per la contemplazione di Dio. L'esistenza dell'anima umana è provata dalla sostanziale differenza tra gli uomini e gli animali. L'essere umano pensa da solo a cose esterne a se stesso e ragiona di cose non presenti al momento: riflette e sceglie in base ad un giudizio la migliore fra le varie prospettive. Invece gli esseri irrazionali vedono solo ciò che è presente e sono spinti soltanto da ciò che vedono i loro occhi, anche se le conseguenze sono nocive, mentre l'uomo non è guidato da quello che vede, ma giudica ciò che vede con i propri occhi. Per illustrare ulteriormente questo punto, Atanasio adotta l'esempio di una lira nelle mani di un abile musicista. Da ciascuna corda di questo strumento musicale nasce una

---

48. Si veda S. Atanasio, *Contra Gentes*, Parte I, n.27 in *PG* 25, 51–56.
49. Si veda *ibid.*, n.28 in *PG* 25, 55–58.
50. *Ibid.*, n.30 in PG 25, 61–62.

nota appropriata: alta, bassa, intermedia, secca, grave; ma la loro scala è indistinguibile e il loro tempo non può essere riconosciuto senza l'artista. Solo per questo motivo dunque la scala diviene comprensibile e il loro tempo esatto, proprio quando il musicista, prendendo la lira, ne stuzzica le corde e le mette in accordo. Analogamente, i sensi vengono attivati nel corpo come le corde della lira; quando un'abile intelligenza li governa, anche l'anima distingue e conosce che cosa sta facendo e come sta agendo. Questa caratteristica è specifica dell'umanità, e questo è ciò che è razionale nell'anima dell'uomo e mostra quanto questo elemento sia davvero distinto da ciò che si vede dal corpo.[51]

Per Atanasio, solo quando l'anima si libera della macchia del peccato, può conoscere Dio direttamente; quindi la sua stessa natura razionale è ancora una volta l'immagine della Parola di Dio, a somiglianza della quale è stato creato. Inoltre indicò che, anche se l'anima non può distruggere le nuvole che il peccato pone di fronte alla sua visione, nonostante tutto può raggiungere la conoscenza di Dio dalle cose che sono visibili, dato che la creazione, attraverso i caratteri scritti, declama con voce forte, dal suo equilibrio e dalla sua armonia, il suo Signore e Creatore.[52] S. Atanasio asserisce che la creazione sia una rivelazione di Dio, specialmente per l'equilibrio e l'armonia che la governa. Chiunque osservando la volta del cielo ed il corso del sole e della luna, la posizione ed il movimento delle altre stelle, o il fatto che prendano posto in direzioni opposte e differenti, pur mantenendo nelle loro differenze un ordine consistente, potrebbe concluderne opportunamente che questi non si regolino da soli, ma che abbiano un Creatore, da loro disgiunto, che le ordina.[53] Il grande Dottore Orientale applica tale analogia musicale anche per illustrare che l'armonia nel cosmo è un riflesso dell'unità di Dio. Se uno avesse, da una certa distanza, ascoltato una lira, composta

---

51. Si veda *ibid.*, n.31 in PG 25, 61–64.
52. Si veda *ibid.*, n.34 in *PG* 25, 67–70.
53. Si veda *ibid.*, n.35 in *PG* 25, 69–72.

Le vie patristiche 81

da differenti corde, e si fosse stupito della consonanza di quella sinfonia, nella quale il suono è composto non solo da note basse, né, esclusivamente, da alte od intermedie, ma in cui tutte si uniscono ad esso in un eguale equilibrio, non gli sarebbe stato possibile credere che la lira stesse suonando da sola, né che le sue corde fossero stuzzicate da più di una persona, ma che vi fosse un musicista, anche se non lo si vedeva, che grazie al suo talento combinasse il suono di ciascuna corda in una melodiosa armonia. Allo stesso modo, dacché l'ordine dell'intero universo è perfettamente armonico, senza discordia fra gli alti e i bassi o fra i bassi e gli alti, tutte le cose formano un unico ordine, è d'uopo credere che il Legislatore e Re della Creazione sia uno e non molti, Colui che con la propria luce illumina e dona movimento al tutto.[54]

Infine, S. Atanasio dimostrò che la razionalità e l'ordine dell'universo indicano come essi siano il frutto della Ragione o Verbo di Dio. Tre similitudini illustrano il potere del Verbo che garantisce la razionalità all'Universo. La prima immagine è di un coro composto da diverse persone —bambini, donne e uomini anziani o ancora giovani— quando uno, cioè il maestro, fa segno, ciascuno emette un suono consono alla sua natura ed al suo potere, l'uomo da uomo, il bambino da bambino, l'anziano da anziano, il giovane da giovane, mentre tutti formano un'unica armonia.

La seconda immagine è dell'anima umana che allo stesso tempo muove i nostri numerosi sensi in modo razionale secondo la propria funzione di ognuno di essi, cosicché quando qualche oggetto è presente, tutti allo stesso modo sono messi in azione: gli occhi vedono, le orecchie odono, le mani toccano, i profumi vengono percepiti e il palato assapora.

Il terzo esempio è quello di una grande città, amministrata dal Re che l'ha edificata; fin quando egli è presente ed impartisce gli ordini, e il suo sguardo è su ogni cosa, tutti obbediscono; alcuni si occupano dell'agricoltura, altri

---

54. Si veda *ibid.*, n.38 in *PG* 25, 75–78.

si occupano dell'acqua agli acquedotti, altri vanno avanti nel procurare le provvigioni, l'uno va al senato, l'altro raggiunge l'assemblea, il giudice va al tribunale, il magistrato alla sua corte. Allo stesso modo l'operaio si occupa del suo lavoro, il marinaio salpa per il mare, il carpentiere provvede alla sua opera, il medico alle sue cure, l'architetto alla sua costruzione; mentre uno si sta recando in campagna, un altro ne fa ritorno, mentre qualcuno giunge in città, altri ne partono per ritornarvi di nuovo: ma tutto questo è avvenuto ed è stato organizzato grazie alla presenza dell'unico Legislatore ed alla sua gestione. Queste similitudini mostrano in quale maniera noi dobbiamo concepire la creazione del tutto: dal potere della parola di Dio, tutte le cose, simultaneamente, cadono nell'ordine ed ognuna adempie la propria funzione ed un singolo equilibrio è composto dal loro insieme.[55] Le similitudini si applicano all'universo intero, visibile ed invisibile. Dal potere della parola Divina del Padre che governa e presiede su tutto, il cielo ruota, le stelle si muovono, il sole splende, la luna percorre il suo giro, l'aria riceve la luce del sole e il vento soffia: le montagne si alzano, il mare è agitato dalle onde, gli esseri viventi in esso crescono, la terra rispetta i patti e genera frutti, l'uomo è creato, vive e muore, ogni cosa ha la propria vita ed i propri moti; il fuoco brucia, l'acqua rinfresca, le fontane zampillano, i fiumi scorrono, le stagioni e le ore passano, la pioggia scende, le nuvole sono gonfie, si forma la grandine, la neve ed il ghiaccio si congelano, gli uccelli volano, gli animali strisciano, i pesci nuotano, il mare è navigabile, la terra è seminata e fornisce il raccolto nella dovuta stagione, le piante crescono e molte sono giovani, altre maturano, altre invecchiano e marciscono, e mentre alcune cose sono estinte, altre sono create e incominciano a crescere.[56]

Uno dei più illustri esponenti della scuola di teologia di Antiochia che si occupò del rapporto tra ragione e fede

---
55. Si veda *ibid.*, n.43 in *PG* 25, 85–88.
56. Si veda *ibid.*, n.44 in *PG* 25, 87–88.

Le vie patristiche

fu Teofilo di Antiochia, vissuto nella seconda metà del secondo secolo. Nella sua risposta ad Autolico, un idolatra che disprezzava i cristiani, ha formulato molte dimostrazioni razionali sull'esistenza di Dio. In risposta alla replica del suo avversario, «Fammi vedere il tuo Dio», Teofilo replicò: «Fammi vedere l'uomo che è in te, e io ti mostrerò il mio Dio». Gli occhi dell'anima sono in grado di vedere e le orecchie del cuore sono in grado di ascoltare; per questo chi vede con gli occhi del corpo percepisce gli oggetti terreni e ciò che concerne questa vita e discrimina, allo stesso tempo, fra le cose che discordano, se chiare o scure, bianche o nere, brutte o belle, ben proporzionate o simmetriche o senza proporzioni ed antiestetiche o mostruose o mutilate; parimenti, grazie al senso dell'udito noi discriminiamo i suoni acuti, profondi, dolci; così le medesime buone percezioni riguardano gli occhi dell'anima e le orecchie del cuore, tramite le quali siamo in grado di percepire Dio. Perciò Dio è visto da coloro i quali sono in grado di vederLo quando hanno gli occhi della loro anima aperti: tutti hanno gli occhi; ma in molti sono coperti e non vedono la luce del sole. Perciò non ne consegue che la luce del sole non splenda, dal fatto che il cieco non vede, bensì lasciamo il cieco biasimare se stesso e i propri occhi. Teofilo collegò al peccato l'incapacità di vedere Dio con gli occhi dell'anima. Quando la ruggine si posa in uno specchio, in esso non si può rispecchiare l'immagine dell'uomo; così quando il peccato si radica nell'anima dell'uomo egli non può avere la visione di Dio. Come quando una pellicola d'impurità davanti agli occhi impedisce a qualcuno di percepire la luce del sole: allo stesso modo accade con l'ingiustizia che avvolge l'uomo nell'oscurità da non permettergli di vedere Dio.[57] Per Teofilo, «l'apparenza di Dio è ineffabile e indescrivibile, e non può essere vista da occhi di carne. Poiché per la sua gloria egli è incomprensibile, insondabile nella grandezza, inconcepibile nelle altezze, incomparabile nella forza, impareggiabile nella saggezza, inimitabile

---

57. Si veda Teofilo di Antiochia, *Ad Autolycus* Libro I, n.2 in *PG* 6, 1025–1028.

nella virtù, indescrivibile nella bontà.»[58] Allo stesso tempo, riassunse come Dio può essere conosciuto attraverso la sua creazione. Teofilo elaborò l'analogia fra l'anima umana e Dio. Come l'anima nell'uomo è invisibile all'uomo, ma è percepita attraverso i moti del corpo, così Dio, in effetti, non può essere visto dagli occhi umani, ma è avvertito e percepito attraverso la sua provvidenza e le sue opere. Come alcune persone, quando vedono una barca nel mare manovrare e veleggiare e avviarsi al porto, chiaramente deducono che a bordo si trova un capitano che la sta dirigendo; così noi dobbiamo comprendere che Dio è il governatore dell'intero universo, benché non sia visibile attraverso gli occhi della carne, in quanto Egli è incomprensibile. Se un uomo non può alzare gli occhi al sole, benché sia un piccolo corpo celeste, a causa del suo calore e potere, come non potrebbe un mortale essere ancora più incapace di affrontare la gloria di Dio, che è indicibile?[59] Comunque, affinché possa ricavare la deduzione, l'essere umano necessita di una guarigione dell'intelletto dalla cecità dell'anima e dalla durezza del cuore. Se esiste un minimo desiderio di guarigione, i medici placano gli occhi dell'anima e del cuore. Dio è il Medico che guarisce attraverso la sua parola e la sua saggezza.[60] Infine, Teofilo fornisce alcuni esempi per indicare che la dottrina cristiana della resurrezione del corpo è ragionevole. Attraverso la sua creazione Dio fornisce molte analogie della resurrezione, tanto da poter considerare la resurrezione ragionevole. Un esempio è visto nella «morte» delle stagioni, dei giorni, delle notti e dal fatto che «rinascano di nuovo». Un ulteriore prova è data dal seme di frumento, che quando viene deposto nella terra, prima muore e marcisce, poi cresce e diviene uno stelo di granturco. L'opera della resurrezione procede nell'uomo, sebbene egli possa ignorarlo. Quando qualcuno si ammala,

---

58. *Ibid.*, n.3 in PG 6, 1027–1028.
59. Si veda *ibid.*, n.5 in PG 6, 1031–1032.
60. Si veda *ibid.*, n.7 in PG 6, 1033–1036.

Le vie patristiche

perde peso, forza e bellezza ma poi riceve di nuovo da Dio pietà e salute, riacquistando anche la salute psicologica; quella persona ha in un certo senso sperimentato una prefigurazione della resurrezione. In tutti questi esempi, la saggezza di Dio mostra che Egli è in grado di attuare la resurrezione di tutti gli uomini.[61]

S. Giovanni Damasceno (676–770) scrisse in maniera egregia a proposito della conoscenza naturale di Dio. La conoscenza dell'esistenza di Dio è stata da Lui predisposta in tutti gli esseri umani per mezzo della natura. Inoltre la creazione, il suo mantenimento e il suo governo, proclamano la maestosità della natura Divina.[62] Nonostante il fatto che la conoscenza di Dio è impressa negli esseri viventi dalla natura, la malvagità del Maligno ha prevalso in modo così possente contro la natura dell'uomo fino a guidare alcuni nel vano della distruzione da dove negano l'esistenza di Dio.[63] S. Giovanni Damasceno affermava che gli Apostoli convinsero attraverso i miracoli, ma dal momento che egli dichiarava di non avere quel dono, propose invece dimostrazioni razionali sull'esistenza di Dio. Una di queste prove ne anticipa una di S. Tommaso.[64] L'argomentazione è la seguente. Tutte le cose che esistono sono create o non create. Se, poi, le cose sono create ne consegue che sono completamente mutabili. Per cui le cose la cui esistenza sia stata generata nel cambiamento, devono essere soggette al cambiamento, che può consistere nel fatto che periscono o che diventino altro da quello che sono per mezzo di un azione della loro volontà. Comunque, se le cose non sono create, devono, per coerenza, essere completamente immutabili. Siccome le cose che sono contrarie nella natura della loro esistenza devono anche essere contrarie nel modo della loro esistenza, questo vuol dire che devono avere caratteristiche opposte: chi, quindi, obietterà

---

61. Si veda *ibid.*, n.13 in PG 6, 1041–1044.
62. Si veda S. Giovanni Damasceno, *Esposizione sulla Fede Ortodossa*, Libro I, capitolo 1, in *PG* 94, 789–790.
63. *Ibid.*, Libro I, capitolo 3, in *PG* 94, 793–798.
64. Si veda capitolo 7, pp. 202–203 e nota 18 alla p. 203 sotto.

che tutte le cose esistenti, non solo quelle che rientrano nel campo dei sensi, ma persino gli angeli, sono soggetti al cambiamento e alla trasformazione e a metamorfosi di vario tipo? Dal momento che le cose che appartengono al mondo razionale, quindi gli angeli, gli spiriti ed i demoni sono soggetti alle alterazioni della volontà, che sia un progresso o una regressione nella bontà, che sia una lotta o una resa allo stesso tempo in cui gli altri patiscono cambiamenti di generazioni e distruzioni, di sviluppo o di crisi, di qualità o di movimenti nello spazio. Le cose che sono mutevoli sono anche interamente create. Quindi, le cose che sono create devono essere l'opera di un qualche Artefice e l'Artefice non può essere stato creato. Perché se fosse stato creato, anche Lui dovrebbe sicuramente essere stato creato da qualcuno e così arriviamo ancora a qualcosa di non creato. Il Creatore, poi, essendo non creato, è dunque completamente immutabile. E chi potrebbe essere eccetto la Divinità?[65]

Sia i Padri della Chiesa Occidentale che quelli della Chiesa Orientale mostrarono come la ragione, liberata dal giogo del paganesimo, potesse trovare la sua strada al di là dei vicoli ciechi del mito e della superstizione ed essere illuminata dalla forza liberatrice del Vangelo. Una ragione purificata e retta, quindi, era in grado di elevarsi ai livelli più alti della riflessione, dando fondamento solido alla percezione dell'essere, del trascendente e dell'assoluto.[66] Fu compito dei Dottori della Scolastica continuare l'opera che i Padri avevano iniziato.

---

65. Si veda S. GIOVANNI DAMASCENO, *Esposizione sulla Fede Ortodossa*, Libro I, capitolo 3, in *PG* 94, 793–798.
66. Si veda Papa GIOVANNI PAOLO II, *Fides et Ratio*, 41.

4
Significato medievale

Dirigiamoci con premura dalla fede alla ragione. Sforziamoci quanto possiamo per capire ciò che crediamo.

Riccardo di San Vittore, *De Trinitate*

Ora in queste cose che pensiamo su Dio c'è verità in un duplice senso. Poiché alcune cose che sono vere su Dio sorpassano interamente la capacità della ragione umana, per esempio il fatto che Dio è Uno e Trino: mentre ci sono alcune cose a cui persino la ragione naturale può raggiungere, ad esempio il fatto che Dio è, che Dio è Uno, e altre come queste, che persino i filosofi hanno provato dimostrativamente su Dio, essendo guidati dalla luce della ragione naturale.

Nell'insegnamento della filosofia che considera le creature in se stesse e ci porta da loro alla conoscenza di Dio, la prima considerazione è sulle creature e l'ultima su Dio: dal momento che nell'insegnamento della fede che considera le creature solo nella loro relazione con Dio, la riflessione su Dio prende il primo posto e quella sulle creature l'ultimo. E perciò la fede è più completa, essendo più simile alla conoscenza di Dio; poiché egli vede le altre cose nell'atto di conoscere se stesso.

San Tommaso d'Aquino, *Summa Contra Gentiles*

Gli scritti dei Padri della Chiesa come S. Agostino, Pseudo-Dionigi l'Areopagita e Boezio stimolarono il pensiero successivo sullo studio della componente razionale della fede in Dio. Seguendo questa principio, i Dottori del Medioevo svilupparono le prime idee, aumentandole e perfezionandole e, soprattutto, elaborando una sintesi organica di ragione e fede. Una figura eminente a tale riguardo fu S. Tommaso d'Aquino.

4.1 S. Anselmo

Un'analisi del contributo medievale per l'importanza della ragione nella fede cristiana ha inizio con S. Anselmo d'Aosta, Arcivescovo di Canterbury, Dottore della Chiesa (1033-1109), che fu un grande sostenitore, nel primo Medioevo, della relazione esistente fra la ragione e la fede. Durante questo periodo come Priore di Bec, compose il *Monologion* ed il *Proslogion*. Anselmo si colloca nella prima fase della controversia sugli universali, e oppose il nominalismo di Roscellino di Compiègne con un fermo realismo che era a sua volta derivato dalla sua prospettiva Platonica. Il contributo principale di S. Anselmo alla relazione tra fede e ragione fu il cosiddetto argomento ontologico dell'esistenza di Dio proposto nel suo *Proslogion* che sarà discusso in seguito in modo più dettagliato.[1] Per S. Anselmo il dinamismo della fede non è in competizione con la ricerca intrapresa dalla ragione. La ragione non è chiamata a passare in giudizio i contenuti della fede, potrebbe essere anche non idonea a fare una cosa del genere, in quanto non è il suo scopo. La sua funzione è piuttosto quella di scoprire i significati, trovare delucidazioni che possano favorire la comprensione dei contenuti della fede. S. Anselmo, poi, ha sottolineato l'importanza della prima parte del binomio agostiniano: «Credo per poter capire; e comprendo per credere meglio.»[2] S. Anselmo espresse questo concetto con la famosa formula: «la fede che cerca la comprensione»[3] e «Io credo affinché io possa comprendere.»[4] S. Anselmo sosteneva che l'intelletto deve cercare ciò che esso ama: quello che maggiormente ama, quello che maggiormente desidera conoscere. Colui che vive per la verità giunge ad una forma di conoscenza che è alimentata ancora di più

---

1. Si veda capitolo 7, pp. 197-200 sotto.
2. S. Agostino, *Discorso* 43, 7 e 9 in *PL* 38, 257-258.
3. S. Anselmo, *Proslogion*, Prefazione in *PL* 158, 225. L'espressione Latina è *fides quaerens intellectum*.
4. S. Anselmo, *Proslogion*, capitolo 1 in *PL* 158, 227. L'espressione Latina è *credo, ut intellegam*.

Significato medievale

dall'amore per le cose che conosce, ammettendo anche, allo stesso tempo, che egli non ha raggiunto ciò che desidera: «Io sono stato concepito per vederTi, e io non ho ancora compreso ciò per il quale fui concepito.»[5] Il desiderio della verità, perciò, sprona la ragione ad andare avanti; è come se la ragione rimanesse colpita dal vedere che può sempre andare oltre a ciò che ha già realizzato. È a questo punto, quindi, che la ragione può imparare dove, alla fine, la condurrà la sua strada:

> Io stimo, infatti, che a colui il quale indaga una cosa incomprensibile debba bastare, di giungere con il ragionamento a conoscere che essa con assoluta certezza è, sebbene non possa penetrare con l'intelletto come essa sia... E che c'è mai di più incomprensibile ed ineffabile di ciò che è al di sopra di ogni cosa? Per cui se le nostre precedenti considerazioni intorno alla somma essenza, sono state affermate con validi argomenti, sebbene non si possano penetrare con l'intelletto, in modo che valgano ad essere spiegate con parole, nondimeno non per questo vacilla la solidità della loro certezza. Infatti se una superiore considerazione comprende che è incomprensibile il modo con cui la medesima somma sapienza sappia quelle cose che ha fatto ..., chi mai spiegherà come ella sappia o dica se stessa, di cui o nulla o appena alcunché si può dall'uomo sapere?[6]

4.2 La Scolastica Francese

Pietro Abelardo (1079–1142), nonostante alcune dubbie opinioni teologiche, riveste un ruolo importante nello sviluppo del pensiero medievale. Per Roscellino di Compiègne, primo maestro di Abelardo, gli universali erano soltanto emissioni di voce (*flatus vocis*) e dunque non hanno una realtà indipendente dall'uomo: è una teoria nominali-

---

5. S. Anselmo, *Proslogion*, capitolo 1 in *PL* 158, 226. L'espressione latina è «Ad te videndum factus sum; et nondum feci propter quod factus sum.»
6. Idem, *Monologion*, capitolo 64 in *PL* 158, 210.

sta. Invece per Guglielmo di Champeaux, altro maestro di Abelardo, gli universali, ossia i generi (minerali, vegetali e animali) e le specie (uomo, cavallo, ferro) erano realtà esistenti fuori di noi. La specie è una sostanza unica presente in tutti gli individui che differiscono tra loro soltanto per accidenti (colore, peso, per esempio): così la specie uomo è comune a tutti gli uomini che poi si distinguono in Pietro, Paolo, e così via. Abelardo ha proposto che l'universale non è né una realtà, come voleva Guglielmo di Champeaux né un puro suono, come sosteneva Roscellino. L'universale non può essere una cosa, poiché una cosa è un'entità individuale e in quanto tale non può essere predicata di un'altra cosa: e allora l'universale non è realtà. Ma non è neanche un puro suono, perché anche un suono è un'entità individuale e perciò non può essere predicato di altro suono. Sembra che la dottrina di Abelardo, pur serbando molte analogie con il nominalismo, sia stata veramente affine al realismo moderato che inizia a prendere piede circa cinquanta anni dopo la sua morte. Pur nel rispetto della relazione tra ragione e rivelazione, tra le scienze, inclusa la filosofia, e la teologia, Abelardo incorse, al suo tempo, nella censura dei teologi mistici come S. Bernardo, la cui tendenza era quella di diseredare la ragione in favore della contemplazione e di una visione estatica. Se i principi «La Ragione aiuta la Fede» e «La Fede aiuta la Ragione» possono essere concepiti come l'ispirazione della teologia scolastica, Abelardo fu particolarmente incline ad enfatizzare il primo e ad attenuare il secondo. La sua influenza sui filosofi e teologi del XIII secolo fu, comunque, enorme. Essa fu esercitata più che altro attraverso Pietro Lombardo, suo allievo, e altri commentatori del *Libro delle Sentenze*.

Una figura di rilievo nella condanna degli errori teologici di Abelardo fu S. Bernardo di Chiaravalle (1090–1153). Nella sua teologia mistica, accorda un ruolo subordinato alla ragione, ma nonostante tutto quest'ultima ha un posto nel suo discorso teologico. Bernardo, una delle più grandi personalità della storia, colui che scese dalle più alte vette del misticismo alla condivisione della verità divina ed umana con la società ecclesiastica e civile del suo tempo, come un vero maestro d'amore e di conoscenza, descrisse i cinque motivi che guidano l'essere umano alla comprensione. Esistono persone che desiderano sapere per il solo gusto di sapere: questa è la bassa curiosità. Altri desiderano sapere per il fatto che essi stessi possono essere conosciuti come dotti: questa è la turpe vanità. Poi ci sono coloro i quali acquistano la sapienza per rivenderla, per trarne lucro e onori: è ignobile mercato. Comunque alcuni desiderano sapere per edificare: questa è la carità. Altri desiderano sapere per essere edificati: questa è saggezza. Solo coloro i quali aderiscono a queste due ultime categorie non abusano della conoscenza, dacché cercano solo di comprendere per fare del bene.[7]

Secondo questo grande santo Cistercense, noi dobbiamo essere grati a Dio per tre doni basilari, che potrebbero essere curati senza trascurare Colui che li ha donati. Questi tre doni sono la dignità, la sapienza e la virtù. Per dignità Bernardo intende la libera volontà, laddove l'essere umano non solo eccelle su tutte le altre creature terrene, ma ha anche potere su di loro. La sapienza è il potere per il quale l'uomo riconosce questa dignità, e riconosce inoltre che essa non è una propria realizzazione. La virtù spinge l'uomo con entusiasmo nella ricerca di Colui che è la sua Sorgente e a lasciarsi sostenere da Lui quando è stato trovato. Bernardo indica come la dignità senza la sapienza sia senza valore; e come la sapienza sia dannosa senza la virtù, ed espose questo argomento per illustrare questo concetto:

> Quale soddisfazione insomma può essere ciò che tu non sai di avere? Per giunta saper ciò che hai, ma non saper che non lo hai per merito tuo, può dare soddisfazione, ma non davanti a Dio. A chi manifesta soddisfazione l'Apostolo Paolo dice: «Che cosa mai possiedi che tu non abbia ricevuto? E se l'hai ricevuto, perché te ne vanti come non l'avessi ricevuto?» (1 Co 4,7). Non dice semplicemente: Perché ti

---

7. Si veda S. BERNARDO DI CHIARAVALLE, *Sermone XXXVI in Cantica Canticorum*, 3 in PL 183, 968.

vanti?, ma aggiunge: come se non l'avessi ricevuto, per tacciare di colpevolezza non chi si vanta di possedere, ma chi se ne vanta come se non l'avesse ricevuto. A giusto titolo questa di costui è definita vanagloria, dato che è priva di ogni solido fondamento di verità. L'Apostolo infatti distingue la vera gloria da questa dicendo: «Chi si vanta si vanti nel Signore», cioè nella Verità, perché la Verità è il Signore (*1 Co* 1,31; *Gv* 14,6).[8]

L'approccio di S. Bernardo alla ragione è umile ed egli lo riassunse in modo succinto: «È necessario dunque avere tutte e due le cognizioni, che cosa tu sia e che ciò che sei non lo devi a te stesso, sì da evitare o di non gloriarti affatto o di gloriarti inutilmente.»[9] L'essere umano deve conoscere se stesso come una creatura che si distingue dalle bestie irrazionali per il possesso della ragione. Diversamente se inizia ad essere confuso con loro ed a ignorare la propria vera gloria che risiede in lui, potrebbe essere afferrato dalla sua curiosità, per ciò che concerne il rapporto fra se stesso e le cose esteriori e sensuali. S. Bernardo avverte che noi dobbiamo metterci in guardia contro questa ignoranza. Egli propone che «bisogna guardarsi attentamente da questa ignoranza, in base alla quale l'opinione che abbiamo di noi risulta inferiore a ciò che noi siamo; ma bisogna guardarsi non di meno, anzi di più, da quell'altra ignoranza, in base alla quale ci attribuiamo un merito maggiore del dovuto, quando, se si trova un bene entro di noi, pensiamo ugualmente che esso provenga da noi stessi.»[10] Ancora più importante dell'evitare questo genere d'ignoranza è essenziale il detestare la presunzione che vorrebbe lasciarci a glorificarci nei beni, che non ci appartengono, sapendo che non sono nostri, ma di Dio, ed ancora non temere di deru-

---

8. S. BERNARDO DI CHIARAVALLE, *De diligendo Deo*, capitolo 2, n.3 in *PL* 182, 976.
9. *Ibid.*, capitolo 2, n.4 in *PL* 182, 976: «Utrumque ergo scias necesse est, et quid sis, et quod a teipso non sis, ne aut omnino videlicet non glorieris, aut inaniter glorieris.»
10. *Ibid.*, capitolo 2, n.4 in *PL* 182, 976–977.

bare Dio dell'onore che Gli è dovuto. In questo caso l'uomo pecca non per ignoranza, ma deliberatamente, usurpando la gloria che appartiene a Dio. Solo l'orgoglio, il capo di ogni iniquità, può farci considerare i doni, come se fossero i legittimi attributi della nostra natura, e, nel ricevere dei benefici, privano il nostro Benefattore della gloria che Gli è dovuta. Perciò, conclude S. Bernardo, noi dobbiamo aggiungere la virtù alla dignità ed alla saggezza, la loro progenie legittima. La Virtù cerca e trova Colui che è l'Artefice e il Datore di ogni bene e che deve essere glorificato in tutte le cose. Quando una persona possiede la virtù, dunque, la saggezza e la dignità non sono pericolose, ma benedette.

S. Bernardo inoltre suggerisce che anche coloro i quali non conoscono Cristo sono istruiti sufficientemente dalla legge naturale, e dalla presenza di anima e corpo, ad amare Dio per l'amore di Dio stesso. Egli afferma:

> Chi, anche miscredente, potrebbe ignorare che quelle facoltà necessarie per poter sopravvivere, per poter vedere, per poter respirare non sono somministrate al suo corpo da nessun altro se non da colui che fornisce nutrimento ad ogni carne (*Sal* 136,25), che fa sorgere il suo sole sui buoni e sui malvagi e manda la pioggia sui giusti e sugli ingiusti? (*Mt* 5,45). Chi ugualmente, fosse anche un empio, potrebbe ritenere che l'autore della dignità umana che risplende nell'anima sia altri da colui che dice nella Genesi: «Facciamo l'uomo a nostra immagine, a nostra somiglianza?» (*Gen* 1,26). Chi potrebbe immaginare un Donatore della scienza diverso da Colui che appunto «insegna il sapere all'uomo?» (*Sal* 94,10). Chi ugualmente potrebbe pensare che gli sia stato dato o potrebbe sperare che gli sia dato il dono della virtù, se non proprio dalla mano del Signore della virtù? Dio merita dunque di essere amato per se stesso anche dall'infedele che, anche se ignora Cristo, conosce almeno se stesso. Pertanto è inescusabile chiunque, e sia pure infedele, non ama il Signore Dio suo con tutto il suo cuore, con

tutta l'anima sua, con tutta la sua virtù. Dentro di lui infatti grida una giustizia innata e non ignota alla ragione, che gli impone di amare con tutto se stesso Colui al quale non ignora di dovere tutto se stesso.[11] S. Bernardo ammette comunque che è difficile, addirittura impossibile, per un uomo attraverso la sua propria forza o con il potere della sua libera volontà rendere tutte le cose a Dio dal Quale derivano, senza trarne vantaggio per il proprio tornaconto, com'è anche scritto: «tutti cercano i propri interessi, non quelli di Gesù Cristo» (*Fil* 2,21).[12]

Guglielmo di Saint-Thierry (1085–1148), teologo e mistico, fu un amico di S. Bernardo e prese il nome dal monastero di Saint-Thierry dove fu abate. Anche costui propose delle idee molto importanti sul ruolo della ragione nella ricerca di Dio. In modo interessante, Guglielmo introduce il concetto di una saggezza, che sta tra la sapienza di Dio e la filosofia di questo mondo e dei dominatori di questo mondo (*1 Co* 2,6), e questa saggezza intermedia si occupa di ciò che è utile e onesto, ed è guidata dalla prudenza. Citando S. Paolo, «La scienza gonfia, mentre la carità edifica» (*1 Co* 8,1), Guglielmo aggiunge che la ragione senza l'amore tende ad essere vana e sterile.[13] Sottolineò come l'essere umano fosse capace di conoscere Dio attraverso la luce naturale della ragione ed anche, per mezzo della medesima, molti dei suoi attributi. Perciò non c'è giustificazione nel non fare progressi nella conoscenza di Dio. Guglielmo implica che la fede e la grazia perfezionano la saggezza quando afferma che l'anima saggia, nel momento in cui l'anima gioisce solo per Dio, «spoglia l'uomo nell'uomo.»[14] L'essere umano, poi, diviene capace di vedere la creazione di Dio come Egli stesso la vede. Per-

---

11. *Ibid.*, capitolo 2, n.6 in *PL* 182, 977–978.
12. Si veda *ibid.*, capitolo 2, n.6 in *PL* 182, 978.
13. Si veda GUGLIELMO DI SAINT-THIERRY, *De natura et dignitate amoris*, 48 in Guglielmo di Saint-Thierry, *Opere* 3, Città Nuova, Roma 1998, p. 113.
14. *Ibid.*, 50 in GUGLIELMO DI SAINT-THIERRY, *Opere* 3, p. 114. L'espressione latina è: «hominem in homine exuit».

Significato medievale 95

ciò l'anima saggia riproduce un tipo di riflessione della luce eterna, ed uno specchio della maestà divina; quest'anima manifesta ed esprime la bontà e la giustizia di Dio dinanzi alla creazione.[15]

4.3 S. Alberto Magno

S. Alberto Magno (1206–1280), scienziato, filosofo e teologo tedesco, era conosciuto come *Doctor Universalis* (Dottore Universale), per il fatto che fu competente in quasi ogni settore della cultura dei suoi tempi. Alberto fu assiduo nella ricerca delle scienze naturali; fu un'autorità in fisica, geografia, astronomia, mineralogia, chimica, zoologia e fisiologia. In molti casi egli si trova agli albori del movimento scientifico moderno.[16] Egli sottolineò l'approccio concreto e scientifico alla realtà, e non ebbe illusioni nel definire ciò che appartiene alla scienza:

> Nello studiare la natura noi non dobbiamo domandarci come Dio il Creatore possa, come Egli liberamente vuole, usare le Sue creature per operare miracoli e con ciò mostrare il suo forte potere: abbiamo piuttosto da domandare che cosa la natura con le sue cause immanenti può naturalmente portare a realizzare.[17]

S. Alberto espresse sdegno per ogni cosa che sapeva di superstizione o di magia.[18] Egli ha dimostrato al mondo che la Chiesa non si oppone allo studio della natura, e che la fede e la scienza possono andare d'accordo. Soprattutto, il suo impatto sugli studi di filosofia e teologia fu molto

---

15. *Ibid.*, in GUGLIELMO DI SAINT-THIERRY, *Opere* 3, p. 115.
16. Si veda E.A. REITEN, «Nature, Place and Space: Albert the Great and the Origins of Modern Science» in *American Catholic Philosophical Quarterly* 70/1 (1996), pp. 83–101.
17. S. ALBERTO MAGNO, *De Coelo et Mundo*, I, tr. iv, 10.
18. Si veda S. ALBERTO MAGNO, *De Mineralium*, Libro II, d.3: dove egli parlando della produzione dell'oro dal piombo, afferma che l'arte sola non può produrre una forma sostanziale: «Non est probatum hoc quod educitur de plumbo esse aurum, eo quod sola ars non potest dare formam substantialem».

significativo. S. Alberto comprese che Averroè, Abelardo ed altri avevano assorbito false dottrine dagli scritti di Aristotele e così tentò di purificare il pensiero di Aristotele dal razionalismo, dall'Averroismo, dal panteismo, e da altri errori, e dunque di utilizzare la filosofia precristiana a servizio della fede rivelata. Per Alberto, tutte le scienze naturali potrebbero essere le ancelle (*ancillae*) della teologia, che è la più insigne e padrona di tutte i settori della conoscenza.[19] Contro il razionalismo di Abelardo e dei suoi seguaci, Alberto sottolinea la distinzione fra le verità che sono conoscibili attraverso la luce naturale della ragione ed i misteri come i dogmi della Santissima Trinità e dell'Incarnazione che non possono essere conosciute senza la Rivelazione.[20] S. Alberto Magno ha insegnato e ha preparato un suo alunno, S. Tommaso d'Aquino, che diede al mondo una concisa, chiara esposizione scientifica ed una difesa della dottrina cristiana.

4.4 S. Tommaso d'Aquino

S. Tommaso d'Aquino (1225–1274), da bambino di cinque anni, in visita all'abbazia di Montecassino, chiedeva a un monaco: «Ditemi, padre, chi è Dio?»[21] Il Dottore Angelico gode di un posto d'onore nello sviluppo della relazione esistente tra la ragione e la fede, le quali derivano da Dio; quindi arguì che non potevano esserci contraddizioni fra loro.[22] Il contesto storico particolare di S. Tommaso fu l'incipiente tredicesimo secolo quando le maggiori opere di Aristotele furono disponibili nella versione latina, accompagnate dai commentari di Averroè ed altri studiosi arabi. L'Aquinate si oppose ai due errori di Averroè; il primo, che la filosofia e la religione fossero in sfere completamente diverse, così che ciò che era vero nella religione poteva

---

19. Si veda S. Alberto Magno, *Summa Theologiae*, Pars 1, tr.1, q.6.
20. *Ibid.*, Pars 1, tr.3, q.13.
21. Cfr. Guglielmo di Tocco, *Hystoria beati Thomae*, c.5.
22. Si veda S. Tommaso d'Aquino, *Summa Contra Gentiles*, Libro 1, capitolo 7.

Significato medievale

essere falso nella filosofia; il secondo, che ogni uomo condivide un'anima sola. Sotto la direzione di Sigeri di Brabante, gli Averroisti asserivano che la filosofia era indipendente dalla rivelazione. Inoltre, vi era la questione del razionalismo che infestava l'Università di Parigi; questa corrente era rappresentata da Abelardo e, in un certo modo, da Raimondo Lullo, e pretendeva che la ragione potesse conoscere e provare ogni cosa, anche i misteri della fede. Riguardo alla filosofia pagana, S. Tommaso sviluppò ulteriormente l'atteggiamento di S. Agostino, cioè che laddove quei filosofi suggerivano qualcosa che fosse vera e coerente con la nostra fede, ma la si deve loro sottrarre come da possessori abusivi e adibirla all'uso nostro. Mentre molte delle dottrine dei pagani sono imitazioni fasulle o invenzioni superstiziose, che dovremmo essere accorti ad evitare; altri concetti da loro proposti possono essere utilizzati a servizio della verità.[23] S. Tommaso applicava questo principio, e quando trovava nella filosofia precristiana qualcosa confacente alla fede, egli l'adottava; quelle cose che riteneva contrarie alla fede le correggeva.[24]

Concretamente, Tommaso riconobbe che la natura, la sfera specifica della ricerca della ragione, poteva contribuire alla comprensione della Rivelazione di Dio. La fede, dunque, non ha paura della ragione, ma la va a cercare ed ha fiducia in essa. Siccome infatti la grazia non distrugge la natura, ma la perfeziona, la ragione deve servire alla fede, come anche l'inclinazione naturale della volontà asseconda la carità.[25] I doni della grazia si aggiungono alla natura in modo non da sopprimerla, ma piuttosto da perfezionarla. Perciò anche il lume della fede, che viene infuso in noi per grazia, non distrugge il lume della ragione naturale posto in noi da Dio. Quantunque il lume naturale della mente umana non sia in grado a mostrare ciò

---

23. Si veda S. Agostino, *De doctrina Christiana*, Libro II, 40, 60 in PL 34, 63.
24. Si veda S. Tommaso d'Aquino, *Summa Theologiae*, I, q.84, a.5.
25. Si veda S. Tommaso d'Aquino, *Summa Theologiae*, I, q.1, a.8: «cum enim gratia non tollat naturam sed perficiat».

che viene rivelato dalla fede, è tuttavia impossibile che ciò che ci è insegnato da Dio per fede risulti contrario a ciò che è posto in noi per natura. In questo caso, infatti, l'uno o l'altro dovrebbe essere falso, e poiché entrambi ci sono dati da Dio, Dio stesso sarebbe per noi autore di una falsità, cosa che è impossibile. Piuttosto, poiché in ciò che è imperfetto si trova qualche imitazione di ciò che è perfetto, in ciò che viene conosciuto per mezzo della ragione naturale deve trovarsi qualche similitudine di ciò che ci viene affidato attraverso la fede. Mentre è impossibile che ciò che riguarda la filosofia risulti contrario a ciò che appartiene alla fede, ciò che può essere afferrato dalla ragione non riesce a comprendere ciò che è rivelato.[26]

Illuminata dalla fede, la ragione è resa libera dalla fragilità e dalle limitazioni derivanti dalla disobbedienza del peccato e trova la forza necessaria per salire alla conoscenza del Dio Trinitario. Pur sottolineando con forza il carattere soprannaturale della fede, il Dottore Angelico non ha dimenticato il valore della sua ragionevolezza; ha saputo, anzi, scendere in profondità e precisare il senso di tale ragionevolezza. La fede, infatti, è in qualche modo «esercizio del pensiero»; la ragione dell'uomo non si annulla né si avvilisce dando l'assenso ai contenuti di fede; questi sono in ogni caso raggiunti con scelta libera e consapevole.[27] L'Aquinate sviluppò la distinzione tra la fede come la dottrina a cui si crede (*fides quae creditur*, la fede in cui si crede) e la fede come un impegno personale (*fides qua creditur*, la fede per la quale noi crediamo).[28] Il primo aspetto della fede è il senso obiettivo della Rivelazione, che giunge da Dio Padre, attraverso suo Figlio nel potere dello Spirito Santo, il quale è pubblico ed accessi-

---

26. Si veda S. TOMMASO D'AQUINO, *Commento sul De Trinitate di Boezio*, Pars 1, q.2, a.3.
27. Si veda S. TOMMASO D'AQUINO, *Summa Theologiae*, II–II, q.2, a.9. Cf. anche Papa GIOVANNI PAOLO II, *Discorso ai Partecipanti del IX Congresso Tomistico Internazionale* (29 settembre 1990) in *IP* 13/2 (1990), pp. 770–771.
28. Si veda S. TOMMASO D'AQUINO, *Summa Theologiae*, II–II, q.1, a.2.

bile a tutti. Il secondo aspetto è la risposta soggettiva del credente al contenuto obiettivo. Chiaramente, il secondo aspetto presuppone il primo. S. Tommaso inoltre rende evidente che «l'atto del credente non si ferma all'enunciato, ma va alla realtà: infatti formiamo degli enunciati solo per avere la conoscenza delle cose, sia nella scienza che nella fede.»[29] Il contenuto nella fede viene espresso negli articoli di fede, nelle professioni di fede, e nelle definizioni dogmatiche, e, per esempio, nell'intero contenuto delle Scritture. La virtù della fede è la risposta adatta a tutte queste verità. Comunque, per dare l'assenso della fede, noi dobbiamo essere capaci di considerare e capire ciò che questi articoli significano. Così la fede presuppone la ragione. Solo un essere razionale può essere un credente. Solo colui che comprende qualcosa dei contenuti della fede può ricevere il dono della fede.

Nell'opera di S. Tommaso, la ragione offre essenzialmente tre tipi di servizio o ministero alla fede. La triplice spiegazione di S. Tommaso del ruolo della ragione come fosse un passo naturale verso la fede, è uno sviluppo evidente dell'adagio di S. Agostino che attraverso la conoscenza «genera, nutre, difende e fortifica la fede supremamente salutare.»[30] Per l'Aquinate, prima di tutto la ragione prepara la mente a ricevere la fede provando le verità che il credere presuppone; questo è conosciuto come il preambolo della fede.[31] In secondo luogo, la ragione può spiegare e sviluppare le verità della fede e dovrebbe pro-

---

29. S. Tommaso d'Aquino, *Summa Theologiae*, II–II, q.1, a.2.
30. S. Agostino, *De Trinitate*, Libro 14, capitolo 1, n.3 in *PL* 42, 1037.
31. La nozione del preambolo della fede o *praeambula fidei* appare nella *Summa Theologiae*, II–II, q.2, a.10: «Le ragioni adottate a sostegno della credibilità della fede non sono dimostrazioni capaci di portare l'intelletto umano all'evidenza. E quindi le cose di fede non cessano dunque di essere inevidenti. Ma codeste ragioni tolgono gli ostacoli della fede, mostrando che non è impossibile quanto essa propone. Perciò tali ragioni non diminuiscono il merito della fede». Nel suo *Commento al «De Trinitate» di Boezio*, Parte I, q.2, a.3, S. Tommaso scrive ancora sul preambolo della fede, come si vede nella nota 32 sotto.

porle in una forma scientifica. Terzo, la ragione dovrebbe difendere le verità rivelate dal Dio Onnipotente.[32] Questo triplice approccio viene illustrato nelle due sintesi globali della fede cattolica scritta da Tommaso. Nella *Summa Contra Gentiles*, adoperando gli argomenti dell'autorità, il Dottore Angelico stabilì le verità contenute nella Rivelazione divina che sono inaccessibili alla sola ragione naturale.[33] L'intenzione era di mostrare la verità della fede Cattolica usando l'autorità, quando la ragione non fosse stata più sufficiente. Comunque la ragione era ancora adoperata per confutare gli errori e per fornire argomenti probabili. Inoltre, nella confutazione delle eresie, egli adottò argomenti razionali prendendo le autorità come delle premesse, e spesso queste autorità furono accettate dagli avversari. Gli argomenti furono organizzati per dimostrare la possibilità o pure la convenienza delle verità rivelate, derivandone delle conclusioni. D'altra parte, la *Summa Theologiae* segue il secondo approccio. Questa sintesi della dottrina Cristiana è specificatamente indirizzata ai principianti nella teologia, e così ai credenti.[34] L'intenzione della *Summa* è di offrire loro una spiegazione di

---

32. La triplice illustrazione di S. Tommaso dell'influenza della ragione sulla fede è proposta in molti passi, specialmente nei testi seguenti: *Summa Contra Gentiles*, Libro I, capitoli 1, 3–4, 7–8; *Summa Theologiae*, I, q.1, aa.1, 5, 8; q.32, a.1; q.84, a.5. Nel testo del suo *Commento al «De Trinitate» di Boezio*, Parte I, q.2, a.3, S. Tommaso distingue tre applicazioni della filosofia nella teologia: «In primo luogo per dimostrare ciò che funge da preambolo alla fede, ed è necessario conoscere in essa, è cioè tutto ciò che si può dimostrare di Dio per mezzo di argomenti naturali: ad esempio, il fatto che Dio esiste e sia uno, e tutte le altre proprietà di questo tipo che possono venire dimostrate di Dio o delle creature nella filosofia, e che la fede presuppone. In secondo luogo, per rendere noto, attraverso certe similitudini, ciò che appartiene alla fede, così come Agostino si serve nel libro *De Trinitate* di molte similitudini tratte dalle dottrine filosofiche per rendere manifesta la Trinità. In terzo luogo, per confutare ciò che viene detto contro la fede, mostrandone o la falsità, o il fatto che non si tratti di conclusioni necessarie.»

33. Si veda S. Tommaso d'Aquino, *Summa Contra Gentiles*, Libro 4.

34. Si veda S. Tommaso, *Summa Theologiae*, Prologo.

Significato medievale

ciò in cui credono, e non di stabilire cosa loro credono. I discorsi e gli argomenti di S. Tommaso sono per lo più gli stessi da una *Summa* all'altra, però la differenza consiste nella diversità delle intenzioni: cioè due tipi di discussione. Anche le verità rivelate, accessibili alla ragione, sono dimostrate in modo razionale nella *Summa Theologiae*, come lo erano nella *Summa Contra Gentiles*; fra queste verità rivelate, la prima è l'esistenza di Dio. Solo ora il problema non è di *dimostrare* la verità *già creduta* dell'esistenza di Dio, è piuttosto un esercizio di *comprensione* della fede che ci dice che Dio esiste e che l'esistenza di Dio può essere raggiunta dalla ragione umana. Si potrebbe dire che la *Summa Contra Gentiles* applica la filosofia e la metafisica aristotelica come un preambolo alla fede, e come componenti della teologia, per dimostrare la verità della fede cattolica. D'altra parte, la *Summa Theologiae* assume la ragione e la metafisica aristotelica per ottenere la comprensione della fede, o la *filosofia della fede*.

L'Aquinate arguisce non solo che la ragione sia presupposta dalla fede per comprendere il contenuto della Rivelazione, ma che si può anche assentire ad una parte di questo contenuto in base alla sola ragione, e che una volta che questi articoli siano creduti, si può giungere, partendo dai medesimi, a conclusioni razionali. Tommaso sostiene che parte dei contenuti della fede (*fides quae*) possono essere accettati non per mezzo della virtù della fede, ma dall'esercizio della ragione naturale. Questa porzione del contenuto della Rivelazione può essere *conosciuta* come può essere anche *creduta*. Per l'Aquinate, questa parte non è modesta: essa include l'esistenza di Dio, molti dei Suoi attributi, la spiritualità e l'immortalità dell'anima umana, e molto di ciò che la Bibbia riferisce sulla divina Provvidenza e i comandamenti di Dio, in particolare i contenuti del Decalogo. Esclusi da questa parte potenzialmente conosciuta della Rivelazione sono i misteri della fede Cristiana, come la natura della Santissima Trinità, l'Incarnazione del Figlio, e la sua opera di Redenzione, continuata nei Sacramenti. In particolare, S. Tommaso indica che il mistero della Santissima Trinità è raggiunto solo attraverso la fede. È impossibile cogliere la conoscenza della Trinità attraverso la ragione umana. Infatti, l'uomo ottiene la conoscenza di Dio dalla ragione naturale attraverso le creature. Ora le creature ci conducono alla conoscenza di Dio, come fossimo effetti alla loro causa. Dunque, per mezzo della ragione naturale possiamo conoscere di Dio solo quello che necessariamente gli appartiene come principio delle cose. Ora, il potere creativo di Dio è comune all'intera Trinità; e dunque appartiene all'unità dell'essenza divina, e non alla distinzione delle Persone. Perciò, per mezzo della ragione naturale possiamo conoscere che cosa appartiene all'unità dell'essenza del Signore, ma non ciò che appartiene alla distinzione delle Persone.

> Quelli poi che tentano di dimostrare la Trinità delle Persone con la ragione naturale compromettono la fede in due modi. Primo, ne compromettono la dignità, poiché la fede ha per oggetto cose del tutto invisibili, che superano la capacità della ragione umana... Secondo, ne compromettono l'efficacia nell'attirare altri alla fede. Se infatti per indurre a credere si portano delle ragioni che non sono cogenti, ci si espone alla derisione di coloro che non credono: poiché costoro penseranno che noi ci appoggiamo su tali argomenti per credere.[35]

Molti articoli di fede perciò non potrebbero essere stabiliti in base alla sola ragione. Solo colui che accetta la Rivelazione divina e solo colui al quale è stato dato il dono della fede, può beneficiare di quegli articoli.[36] Per quanto concerne i contenuti di quegli articoli, la fede non è confinata alla sola capacità di comprenderli. Invece, due funzioni

---

35. S. Tommaso d'Aquino, *Summa Theologiae*, I, q.32, a.1.
36. Nella *Summa Theologiae*, II–II, q.1, a.8, S. Tommaso, sul primo articolo del Credo, afferma: «Con la fede apprendiamo su Dio molte cose, che i filosofi non furono in grado di investigare con la ragione naturale: per esempio, che egli è provvidente ed onnipotente, e che Lui solo deve essere adorato. Tutte cose che sono racchiuse nell'articolo sull'unità di Dio.»

Significato medievale 103

della ragione operano proprio in questo campo. La prima è la confutazione di tutti gli argomenti che potrebbero negare il contenuto della fede. Come la verità è una, non può sussistere un'opposizione fra il credere in essa grazie alla fede e il tenerla a causa della ragione.[37] Per questo la ragione dovrebbe essere capace a rivelare qualsiasi argomento poco fondato e discordante che voglia contraddire le verità della fede. Questo non vuol dire che la ragione possa essere in grado di dimostrare il diniego delle proprie conclusioni (e così la verità degli articoli respinti), ma che potrebbe scoprire il logico insuccesso nelle deduzioni, o la falsità nelle premesse, e così la non-sussistenza di queste conclusioni. La posizione di Tommaso sulla questione dell'eternità del mondo è un caso esemplare: la ragione non può dimostrare la verità di fede (cioè che il mondo abbia un'origine), che non è una verità necessaria, ma contingente; però può dimostrare come ogni argomento opposto sia inconcludente, e che quindi non è neanche necessario. In generale, sebbene non in questo ultimo caso, la ragione può anche fornire argomenti probabili a favore di ciò in cui si crede.[38]

Il secondo compito della ragione, relativo alle verità che possono solo essere sostenute dalla fede, è di giungere a delle conclusioni da quelle verità considerate come premesse.[39] In tal modo, la ragione può stabilire alcune conseguenze derivanti dalla rivelazione, o sviluppare un'unità sintetica con la fede. Negli scritti di S. Tommaso «l'esigenza della ragione e la forza della fede hanno trovato la sintesi più alta che il pensiero abbia mai raggiunto, in quanto egli ha saputo difendere la radicale novità portata

---

37. Si veda S. TOMMASO D'AQUINO, *Summa Contra Gentiles*, Libro I, capitolo 7.
38. Si veda S. TOMMASO D'AQUINO, *Commento al Libro 1 delle Sentenze*, Prologo, q.1, a.5; *Commento al Libro 3 delle Sentenze*, d.24, q.1, a.3; *Commento sul «De Trinitate» di Boezio*, Parte 1, q.2, a.1; *Summa Contra Gentiles*, Libro 1, capitolo 8; *Summa Theologiae* I, q.1, a.8; II–II, q.2, a.10; III, q.55, a.5.
39. Si veda S. TOMMASO D'AQUINO, *Summa Theologiae*, I, q.1, a.2.

dalla Rivelazione senza mai umiliare il cammino proprio della ragione.»[40] L'Aquinate spesso distingue due diversi modi della conoscenza di Dio. Il primo procede dal mondo creato a Dio, il secondo discende da Dio alle persone umane. Questo secondo modo può essere diretto, come nel caso della visione beatifica, o indiretto, come nel caso della fede nella Rivelazione divina trasmessa dagli apostoli. Perciò Tommaso giunge a tre tipi di «teologia»: la prima è la «teologia naturale», perché necessita della sola ragione naturale; la seconda è la «teologia gloriosa», in quanto necessita del lume della gloria e la terza è la «teologia della grazia», perché necessita del dono della grazia.[41] Nella nostra situazione attuale in questo mondo, solo il primo ed il terzo modo sono a nostra disposizione, i quali sono la «teologia ascendente» (la teologia naturale) e la «teologia discendente» (la teologia della grazia). Entrambe le teologie sono anche forme di discorsi razionali sugli aspetti più fondamentali della realtà.

S. Tommaso stabilì che l'atto di fede risiede nell'intelletto, ma è motivato dalla volontà. Dato che la fede è una virtù, la sua azione dovrebbe essere perfetta. Ora, per la perfezione di quest'atto che procede dalle due attività principali, ognuno di questi principi deve essere perfetto. S. Tommaso adotta l'immagine di un falegname per illustrare questo concetto: non è possibile che una cosa venga segata bene, a meno che il falegname non possieda le capacità e la sega sia adatta a tagliare. «Abbiamo detto che credere è un atto dell'intelletto in quanto viene mosso dalla volontà ad assentire: infatti codesto atto deriva dalla volontà e dall'intelletto. E ciascuna di queste due potenze sono fatte per essere corredate di abiti... Ora, credere è direttamente un atto dell'intelletto, avendo per oggetto il vero, che propriamente appartiene all'intelligenza. Perciò è necessario che la fede, la quale è il principio proprio di codesto atto,

---

40. Papa GIOVANNI PAOLO II, *Fides et Ratio*, 78.
41. Si veda, ad esempio, questa triplice distinzione nella *Summa Contra Gentiles* Libro 4, capitolo 1 di S. Tommaso.

risieda nell'intelletto.»[42] Il Dottore Angelico inoltre specificò il contributo dell'intelletto e della volontà nell'assenso della fede:

> L'atto di qualsiasi abito o di qualsiasi potenza va considerato in base al rapporto dell'abito o della potenza col proprio oggetto. Ora, tre sono gli aspetti sotto cui possiamo considerare l'oggetto della fede. Esso infatti può essere considerato sia in rapporto all'intelletto che in rapporto alla volontà, poiché credere spetta all'intelletto sotto la mozione della volontà che lo spinge ad assentire. Se dunque lo si considera in rapporto all'intelletto, allora nell'oggetto della fede possiamo distinguere due cose, secondo le spiegazioni date. La prima è l'oggetto materiale della fede. E da questo lato si considera come atto di fede «credere Dio»: poiché, nulla viene proposto alla nostra fede se non in quanto appartiene a Dio. La seconda invece è la ragione formale dell'oggetto, la quale costituisce come il motivo per cui si assente a una data verità di fede. E da questo lato si considera come atto di fede «credere a Dio»: poiché l'oggetto formale della fede è la Prima Verità, alla quale l'uomo deve aderire per accettare in forza di essa le cose da credere. Se infine si considera l'oggetto della fede sotto un terzo aspetto, cioè in quanto dipende dall'intelletto sotto la mozione della volontà, allora si ha come atto di fede il «credere in Dio»: poiché la verità prima, considerata quale fine, si riferisce alla volontà.[43]

S. Tommaso applica i ruoli rispettivi giocati dall'intelletto e dalla volontà nell'atto di credere alla questione se l'assistenza della ragione diminuisca i meriti della fede. L'atto di fede può essere meritorio perché è soggetto alla volontà non solo nell'esercizio, ma anche nell'adesione.

42. S. Tommaso d'Aquino, *Summa Theologiae*, II–II, q.4, a.2. Si veda inoltre *Ibid.*, q.2, a.1 dove il Dottore Angelico sottolinea che «L'intelletto di chi crede viene determinato a una data cosa non dalla ragione, ma dalla volontà. Quindi l'assenso è qui preso come un atto dell'intelletto in quanto determinato dalla volontà.»

43. S. Tommaso d'Aquino, *Summa Theologiae*, II–II, q.2, a.2.

Ora, le ragioni umane portate a favore delle verità di fede possono avere due rapporti diversi con la volontà di chi crede. Possono essere innanzitutto antecedenti: per esempio quando uno non avrebbe la volontà di credere, o non la avrebbe pronta, se non venisse indotto da una ragione umana. E allora le ragioni umane addotte diminuiscono il merito della fede. Infatti l'uomo, come è tenuto a compiere gli atti delle virtù morali non per passione, ma per un giudizio razionale, così è tenuto a credere le verità di fede non per una ragione umana, ma per l'autorità divina. In secondo luogo, le ragioni umane possono essere conseguenti alla volontà di chi crede. Un uomo infatti che ha la volontà pronta a credere ama la verità creduta, vi riflette sopra e abbraccia le ragioni, se può trovarne qualcuna. E in questo caso le ragioni umane non tolgono il merito della fede, ma sono il segno di un merito più grande: come anche nelle virtù morali la passione conseguente è il segno di una volontà più pronta. A tale proposito S. Tommaso vede un'immagine della ragione nell'episodio dell'incontro tra Cristo e la Samaritana al pozzo (*Gv* 4,5–42). Questa incoraggia i Samaritani a credere in Cristo, ma questi altri affermano: «Non è più per la tua parola che noi crediamo; ma perché noi stessi abbiamo udito e sappiamo che questi è veramente il Salvatore del mondo» (*Gv* 4,42).[44] Così S. Tommaso arguisce che il fondamento della fede è l'autorità di Dio che si rivela.[45] Per di più, come la fede non può essere provata dalla sola ragione, perché essa sta al di là delle capacità dell'intelletto umano, così per la sua verità, non può essere necessariamente contraddetta da qualsiasi ragione.[46]

---

44. S. Tommaso d'Aquino, *Summa Theologiae*, II–II, q.2, a.10.
45. S. Tommaso d'Aquino, *Summa Theologiae*, I, q.1, a.8.
46. Si veda S. Tommaso d'Aquino, *De rationibus fidei*, capitolo 2: «Quia tamen quod a summa veritate procedit falsum esse non potest, nec aliquid necessaria ratione impugnari valet quod falsum non est, sicut fides nostra necessariis rationibus probari non potest quia humanam mentem excedit, ita improbari necessaria ratione non potest propter sui veritatem».

S. Tommaso inoltre discusse sulla distinzione tra il ragionamento dimostrativo e quello persuasivo riguardo alla questione dei meriti della fede nel caso in cui la ragione sia coinvolta. Definì dimostrativa la ragione che esige il consenso dall'intelletto: e stabilisce che tale ragione non può riguardare le cose che appartengono alla fede, ma può essere impiegata per confutare ciò che sembra implicare l'impossibilità della fede. Quantunque infatti ciò che appartiene alla fede non possa essere dimostrato, non può neppure, d'altra parte, essere confutato in modo dimostrativo. Se tuttavia tale ragione fosse utilizzata per dimostrare ciò che appartiene alla fede, il merito della fede andrebbe perso, perché l'assenso in questo caso non risulterebbe più volontario, ma necessario. Al contrario, la ragione persuasiva ricavata da alcune somiglianze e applicata a ciò che appartiene alla fede, non svuota il senso stesso della fede, perché non fa apparire evidenti i suoi oggetti, dal momento che qui non ha luogo una risoluzione ai primi principi che possono essere riconosciuti dall'intelletto. Allora non svuota il merito della fede, perché non costringe l'intelletto al consenso, facendo sì che l'assenso rimanga volontario.[47]

Il Dottore Angelico indicò poi in maniera sfumata come la fede sia più certa della conoscenza acquisita attraverso la luce naturale della ragione. La fede è più certa delle tre virtù intellettuali, cioè la sapienza, la scienza e l'intelletto: poiché la fede si fonda sulla verità divina, mentre esse si fondano sulla ragione umana. Comunque, la certezza può essere anche considerata dal lato del soggetto: e in questo senso è più certo ciò che l'intelletto umano raggiunge con maggiore pienezza. E da questo lato la fede è meno certa, poiché mentre le realtà di fede trascendono l'intelletto umano, non lo trascendono le realtà soggette alle tre virtù ricordate. A parità di condizioni vedere è più certo che ascoltare. Quando però colui dal quale si ascolta supera di molto la perfezione di chi vede, allora udire è più certo che vedere. Come un uomo di cultura modesta è più certo di

---

47. Si veda S. Tommaso d'Aquino, *Commento al «De Trinitate» di Boezio*, Parte 1, q.2, a.1, ad 5.

ciò che ascolta da una persona dottissima che di ciò che a lui può apparire secondo la sua ragione. E un uomo è molto più certo di ciò che ascolta da Dio, il quale non può ingannarsi, che di quanto egli vede con la sua propria ragione ingannevole. L'intelletto e la scienza superano quanto a perfezione la conoscenza della fede per una maggiore evidenza, ma non per una più certa adesione. Poiché tutta la certezza dell'intelletto o della scienza in quanto doni deriva dalla certezza della fede: come la certezza nella conoscenza delle conclusioni deriva da quella dei princìpi. In quanto virtù intellettuali poi la scienza, la sapienza e l'intelletto si fondano sulla luce naturale della ragione, che è inferiore alla certezza della parola di Dio, su cui si fonda la fede.[48] Il Dottore Angelico inoltre suggerì come la ragione e la fede preparino alla luce della gloria:

> Sebbene il lume infuso da Dio sia più efficace del lume naturale, tuttavia nello stato presente ci è partecipato non perfettamente ma imperfettamente: e quindi, a motivo della imperfetta partecipazione di esso, accade che non siamo condotti da quel lume infuso alla visione di quelle cose per la cui conoscenza ci è dato, ma ciò accadrà in patria, quando parteciperemo perfettamente di quel lume dove nella luce di Dio vedremo la luce.[49]

4.5 S. Bonaventura

Mentre S. Tommaso seguiva l'approccio aristotelico, la scuola francescana di filosofia e teologia tendeva a seguire Platone e S. Agostino. Uno dei maggiori esponenti di questa scuola fu un contemporaneo di S. Tommaso, S. Bonaventura (1221–1274), Cardinale Vescovo di Albano, che fu, per un periodo, Ministro Generale dei Frati Minori. Fu conosciuto come il Dottore Serafico ed il suo *Breviloquium* fa derivare ogni cosa da Dio, mentre l'*Itinerarium Mentis in*

---

48. Si veda S. Tommaso d'Aquino, *Summa Theologiae*, II–II, q.4, a.8.
49. S. Tommaso d'Aquino, *De Veritate*, q.14, a.9, ad 2. Si veda inoltre *Sal* 36,9.

Significato medievale

Deum procede nella direzione opposta, riportando ogni cosa alla loro Fine Suprema. S. Bonaventura asseriva che l'esistenza di Dio poteva essere provata dalle creature come la Causa attraverso l'effetto, ed affermava che questo modo di conoscere era congenito all'uomo.[50] Enumerò sei potenze dell'anima, per mezzo delle quali dalle cose inferiori ci eleviamo alle superiori, dalle esterne alle interne, dalle temporali alle eterne, e cioè senso, immaginazione, ragione, intelletto, intelligenza, apice della mente o sinderesi. Queste potenze, insite in noi per dono della natura, deformate dalla colpa, riformate dalla grazia, devono essere purificate dalla giustizia, esercitate per mezzo della scienza e perfezionate per mezzo della sapienza.[51]

S. Bonaventura affermava che è impressa nell'anima razionale la conoscenza di sé, perché l'anima è presente a

---

50. Si veda S. BONAVENTURA, *Commento al Libro 1 le Sentenze*, d.3, q.2: «Utrum Deus sit cogniscibilis per creaturas». In S. Bonaventura, *Opera Omnia*, vol. 1 (Quaracchi: Collegio San Bonaventura, 1882), pp. 71–73.

51. Si veda S. BONAVENTURA, *Itinerarium Mentis in Deum*, capitolo 1, n.6, in S. Bonaventura, *Opera Omnia*, vol. 5, Collegio San Bonaventura, Quaracchi 1891, p. 297. Nel testo Latino si legge: «Iuxta igitur sex gradus ascensionis in Deum, sex sunt gradus potentiarum animae per quos ascendimus ab imis ad summa, ab exterioribus ad intima, a temporalibus conscendimus ad aeterna, scilicet sensus, imaginatio, ratio, intellectus, intelligentia et apex mentis seu synderesis scintilla. Hos gradus in nobis habemus plantatos per naturam, deformatos per culpam, reformatos per gratiam; purgandos per iustitiam, exercendos per scientiam, perficiendos per sapientiam.»

Per *sinderesi* si intende sia una facoltà che un abito a giudicare e a volere ciò che è giusto. La facoltà continua ad esistere nonostante la debolezza della natura umana provocata dalla Caduta. Secondo S. Tommaso d'Aquino, essa è la ragione pratica: alcuni principi appartenenti al lato pratico della ragione fanno notare la giusta direzione all'azione, così come fanno per il pensiero gli assiomi teorici della comprensione. Un quadro divergente è dato da S. Bonaventura, che distingue tra la coscienza e la sinderesi ricalcando la differenza tra giudizio e volontà. Dio ha fornito un duplice ruolo al giudizio nella natura umana: l'uno per giudicare correttamente e questo è la forza morale della coscienza; l'altro per la equa volontà e questo è il potere della sinderesi, la cui funzione è di dissuadere dal male e di essere uno stimolo per il bene.

se stessa e conoscibile per se stessa; ma Dio è presentissimo all'anima e conoscibile per se stesso; perciò è impressa nella stessa anima la nozione del suo Dio. Allora, l'esistenza di Dio è una verità indubitabile naturalmente impressa nell'intelligenza umana.[52] Comunque non tutti possiedono una chiara conoscenza di Dio dalla nascita o dall'uso della ragione. Perciò Bonaventura postulò una conoscenza implicita di Dio in ogni essere umano che non può essere negata e inizia ad essere esplicitata principalmente attraverso una riflessione interiore, come anche attraverso la considerazione del mondo esteriore. Dunque, in S. Bonaventura, i principi per la cognizione di Dio, partendo dalla sua creazione, presuppongono una conoscenza approfondita di Lui. Per esempio, egli illustrò come Dio abbia lasciato nelle Sue creature sette prove della sua divina potenza, sapienza e bontà.

Primo, l'*origine* delle cose, rapportata all'opera dei sei giorni dal triplice punto di vista della creazione, della distinzione e della bellezza, manifesta la potenza divina che ha prodotto tutte le cose dal nulla, la sua sapienza che le ha così ben distinte, la sua bontà che le ha così abbondantemente abbellite. Secondo, la *grandezza* (*magnitudo*) delle cose secondo le dimensioni della lunghezza, larghezza e profondità; secondo l'eccellenza della virtù, che si estende in lunghezza, in larghezza e in profondità, come appare nella diffusione della luce; secondo l'efficacia dell'operazione, intima, continua e diffusa, come appare nell'azione del fuoco, ci manifesta chiaramente l'immensità della potenza, della sapienza e della bontà di Dio Trino, il quale esiste nelle cose, ma da esse non circoscritto, per potenza, presenza ed essenza. Terzo, la *moltitudine* (*multitudo*) delle cose nella varietà dei generi, delle specie e degli individui in rapporto alla loro sostanza, forma o figura ed efficacia, che superano ogni valutazione umana, manifesta l'immen-

---

52. Si veda S. BONAVENTURA, *De Mysterio Trinitatis*, q.1, a.1, n.10, in S. BONAVENTURA, *Opera Omnia*, vol. 5, p. 46. Egli usa l'espressione: «quod Deum esse sit menti humanae indubitabile, tanquam sibi naturaliter insertum.»

Significato medievale 111

sità in Dio dei tre predetti attributi. Quarto, la *bellezza* delle cose secondo la varietà delle luci, delle figure e dei colori nei corpi semplici, misti e organici, come nei corpi celesti e nei minerali, come nelle pietre e nei metalli, nelle piante e negli animali, depone chiaramente a favore dei tre predetti attributi. Quinto, la *pienezza* delle cose, secondo cui la materia è ricolma di forme a cause delle ragioni seminali, e la forma è ricca di attività potenziali, e la potenza è piena di effetti secondo l'esercizio della sua attività, conduce alla stessa conclusione. Sesto, l'*operazione* molteplice delle cose, o naturale, o artificiale, o morale, ci mostra, con la sua ricchissima varietà, l'immensità di quella sua virtù, arte e bontà, che è per tutte le cose causa dell'essere, ragione d'intendere e l'ordine nell'agire. Settimo, l'*ordine* delle cose rispetto alla loro durata, alla loro posizione e al loro influsso, cioè rispetto al prima e al poi, al superiore e all'inferiore, al più nobile e al più ignobile, presente nel libro della natura, manifesta chiaramente il primato, l'eccellenza e la sublimità e la dignità dell'infinita potenza di Dio; l'ordine che si riscontra nelle leggi, nei precetti e nei giudizi della Sacra Scrittura rimanda chiaramente all'immensità della sua sapienza; l'ordine dei Sacramenti divini, delle grazie e dei benefici nel Corpo della Chiesa richiama l'immensità della sua bontà, sicché l'ordine stesso ci conduce come per mano in maniera evidentissima al Primo e Sommo, Potentissimo, Sapientissimo e Ottimo.[53]

4.6 Beato Giovanni Duns Scoto

Beato Giovanni Duns Scoto (1265–1308), conosciuto come il Dottore Sottile (*Doctor Subtilis*), fu il più insigne esponente della seconda Scuola francescana, ed è con S. Bonaventura il maggior filosofo francescano. L'originalità di Scoto ha come punto di partenza una critica ai sistemi aristotelico-tomista e agostiniano-bonaventuriano che si fronteggiavano all'università di Parigi, i cui vessilliferi erano da una parte Goffredo di Fontaines ed Egidio

---

53. Si veda S. Bonaventura, *Itinerarium Mentis in Deum*, capitolo 1, n.14, in S. Bonaventura, *Opera Omnia*, vol. 5, p. 299.

Romano, e dall'altra Enrico di Gand. Tra tali due sistemi rivali Scoto cercava una sintesi nuova, che salvi da un lato la centralità di Cristo e del soprannaturale propria della tradizione francescana accogliendo d'altro lato quanto possibile l'istanza aristotelico-tomista di valorizzazione della conoscenza sensibile e della realtà corporea. Una caratteristica notevole del suo pensiero, che gli ha meritato l'appellativo di *Subtilis*, è proprio la sua costante preoccupazione di non perdere nulla di ciò che di positivo vi fu in impostazioni e sistemi anche opposti, ricorrendo a distinzioni e sottili appunti.

Era convinto che la verità potesse splendere più vivamente come risultato di una profonda investigazione. Nei suoi insegnamenti Scoto abbandonò molte tesi che erano care alla tradizione agostiniana, mentre interpretò le altre alla luce dei nuovi contributi apportati dall'aristotelismo. Da questo procedimento fiorì una via nuova ed originale dei maggiori problemi filosofici che hanno cominciato ad essere conosciuti come scotismo. La sua opera principale è la cosiddetta *Opus Oxoniense*, un ampio commento alle Sentenze di Pietro Lombardo, scritto ad Oxford. Esso è principalmente un'opera teologica, ma contiene molti trattati, su argomenti logici, metafisici, grammatici e scientifici, così che quasi il suo intero sistema filosofico può essere raccolto da questo lavoro. Ad ogni modo, nessuno dei suoi scritti rivela chiaramente un sistema unitario; mentre molti di loro, sembrano legati fra di loro. La scienza è il modo soggettivo del sapere di una realtà oggettiva. Scoto adopera in tal senso il concetto *habitus*. L'oggetto (*obiectum*) che si va a conoscere si trasforma nel soggetto (*subiectum*) del sapere. L'oggetto conoscibile diventa soggetto conosciuto quando l'intelletto acquisisce la conoscibilità del soggetto (*habitus*). Il suo linguaggio è spesso oscuro: mezzi termini, definizioni, distinzioni, e obiezioni attraverso i quali non è semplice navigare. Tuttavia, ci sono negli insegnamenti di Scoto una maestria nei programmi e uno sviluppo logico descritti nei minimi dettagli.

Riguardo al concetto dell'essere, Scoto ritiene che esso sia univoco, pur in contrasto con S. Tommaso, che insegna come esso sia un concetto analogo. Come S. Tommaso, Scoto riteneva che la cognizione intellettiva trae la propria origine dalle sensazioni attraverso il processo di astrazione. Scoto fu un realista in filosofia, ma differì dall'Aquinate su alcuni problemi di base. Anche nel dibattito tra realisti e nominalisti la posizione del Dottor Sottile, pur essendo considerato come un realismo moderato, resta fondamentalmente originale ed ambigua. Se infatti nel suo atto conoscitivo l'intelletto apprende una natura comune ad individui di una medesima specie, e il fondamento dell'universale sta quindi nella natura reale, quest'ultima tuttavia non è in sé né universale né individuale. Contro Tommaso che affermava che il principio d'individuazione è dato dalla materia, Duns Scoto afferma che l'individualità, se non può essere data dalla forma, che è universale, neppure può giungere dalla materia, che è di per sé l'indeterminato. Per spiegare l'individualità Duns Scoto introduce dunque, un terzo principio: l'*haecceitas* (la *questità*), una determinazione che contrae la natura comune costituendo l'ente individuale. Questa *haecceitas*, che non è qualcosa che si aggiunge numericamente all'essere singolo, e non è neppure qualcosa di mentale come le idee platoniche, ma una concreta individuale differenza ultima che permette di distinguere una cosa dall'altra tanto che ogni essere individuale è unico e originale. L'*haecceitas* dunque è «la causa, non della singolarità in genere, ma di questa singolarità nella sua particolare determinazione, cioè in quanto è proprio questa».[54]

Un punto di maggiore differenza concerneva la loro idea della percezione. Scoto propose che una presa diretta, intuitiva di una cosa particolare è procurata sia attraverso l'intelletto sia attraverso i sensi. L'Aquinate sosteneva che l'intelletto non conosce direttamente la singolarità delle cose materiali, ma solo la natura universale che è astratta

---

54. B. GIOVANNI DUNS SCOTO, *Opus Oxoniense*, II, 3, 2–4.

dalla percezione dei sensi. Scoto, in opposizione alla dottrina agostiniana e seguendo il Tomismo, riteneva che l'esistenza di Dio non fosse intuitiva, ma che fosse dimostrabile solo *a posteriori*. Scoto sosteneva che la ragione sia capace di arrivare all'esistenza di Dio, a molti dei Suoi attributi e verità, attraverso una considerazione delle Sue azioni.[55] Egli era ottimista riguardo al ruolo della ragione in una riflessione in merito a Dio: «Aiutami, o Signore, a determinare quanto può conoscere la nostra ragione naturale, dell'Essere vero che sei Tu, cominciando dall'ente che hai detto di essere.»[56]

In particolare, il Dottore Sottile propose che attraverso la ragione si poteva concludere che Dio sia uno, supremo, buono, ma non che Dio sia la Santissima Trinità.[57] Comunque, Scoto differì da S. Tommaso sulla dimostrabilità dell'onnipresenza di Dio per mezzo della ragione naturale. Per S. Tommaso, fu nelle capacità della ragione ad indicare questo attributo divino, mentre per il Beato Duns Scoto, esso non era filosoficamente dimostrabile.[58] Scoto sostenne l'uso della ragione a sostegno di ciò che la fede già aveva creduto: «Signore, Dio nostro, che ti sei proclamato il primo e l'ultimo, insegna al tuo servo il modo di dimostrare con la ragione ciò che ritiene certissimo per fede, cioè che Tu sei l'Efficiente Primo, il Primo Eminente e il Fine Ultimo.»[59]

La nostra conoscenza naturale di Dio dipende dalla capacità di formare concetti univoci. Scoto affermava che le creature che imprimono le loro proprie idee sull'intelletto, possono anche imprimere le idee degli attributi trascendentali che accomunano esse con Dio.[60] Comunque, non sarebbe stato possibile procedere dalla conoscenza della

55. Si veda B. GIOVANNI DUNS SCOTO, *Reportata Parisiensia*, Prologo, 3, n.6
56. Si veda B. GIOVANNI DUNS SCOTO, *Tractatus de Primo Principio*, I, 1.
57. Si veda B. GIOVANNI DUNS SCOTO, *Opus Oxoniense*, I, 1, 2, n.2.
58. Si veda B. GIOVANNI DUNS SCOTO, *Reportata Parisiensia*, I, 37, 2, nn.6ss.
59. B. GIOVANNI DUNS SCOTO, *Trattato su Dio come Primo Principio*, 3.2.
60. Si veda B. GIOVANNI DUNS SCOTO, *Opus Oxoniense*, 1, 3, 2, n.18.

creazione alla conoscenza di Dio, qualora non fossimo stati capaci di formare concetti univoci dalle creature. Quando l'intelletto ha formato quei concetti, può combinarli per concepire una composita idea di Dio. Come l'immaginazione può combinare l'immagine di una montagna e quella dell'oro per formare l'immagine della montagna d'oro, così l'intelletto può combinare l'idea della bontà, della supremazia e dell'attualità per formare un concetto dell'essere attuale supremamente buono.[61] Questa immagine non dovrebbe essere presa per dimostrare che Scoto considera l'attività di combinazione della mente nella teologia naturale come esattamente parallela all'opera di combinazione dell'immaginazione; la prima attività è guidata dalla verità obiettiva, mentre la costruzione nell'immaginazione di una montagna d'oro è «immaginaria», e cioè arbitraria.

Un punto chiave nel metodo scotista, in continuità con S. Bonaventura e da distinguere dalla tradizione Tomistica, è l'enfasi data alla libertà umana e al primato della volontà umana e delle sue azioni d'amore sul potere dell'intelletto; questo primato Scoto lo estende anche a Dio. Dio ha creato il mondo attraverso un'azione della sua volontà. Per Scoto non potrebbero esserci essenze libere nelle cause secondarie, come l'uomo, se queste non fossero derivate da una causa libera, cioè dalla volontà divina. Questo volontarismo scotista non solo influisce profondamente sulla sua cosmologia, ma anche sulla sua teoria della conoscenza e della psicologia.[62] Ogni cosa diviene radicalmente contingente. Perciò Dio nella creazione ha assegnato ad ogni essere la sua propria natura: al fuoco di scaldare, all'acqua di essere fresca, all'aria di essere più leggera della terra, e così via. Comunque, datosi che Dio è libero, la sua volontà non potrà essere legata a qualsivoglia oggetto. Dio

---

61. Si veda B. GIOVANNI DUNS SCOTO, *Opus Oxoniense*, 1, 3, 2, n.18.
62. Cfr. A.G. MANNO, *Il volontarismo teologico, etico e antropologico di G. Duns Scoto*, Sangermano Edizioni, Cassino 1986; E. GILSON, *Jean Duns Scot. Introduction à ses positions fondamentales*, Vrin, Paris 1952; O. TODISCO, *Giovanni Duns Scoto filosofo della libertà*, EMP, Padova 1996.

avrebbe potuto creare il cosmo con una forma diversa e con delle leggi diverse. Dunque non è assurdo che il fuoco sia freddo, l'acqua calda, la terra più leggera dell'aria; in altre parole, che l'universo sia governato da leggi opposte a quelle che al momento lo governano. Come ha affermato il Papa Benedetto XVI:

> In contrasto con il cosiddetto intellettualismo agostiniano e tomista iniziò con Duns Scoto una impostazione volontaristica, la quale alla fine, nei suoi successivi sviluppi, portò all'affermazione che noi di Dio conosceremmo soltanto la *voluntas ordinata*. Al di là di essa esisterebbe la libertà di Dio, in virtù della quale Egli avrebbe potuto creare e fare anche il contrario di tutto ciò che effettivamente ha fatto.[63]

Una conseguenza della dottrina volontarista scotista è che molte verità metafisiche e teologiche che per S. Tommaso erano dimostrabili per mezzo della ragione non sono così per Scoto, dato che egli avanza il principio che il passaggio dall'effetto alla causa non è sempre legittimo. Un caso al riguardo è dato dall'immortalità dell'anima, in quanto gli argomenti di S. Tommaso e dell'intera tradizione Scolastica affermano che la natura immateriale e da qui la spiritualità ed immortalità dell'anima sono dedotti dal fatto che l'oggetto dell'intelletto sta nelle essenze immateriali delle cose. Scoto accettò che la ragione potesse dimostrare la spiritualità, l'individualità, la sostanzialità, e l'unità dell'anima, così come la sua libera volontà. In molti degli scritti scotisti viene sostenuta la tesi che anche la semplice ragione può giungere a conoscenza dell'immortalità dell'anima; in altri egli sostenne il diretto contrario. Per Scoto, la deduzione razionale dell'immortalità dell'anima umana gode soltanto del valore della possibilità, della non-ripugnanza. Dato che la volontà di Dio non è legata a qualsiasi cosa contingente, ed è libera di fare qualunque cosa che non comporta la contraddizione, Scoto conclude che è possibile anche

---

63. Papa Benedetto XVI, *Discorso ai Rappresentanti della scienza a Ratisbona* (12 settembre 2006).

l'alternativa; cioè che l'anima potrebbe perire con il corpo. Dunque, Scoto afferma che noi dobbiamo contare sulla fede per la verità sull'immortalità dell'anima. È la fede che ci assicura che l'immortalità dell'anima ha un vero fondamento.

Tuttavia, nonostante il suo volontarismo, Scoto dimostrò i dogmi della fede non solo dall'autorità, ma per quanto possibile, anche dalla ragione. Per lui, la teologia presuppone la filosofia come suo fondamento. Le cose, soprattutto i miracoli e le profezie, che dimostrano come Dio sia loro Autore e che possono essere ancora conosciute attraverso le nostre capacità naturali, sono criteri della verità della Rivelazione, della religione, e della Chiesa. Scoto si sforzò di acquisire la più precisa intuizione possibile delle verità della fede, per dischiuderle alla mente umana, per costruire la verità sulla verità, e dal dogma provare o respingere molte proposizioni filosofiche. Scoto enfatizzò con fermezza l'autorità delle Sacre Scritture, dei Padri, e della Chiesa, ma diede anche molta importanza alla conoscenza naturale ed alla capacità intellettuale della mente degli angeli e degli uomini, sia in questo mondo sia nell'altro. Egli tendeva ad allargare piuttosto che a restringere la portata della conoscenza ottenibile. Diede molta importanza alla matematica, alle scienze naturali e soprattutto alla metafisica. Il Dottore Sottile rigettò ogni ricorso non necessario all'intervento divino o angelico o ai miracoli, e pretese che il soprannaturale ed i miracoli fossero limitati per quanto possibile, anche in materia della fede.

Inoltre, Scoto, in contrapposizione con Aristotele e S. Tommaso, seguendo S. Agostino ed in sintonia con la dottrina del primato della volontà, precisa che la «sede» propria delle virtù, ad eccezione della fede e della prudenza, è la stessa volontà, la quale, però, non opera mai ciecamente, ma sempre illuminata dall'intelletto. Infine propose che l'essenza della vita eterna non consiste, come S. Tommaso ritenne, nella visione beatifica di Dio, ma nell'amore di Dio. La scuola agostiniana sottolinea l'amore, come conoscenza beatifica di Dio. Questa linea sostiene che la visione beatifica di Dio consiste nel «possesso pieno» e integrale del Sommo Bene, Dio, e si attua soltanto nell'amore totale. La scuola tomista, invece, dà prevalenza all'intelletto, quale strumento della beatitudine. San Tommaso assegna il primato all'intelletto rispetto alla volontà e vuol dimostrare che la beatitudine consiste primariamente nell'attività intellettiva e, pertanto, alla contemplazione di quella realtà divina, che con il suo fulgore e la sua bellezza appaga totalmente e definitivamente qualsiasi essere, che sia portato, mediante la sua grazia, alla conoscenza della sua essenza divina. Non c'è qui una contraddizione, perché amore e conoscenza non sono nello stesso ordine. Azioni distinte di facoltà distinte non possono essere controbilanciate in tale maniera. In tutti gli esseri creati, l'atto dell'amare è distinto davvero dall'atto del conoscere. Una sola cosa può essere l'oggetto della conoscenza e dell'amore, ma differente è il punto di vista; per quanto concerne la conoscenza, la cosa è «vera», e per quanto riguarda la volontà, o l'amore, essa è «buona». Considerando il soggetto razionale nell'atto della sua intelligenza, egli conosce Dio come la Verità. Considerandolo nel suo atto di amore, egli rimane fedele a Dio come Bontà. Non c'è priorità, ma una semplice differenza nella prospettiva. Per porre la stessa questione in altri termini, conosciamo in seguito all'amore o amiamo in base alla conoscenza? Queste questioni saranno esaminate di nuovo più avanti.[64] Come persone umane, possediamo sia l'intelletto razionale che le facoltà razionali del desiderio; queste sono coesistenti e simultanee. Dalla nostra conoscenza siamo informati dell'oggetto del nostro amore. Dal nostro amore siamo attratti all'oggetto della nostra conoscenza. Possiamo amare solo ciò che conosciamo. Possiamo conoscere solo ciò al quale siamo attirati nell'amore. Ogni qual volta che possediamo un oggetto, noi procediamo sia attraverso il nostro intelletto, con la comprensione dell'oggetto, sia tramite la nostra volontà, con l'attrazione al bene del medesimo.

---

64. Si veda capitolo 9 sotto.

Significato medievale

La sintesi della riflessione patristica e medievale dell'avvicinamento a Dio attraverso la ragione e la fede sfocia nella formulazione di quattro posizioni fondamentali. La prima si sofferma sulla sola Rivelazione, come esemplificata dalle posizioni di Tertulliano, S. Bernardo ed alcuni francescani. L'idea è che la Rivelazione si sostituisce ad ogni altro tipo di conoscenza, incluse le scienze, l'etica, e la metafisica. Alcuni esponenti ritennero che dal momento che Dio ci ha parlato, non è più necessario per noi pensare. L'unica cosa che importa è la nostra salvezza. Questa posizione sosteneva che il filosofo pagano non diceva il vero su Dio, e che la ragione è pericolosa, specialmente la filosofia. Ogni cosa che ci distrae dalla fede dovrebbe essere evitata. La seconda posizione, invece, accettava la ragione, ma alla rivelazione deve essere data la massima priorità. Su questa prospettiva si basavano S. Agostino, S. Anselmo e, fra gli altri, S. Bonaventura. Un certo grado di razionalità era ammesso in quanto è connaturale all'essere umano e fa parte della creazione di Dio. La ragione è necessaria, anche se fosse solo per comprendere la parola di Dio: le Scritture necessitano di alcune interpretazioni razionali per essere comprese in modo giusto. Le filosofie pagane possedevano un seme di verità; comunque, la fede deve essere sempre il punto di partenza. Il progresso è dalla rivelazione alla ragione; allora, se qualcuno non è già fin da ora credente, non potrà mai comprendere. I vari pensatori di questa linea sono abbastanza uniti nei loro punti di partenza, ma la ragione li porta a parecchie conclusioni divergenti.

Una terza posizione insiste con altrettanta enfasi sulla ragione, prescindendo dalla Rivelazione. In questo campo caddero ad esempio Averroè, Sigeri di Brabante, Boezio ed Abelardo. La fede era considerata come se fosse per le masse, mentre la ragione fu per le élite. La ragione ci guida verso la conoscenza e la verità, e dopo la ragione, la Rivelazione è la cosa migliore. Però, alcuni filosofi ritennero che la religione avesse un ruolo sociale, che neanche la filosofia può soppiantare. Nell'ultima categoria di pensiero, fu proposta un'armonia della ragione e della Rivelazione, come hanno fatto Alessandro di Hales, S. Alberto Magno, S. Tommaso d'Aquino ed il Beato Giovanni Duns Scoto. Ogni cosa nel cosmo ha un suo posto coerente e perciò i problemi filosofici potrebbero essere trattati dalla filosofia, mentre quelli teologici dovrebbero essere affrontati dalla teologia. Da qui la ragione e la rivelazione sono due specie distinte di conoscenza, nelle quali ciascuno potrebbe rispettare la funzione particolare dell'altro. La fede implica un assenso alla Rivelazione come rivelata da Dio. Il compito della ragione è di attingere l'essere, la realtà oggettiva, sia per mezzo dei sensi coi quali sperimentiamo la esistenza reale delle cose, sia per mezzo dell'intelletto che penetra la natura. L'effetto della Rivelazione non si può negare; per esempio, nella storia della Chiesa, il diffondersi del Cristianesimo non potrebbe essere successo per pura casualità.[65] La ragione e la Rivelazione sono entrambi in armonia, anche perché non tutti possono essere filosofi, ma tutti necessitano di essere salvati. Questa quarta posizione è quella maggiormente fruttuosa nelle relazioni fra la fede e la ragione. Questo è il metodo che è durato con efficacia nei secoli. Tuttavia, dopo l'epoca d'oro del pensiero medievale, alcuni pericoli apparvero all'orizzonte minando il facile accesso razionale a Dio, come vedremo nel prossimo capitolo.

---

65. Si veda capitolo 7 sotto, pp. 225–228, per un elaborazione della sopravvivenza della Chiesa.

5
Il meandro moderno

Io Lo fuggii, lungo le notti e i giorni,
Io Lo fuggii, sotto gli archi degli anni;
Io Lo fuggii, lungo le dedaliche vie
Della mia stessa mente: e tra le lacrime
Mi nascosi a Lui, e tra scrosciar di risa.
Verso il miraggio delle speranze mi slanciai;
E corsi, corsi a precipizio,
verso le Titaniche ombre dell'angoscioso terrore,
Lungi da quei forti Passi che mi seguivano, mi seguivano sempre.

Francis Thompson, *«Il Segugio del Cielo»*

San Paolo, il dotto fariseo, fu il primo rappresentante di quella eletta schiera, nella quale l'orgoglio della scienza si vide vinto dalla stoltezza della predicazione. Da allora fino ad oggi, la Croce ha arruolato sotto la sua bandiera tutti quei brillanti talenti che in precedenza erano impiegati in vanità, o dissipati nel dubbio e nella vana speculazione.

John Henry Newman, Un Sermone Universitario predicato nella Festa della Purificazione, 1843

5.1 La frattura della Sintesi Medievale

A Guglielmo di Ockham (1280–1349), filosofo e teologo francescano, viene solitamente attribuita la frattura della sintesi medievale tra la fede e la ragione; egli fu insignito del titolo di «Venerabile Iniziatore» (*Venerabilis inceptor*), iniziatore della nuova epoca. Nella sua filosofia, Guglielmo palesò l'urgenza di una riforma della Scolastica sia nel metodo che nei contenuti, lo scopo della quale era la semplificazione. Questo proposito è formulato nel famoso «rasoio» di

Ockham: «Gli esseri non devono essere moltiplicati senza necessità.»[1] Ockham unì a questa tendenza alla semplificazione un'inclinazione veramente marcata allo scetticismo, o alla distruzione dell'abilità della mente umana a ricercare verità nelle aree più importanti della filosofia. Nel processo di semplificazione egli rigettò la distinzione tra essenza ed esistenza, e protestò contro la dottrina tomista dell'intelletto attivo e passivo. Il suo scetticismo apparve nel rifiuto del fatto che la ragione umana potesse provare l'immortalità dell'anima e l'esistenza, l'unità, e l'infinità di Dio. Queste verità, affermava Ockham, sono conosciute grazie alla sola Rivelazione. In etica, fu un volontarista, ritenendo che ogni distinzione tra il bene ed il male dipendesse dalla volontà di Dio. Da questa premessa deriva che Dio non comanda un'azione perché buona, ma che un'azione è buona solo perché comandata da Dio. Dal punto di vista etico-politico, viene poi negata l'esistenza di una legge naturale. Il contributo più conosciuto di Guglielmo alla filosofia Scolastica è la sua teoria degli universali, la quale è una forma modificata del nominalismo, molto più vicino al concettualismo che al nominalismo radicale. L'universale, egli dice, non ha esistenza nel mondo reale. Conosciamo le cose reali attraverso la conoscenza intuitiva, e non attraverso l'astrazione. L'universale è l'oggetto della conoscenza astrattiva. Perciò, i concetti universali hanno come loro oggetto, non una realtà esistente nel mondo esterno, ma una rappresentazione interna che è prodotto della comprensione stessa e che indica, nella mente, le cose alle quali la mente le attribuisce. Gli universali spiegano le cose individuali e le indicano nelle proposizioni. Per Ockham, solo le cose individuali esistono, e per il fatto stesso dell'esistenza della cosa essa è individuale. Lo spirito nominalista era «incline all'analisi più che alla sintesi, ed alla critica piuttosto che

---

1. L'espressione *Entia non sunt multiplicanda sine necessitate* non è localizzabile proprio nelle opere di Ockham. La formulazione più vicina sembra essere: *Numquam ponenda est pluralitas sine necessitate*, che si trova nella sua opera *Quaestiones et decisiones in quattuor libros Sententiarum Petri Lombardi*, I, d.27, q.2, K.

alla speculazione.»[2] Perciò Ockham attaccò il realismo, specialmente quello di Scoto, suo maestro, che non era un nominalista ed aveva dedotto l'esistenza oggettiva degli universali dai concetti originati nell'azione degli oggetti.[3]

L'idea di Ockham sulla realtà risultava incoerente sotto molti aspetti, e questa incoerenza risultò da uno dei suoi principi fondamentali, ovvero che Dio poteva introdurre nella mente umana l'intuizione di un oggetto non-esistente. Inoltre, «ogni effetto che Dio causa attraverso la mediazione di cause secondarie, Egli può produrlo immediatamente da se stesso».[4] Quelle idee portano al concetto che, ad esempio, Dio creò separatamente le stelle e l'effetto della loro luce che noi percepiamo. La tendenza di Ockham era dunque quella di distruggere alcune considerazioni presupposte «che sembrerebbero limitare in qualche modo l'onnipotenza divina».[5] Questo risultava in un cosmo che era ridotto a entità separate, ciascuna dipendente da Dio, ma con nessun legame necessario tra loro. In un certo senso, Ockham spianò la strada per l'assolutismo, un concetto filosofico e politico nel quale ogni parte della totalità era priva (*ab-solutus*) dei legami con l'altra parte. Politicamente, l'assolutismo è una legge non limitata da alcuna costrizione formale, legale, costituzionale o convenzionale; il suo potere è incontrollato, e le sue leggi sono gli ordini del sovrano che non è soggetto a leggi. La teoria dell'assolutismo fu abbracciata dai monarchi della prima Europa moderna, che misero da parte la Chiesa che contrastava il loro potere. Fu significativo il fatto che Ockham stesso si schierò con l'imperatore Ludovico di Baviera contro Papa Giovanni XXII.

Il metodo di Guglielmo di Ockham ha recato conseguenze negative per come si concepisce la relazione tra Dio e le sue creature. In particolare, egli non pensava che

2. F. COPLESTON, *A History of Philosophy*, vol. III, *Ockham to Suarez*, Image Books, New York 1985, p. 11.
3. Si veda *ibid.*, p. 51.
4. Si veda GUGLIELMO DI OCKHAM, *Quodlibeta septem*, 6,6.
5. COPLESTON, *A History of Philosophy*, vol. III, *Ockham to Suarez*, p. 67.

l'esistenza di Dio come l'Essere assolutamente supremo, perfetto ed unico potesse essere provata dalla filosofia. Allo stesso tempo, ammise la possibilità che la prima causa di conservazione dell'universo potesse essere provata, ma nulla di certo poteva essere conosciuto circa questa causa della sola ragione.[6] Inoltre, anche da un punto di vista teologico, secondo Ockham, non possiamo avere una conoscenza certa della natura di Dio: «Non possiamo conoscere in loro stessi l'unità di Dio... o il suo potere infinito o la divina bontà o perfezione; ma ciò che conosciamo immediatamente sono concetti, che non sono realmente Dio, ma che usiamo in proposizioni che indicano Dio.»[7]

Una conseguenza di questa idea è che il non-credente può raggiungere la conoscenza completa, sia semplice che complessa, che il credente può avere; la differenza sta nel possedere la fede. Perciò l'idea di Ockham sulle proposizioni teologiche sembra molto diversa da quella di S. Tommaso d'Aquino, che riteneva che la fede non si fermasse alle proposizioni, ma alle realtà che esprimono.[8] Per Ockham, la fede deriva solo dall'autorità e non è insegnata dalla ragione, dall'esperienza, o dalla logica. L'enfasi radicale di Ockham sulla fede separata dalla ragione, in un certo senso, spianò la strada al motto dei riformatori della *sola fede*.

Nel Cristianesimo precedente la Riforma, la filosofia era considerata in tutte le sue varianti come l'ancella della teologia. Con l'arrivo della Riforma, questa piacevole coabitazione e fruttuosa collaborazione cambiò radicalmente. Martin Lutero (1483–1546) ereditò il nominalismo epistemologico di Ockham e dipinse, in aggiunta, un quadro desolante della natura umana, insistendo con molta forza sulla corruzione totale della persona umana come risultato

---

6. Si veda COPLESTON, *A History of Philosophy*, vol. III, *Ockham to Suarez*, p. 84.
7. GUGLIELMO DI OCKHAM, *Commento sul Primo Libro delle Sentenze*, 3, 2, M.
8. Si veda S. TOMMASO D'AQUINO, *Summa Theologiae*, II–II, q. 1, a. 2. Si veda anche capitolo 4, p. 110, sopra.

del peccato originale. Per quel che concerneva la ragione, la considerò così decaduta tanto da non essere capace di una conoscenza metafisica. Come Chesterton affermò più tardi: «La linfa vitale dell'insegnamento tomista fu che la ragione potesse essere creduta: la linfa vitale dell'insegnamento luterano fu che la ragione fosse completamente non attendibile».[9] Per Lutero, dunque, fu puramente una questione di fede nuda e di obbedienza cieca. Questa fede salvifica è un puro dono di Dio per il quale non possono esserci azioni preparatorie nell'uomo per mezzo di discipline mistiche ed estasi o attraverso la ragione dimostrativa o le opere buone. L'essere umano semplicemente doveva ricevere questi doni da Dio e era incapace di formulare un giudizio. Perciò il Protestantesimo classico era, in principio, basato sulla *sola fede*, sull'ascolto della *sola Scrittura*, e la risposta umana stava nel mistero dell'elezione predestinata e della vocazione per mezzo della *sola grazia*. Successivamente nel Protestantesimo, alcune forme di riflessione razionale o di misticismo volontaristico ritornarono sotto le spoglie del Pietismo o del Puritanesimo. Inoltre, un'ala liberale si sviluppò all'interno della tradizione riformata che autorizzava la ragione a vagare dove volesse, non prendendo in considerazione le verità della fede; questo approccio fu esemplificato da Adolf von Harnack.

La visione unificata della fede e della ragione nel periodo patristico e medievale produsse una conoscenza capace di raggiungere le più alte forme della speculazione nella ricerca di Dio. Questa visione fu compromessa dai sistemi che sposarono la causa di una conoscenza razionale radicalmente separata dalla fede e intenzionati a prenderne il posto.[10] Il progresso di questo dramma di separazione della fede e della ragione passò attraverso l'empirismo ed il razionalismo. Il movimento empirico si avanzò nelle persone di Francis Bacon, Thomas Hobbes e del padre Marin Mersenne; la profondità della comprensione fu limitata

---

9. G.K. CHESTERTON, *St. Thomas Aquinas*, Doubleday, New York 1956, p. 33.
10. Si veda Papa GIOVANNI PAOLO II, *Fides et Ratio*, 45.

dagli empiristi, che restrinsero la conoscenza alla percezione sensoria. Un ulteriore sviluppo all'empirismo fu dato da David Hume (1711-1776), che edificò la sua filosofia sul sensismo. Fu come se Hume usasse le impressioni sensoriali come pietra per la costruzione di una casa filosofica, però non utilizzando la malta per cementare insieme i mattoni. Per Hume, esistevano stati mentali, ma non la mente, e, di conseguenza, la sua teoria della conoscenza non lasciò mezzi utili per affrontare la realtà obiettiva. Talvolta Hume è stato considerato come un deista, ma in effetti egli fu quello che oggi potremmo definire un agnostico. I suoi *Dialoghi sulla religione naturale*,[11] pubblicati postumi, contengono alcune delle critiche più incisive agli argomenti cosmologici e teologici sull'esistenza di Dio. A tale proposito osservò che una serie causale è nulla oltre i membri della serie, cosicché se abbiamo spiegato l'origine di ciascun membro, non ci sarebbe null'altro da spiegare.

> Le nostre idee non oltrepassano la nostra esperienza; noi non abbiamo esperienza delle operazioni e degli attributi di Dio; non ho bisogno di concludere il mio sillogismo e potete ricavare voi stesso la conclusione... Comincerò con l'osservare che c'è un'evidente assurdità nel pretendere di dimostrare una cosa di fatto, o di provarla con qualche argomento a priori. Niente è dimostrabile all'infuori di ciò il cui contrario implica contraddizione; niente di ciò che si può distintamente concepire implica contraddizione; tutto ciò che concepiamo come esistente, lo possiamo anche concepire come non esistente. Non c'è dunque un Essere la cui non esistenza implichi contraddizione. Per conseguenza non c'è un Essere la cui esistenza sia dimostrabile.[12]

Il positivismo di Auguste Comte e John Stuart Mill fu nipote dell'empirismo, e lo studio dei fatti nudi in sé costi-

---

11. Si veda D. HUME, *Dialoghi sulla religione naturale*, in *Opere filosofiche*, vol. IV, Laterza, Roma-Bari 1987.
12. D. HUME, *Dialoghi sulla religione naturale*, in *Opere filosofiche*, vol. IV, Laterza, Roma-Bari 1987, pp. 56-58 e 74-75.

Il meandro moderno

tuì l'unico vero sistema concettuale. Non fu lasciato spazio alla metafisica, e così la strada verso Dio, attraverso una riflessione sul mondo, fu chiusa.

5.2 Cartesio

In un certo senso, il percorso moderno della filosofia «inizia con Cartesio, il quale, per così dire, scisse il pensare dall'esistere e lo identificò con la ragione stessa».[13] Renato Cartesio (1596–1650) propose il suo primo principio filosofico fondamentale e punto di partenza nell'assioma «Io penso, dunque sono».[14] La posizione razionalista cartesiana fece assoluta la conoscenza soggettiva e rese autonomo il pensiero, in aperto contrasto con il metodo tomistico nel quale la mente e la realtà erano unite in un'armonia sintetica.[15] L'obiettività fu persa a favore della conoscenza umana. Perciò Cartesio ci colloca «alla soglia dell'immanentismo e del soggettivismo moderni.»[16] Studiò gli antichi e dichiarò coscientemente il bisogno di un nuovo metodo, un nuovo punto focale per la filosofia e l'intero sapere. Rigettando la filosofia antica, Cartesio desiderò formulare una nuova filosofia pratica:

> Conoscendo la forza e le azioni del fuoco, dell'acqua, dell'aria, degli astri e dei cieli e di tutti gli altri corpi che ci circondano così distintamente come conosciamo le diverse tecniche degli artigiani, potremo parimenti impiegarle in tutti gli usi a cui sono adatte, e renderci quasi signori e padroni della natura.[17]

---

13. Papa GIOVANNI PAOLO II, *Varcare la soglia della speranza*, Mondadori, Milano 1994, p. 44.
14. R. DESCARTES, *Discorso sul metodo*, parte 4: «Cogito, ergo sum».
15. Si veda S. TOMMASO D'AQUINO, *Summa Theologiae* I, q.16, a.1, dove indica che per arrivare alla verità «l'intelletto si adegua alla cosa conosciuta» ossia «veritas est adaequatio rei et intellectus».
16. Papa GIOVANNI PAOLO II, *Varcare la soglia della speranza*, p. 55; cfr. IDEM, *Fides et Ratio*, 81.
17. R. DESCARTES, *Discorso sul metodo*, parte 6.

Il criterio della nuova conoscenza è dunque la certezza che, allo stesso tempo, comporta uno scetticismo nei confronti dei modi tradizionali di opinione. Per Cartesio, i dubbi provvisori erano i significati essenziali attraverso i quali distinguiamo il vero dal falso nel labirinto delle opinioni contraddittorie. Egli adoperò l'analogia dei costruttori, che per erigere una struttura alta, iniziano dal piano scavato a togliere la sabbia, cosicché le fondamenta possano essere erette su una base solida.[18]

La strada filosofica di Cartesio per giungere a Dio non fu quella tracciata dalla tradizione cristiana, cioè attraverso la riflessione sul mondo esteriore. Il suo metodo non si basò sull'evidenza dei sensi, ma fu astratto e concettuale, fondato sul puro pensiero come la matematica. L'esistenza di Dio non fu più radicata nel cosmo esterno, ma all'interno della mente, dove un'idea innata dell'Essere Assoluto si trovava: «Dio, creandomi, mi abbia immesso quell'idea, perché fosse come un sigillo impresso dall'artefice alla sua opera.»[19] Il radicale dualismo di Cartesio significa che l'anima pensante doveva essere distinta «dal mondo materiale, compreso quel corpo umano senza cui non esisteva esperienza di certezza della realtà del pensiero.»[20] La scarsità di certezza venne fuori nel dubbio metodico cartesiano, una malattia che ha infettato la filosofia occidentale da quel tempo. Spinoza e Malebranche furono i primi rappresentanti di questa tendenza razionalista, che pose eccessiva enfasi sul pensiero conoscitivo. Spinoza, un cartesiano intrappolato nel suo stesso pensiero, non poteva sopportare il fatto che la materia fosse una realtà fortemente

---

18. Si veda R. DESCARTES, *The Seventh Set of Objections* in *The Philosophical Works of Descartes* edited by E.S. HALDANE e G.R.T. Ross, University Press, Cambridge 1972, vol. 2, pp. 325–344. Si veda inoltre IDEM, *Discorso sul metodo*, Parte 3.
19. R. DESCARTES, *Meditazioni metafisiche*, III, 38: «Et sane non mirum est Deum, me creando, ideam illam mihi indidisse, ut esset tanquam nota artificis operi suo impressa.»
20. S.L. JAKI, *La strada della scienza e le vie verso Dio*, Jaca Book, Milano 1988, p. 101.

variabile. Malebranche essenzialmente si sbarazzò dell'esistenza del mondo esterno in quanto egli ne fece un oggetto di fede. Inoltre, il suo occasionalismo ha soltanto scalzato la visione di un cosmo coerentemente interconnesso.[21]

5.3 Pascal

Il Giansenismo, sistema erroneo costituito da Cornelio Jansen, Vescovo di Ypres (morto nel 1638), e continuato da altri, riteneva che l'uomo era completamente corrotto dalla Caduta, cosicché la sua libertà era severamente compromessa, molti dei comandamenti di Dio erano impossibili e le opere buone eseguite dai non-credenti erano peccaminose. I giansenisti ritenevano che Gesù non fosse morto per l'intera umanità, ma solo per poche anime privilegiate. In generale erano pessimisti riguardo alle capacità della natura umana caduta in generale e, in particolare, riguardo al potere della ragione. Blaise Pascal (1623–1662) fu influenzato dal Giansenismo come si può vedere in alcuni dei suoi scritti. Pascal riteneva che l'uomo fosse un nulla davanti all'infinito, un tutto davanti al nulla, qualcosa di mezzo tra il nulla e il tutto, infinitamente lontano dal comprendere gli estremi. Il fine e il principio delle cose gli sono inesorabilmente nascosti da un segreto impenetrabile. Egli è incapace, al tempo stesso di vedere il nulla da dove è tratto e l'infinito che lo sommerge.[22] Pascal è piuttosto pessimista riguardo alla capacità dell'uomo di conoscere:

> Navighiamo nella vastità, sempre incerti e fluttuanti, spinti da un estremo all'altro. Qualunque appiglio a cui pensiamo di attaccarci per essere sicuri, viene meno e ci abbandona, e se lo seguiamo si sottrae

---

21. L'occasionalismo ritiene che tutte le relazioni tra le cose fisiche, o tra la mente umana e le cose fisiche, che sono supposte essere causali in una prospettiva realistica, sono in effetti non causali. Invece, le relazioni sono occasioni per Dio per causare vari eventi separatamente e legarli insieme. Per esempio, quando il nostro corpo percepisce un dato oggetto, la nostra mente è simultaneamente informata da Dio dell'idea di quell'oggetto.

22. Si veda B. PASCAL, Pensées, #72.

alla nostra presa, scivola e fugge in una fuga eterna. Niente per noi è solido. È la nostra condizione naturale eppure la più contraria alle nostre inclinazioni. Ci brucia un desiderio di trovare un fondamento sicuro, e come una base ferma per costruirvi una torre che si alzi verso l'infinito, ma ogni fondamento si spezza e la terra si apre fino agli abissi.[23] Pascal fu evidentemente molto riservato nel provare l'esistenza di Dio a partire della sua creazione. Per i fedeli, con una fede viva, il loro cuore vede prontamente che tutto è opera di quel Dio che adorano. Comunque, in quelli in cui la luce della fede è spenta, e che cercano con tutta la loro intelligenza se qualcosa nella natura li conduce alla conoscenza divina, ma non trovano che oscurità e tenebre, dire proprio a loro che basta osservare la più piccola delle cose per vedere manifestarsi Dio, e dare loro come prova di un argomento così grande e importante i movimenti della luna e dei pianeti, e pretendere con simili discorsi di aver ottenuto la prova, significa suggerire loro che le prove della nostra religione sono davvero deboli, e la ragione, nonché l'esperienza, ci dicono che niente è più adatto a fargliela disprezzare. Pascal riteneva che la Scrittura, che certo conosce meglio le cose di Dio, non ne parla in questo modo. Al contrario, essa dice che Dio è un Dio nascosto, e dopo che la natura si è corrotta Egli ha lasciato gli uomini in una cecità da cui non possono uscire che tramite Gesù Cristo, senza di Cui non è possibile alcun rapporto con Dio.[24] Comunque, Pascal sfumò la sua visione pessimista della ragione: «Se tutto viene sottomesso alla ragione, la nostra religione perderà ogni carattere di mistero e sopran-

---

23. Pascal, *Pensées*, #72. La visione di Pascal sui limiti della ragione è anche graficamente riprodotta nel Pensiero 267: «L'ultimo passo della ragione consiste nel riconoscere che ci sono un'infinità di cose che la superano. È ben debole se non lo riconosce. Se le stesse cose naturali la superano, che dire di quelle soprannaturali?»
24. Si veda Pascal, *Pensées*, #242.

naturalità. Se si urtano i princìpi della ragione, la nostra religione sarà assurda e ridicola.»[25] Inoltre Pascal enfatizzò l'elemento paradossale nella relazione tra la fede e la ragione col dire che la religione cristiana insegna queste due verità: che esiste un Dio di cui gli uomini sono a conoscenza, che di quel Dio la natura corrotta li rende indegni. Per gli uomini è importante conoscere in egual misura i due punti. È pericoloso per l'uomo conoscere Dio senza conoscere la propria miseria, e conoscere la propria miseria senza conoscere il Redentore che da quella li può guarire. Da una sola di queste conoscenze deriva la superbia dei filosofi che hanno conosciuto Dio ma non la propria miseria, o la disperazione degli atei che riconoscono la propria miseria, ma non il Redentore.[26] Perciò la religione cattolica è saggia e folle. Saggia in quanto è la più sapiente e la più fondata da miracoli e profezie; folle perché non vi si appartiene a causa di tutto ciò. Tutto ciò serve a condannare coloro che la rifiutano, ma non a far credere quelli che vi appartengono. Ciò che li fa credere è la croce.[27]

5.4 L'Illuminismo

L'Illuminismo[28] fu un movimento intellettuale, sociale e politico europeo del XVII e XVIII secolo nel quale le idee su Dio, la ragione, la natura e l'uomo erano sintetizzate in una visione complessiva che ebbe un largo assenso e che stimolò sviluppi rivoluzionari nell'arte, nella filosofia e nella politica. Il movimento iniziò in Inghilterra nel XVII secolo (con Locke ed i deisti), e si sviluppò in Francia nel XVIII secolo (sotto Bayle, Voltaire, Diderot, e gli altri Enciclopedisti) ed anche, in modo particolare sotto l'impulso della filosofia razionalista di Christian Wolff, in Germania (con Mendelssohn e Lessing). Il periodo storico nel quale

---

25. Si veda PASCAL, *Pensèes*, #273.
26. Si veda PASCAL, *Pensèes*, #556.
27. Si veda PASCAL, *Pensèes*, #588.
28. In inglese *Enlightenment*, in francese *Siècle de Lumières* ed in tedesco *Aufklärung*.

il movimento predominò è conosciuto come l'«Epoca della Ragione». Il concetto di «Illuminismo» provoca un falso contrasto con la tenebra ipotetica dell'irrazionalità e della superstizione che si suppone caratterizzasse l'epoca medievale. Questa tendenza a denigrare il Medioevo fu una caratteristica dell'Illuminismo e del pensiero massonico, in ostilità aperta a tutto ciò che fosse cristiano.

L'Illuminismo fu in parte stimolato dal chiaro successo della ragione nelle scienze naturali e matematiche, per esempio nel tentativo di Isaac Newton di descrivere, in poche equazioni matematiche, le leggi che governano il moto dei pianeti. Il concetto dominante del cosmo come un meccanismo governato da poche e apprendibili leggi portò al desiderio di stabilire una religione puramente razionale. Il prodotto della ricerca per una religione naturale e puramente razionale fu il deismo, che era in conflitto con il Cristianesimo per due secoli, soprattutto in Inghilterra ed in Francia. Il deismo è la falsa nozione secondo la quale, Dio, avendo creato il mondo, lasciò che si arrangiasse da solo, o al meglio permise che non si distruggesse. In questo modo Dio è caratterizzato come un remoto tipo di Orologiaio che, dopo aver «caricato» il cosmo nell'atto della creazione, lascia che l'universo si governi da solo. Il deismo porta alla disperazione, in quanto incoraggia l'idea che Dio ha abbandonato l'opera delle Sue stesse mani. Il deismo è paragonabile al concetto massonico dell'Essere Supremo come Architetto del cosmo. Per il deista solo poche verità religiose sono necessarie, ed erano giuste quelle verità percepite come evidenti a tutti gli esseri razionali: l'esistenza di un Dio unico, spesso concepito come un architetto, l'esistenza di un sistema di premi e punizioni amministrati da quel Dio, e l'obbligo dell'uomo alla virtù ed alla pietà. Al di là della religione naturale dei deisti sbocciavano i prodotti più radicali dell'esagerazione illuminista della ragione nella sfera della religione: lo scetticismo, l'ateismo ed il materialismo.

L'Illuminismo cadde vittima del suo proprio eccesso. Più rarefatta divenne la religione dei deisti, meno offrì a

Il meandro moderno

coloro che cercavano sollievo o salvezza. La celebrazione della ragione astratta provocò una reazione contraria tra i pensatori che iniziarono ad esplorare il mondo delle sensazioni ed emozioni nel movimento culturale conosciuto come il Romanticismo. La rivoluzione francese rappresentò l'inizio del nichilismo anarchico: la negazione della verità nell'ordine politico, la negazione della giustizia nell'ordine sociale e la negazione dell'adorazione dovuta a Dio nell'ordine divino. Il Regno del Terrore che seguì la Rivoluzione Francese mise a dura prova la convinzione che l'uomo potesse governare se stesso. Perdendo il suo punto di riferimento nella fede, la ragione divenne progressivamente più irrazionale. L'Illuminismo finì per essere una delle epoche più buie che l'umanità abbia mai conosciuto, anche nei termini del caos intellettuale che seguì la sua fine. L'Illuminismo lasciò in eredità un'incrinata capacità della ragione nella sua ricerca di Dio, proprio a causa di un'orgogliosa esaltazione dell'intelletto. Le parole di Cristo «chiunque si esalta sarà umiliato» (*Lc* 14,11; 18,14), si realizzarono, storicamente parlando, in quel periodo.

Dal suo inizio, ma specialmente dal tardo secolo XVIII, l'Illuminismo fu criticato seriamente. Il suo asserto che i filosofi medievali accettarono la loro fede soltanto in base alla sola autorità non può essere giustificato dalla lettura delle loro opere. A questo rifiuto totale delle credenze ed istituzioni tradizionali si può rispondere che la sapienza accumulata nelle generazioni precedenti sia probabilmente più corretta che l'idea di un solo filosofo individuale. L'errata pretesa che un individuo debba assoggettare tutta la sua fede alla critica, e non accettare nulla in base all'autorità, è controbilanciata dalla disparità tra l'esperienza diretta di ogni persona che è necessariamente limitata, e la vasta gamma di informazione adesso a sua disposizione. In seguito, i filosofi hanno criticato il disprezzo dell'Illuminismo per gli aspetti non-razionali dell'uomo e per le differenze tra le culture, a favore di una razionalità ristretta.

Kant, uno delle ultime figure centrali dell'Illuminismo, ritenne che questo periodo è l'uscita dell'uomo dallo stato di minorità di cui egli stesso è colpevole.²⁹ Kant aggiunse: «*Sapere aude!* Abbi il coraggio di servirti della tua propria intelligenza! Questo dunque è il motto dell'illuminismo.»³⁰ Centrale nell'ideologia dell'Illuminismo fu l'esaltazione della ragione, spesso a scapito della fede. Comunque, dall'esagerata esaltazione della ragione, la ragione stessa fu ferita. La visione sintetica della ragione e della fede, che emergeva dal Medioevo fu erosa dalle devastazioni del nominalismo, dell'umanesimo, del neo-paganesimo del pensiero rinascimentale, e della Riforma Protestante. La ragione fu applicata sempre più in via autonoma, laddove il processo razionale possedeva in se stesso la propria garanzia di validità; più tardi questo approccio fu considerato non tanto valido, alla luce del teorema di Gödel.³¹

Sebbene non sia stato così radicale quanto Hume, Immanuel Kant (1724–1804) godette di una ben maggiore influsso sugli sviluppi successivi. Kant proveniva dall'ambiente del pietismo luterano dal quale ereditò un certa diffidenza nei confronti del potere della ragione. La sua *Critica della Ragion Pura* contiene un esame devastante degli argomenti ontologici, cosmologici e teleologici:

> Per raggiungere un fondamento sicuro, questa dimostrazione [la prova cosmologica] si fa forte dell'esperienza, gabellandosi in tal modo come diversa dalla prova ontologica, che si affida interamente a concetti puri a priori. Ma l'esperienza è utilizzata dalla prova cosmologica esclusivamente per fare un primo passo e giungere all'esistenza

---

29. Si veda I. Kant, *Beantwortung der Frage: Was is Aufklaerung?* in *Berlinische Monatsschrift*, I–V, 1784, pp. 481–494.
30. *Ibid. Sapere aude* è una citazione della lettera di Orazio a Lollio Massimo (*Epistolae*, I, 2, 40): "nam cur / quae laedunt oculos festinas demere, si quid/ est animum, differs curandi tempus in annum?/ dimidium facti qui coepit habet: sapere aude:/ incipe." (Perché, se qualcosa ti dà noia / all'occhio, sei sollecito a rimuoverla/ e d'anno in anno rimandi la cura/ del male interno che ti rode l'animo? Cominciare significa aver fatto/ metà dell'opera; osa conoscere; comincia").
31. Per il teorema dell'incompletezza di Gödel si veda il capitolo 7, pp. 211–212 sotto.

Il meandro moderno

d'un essere necessario in generale... La ragione crede, poi, di poter trovare i requisiti richiesti soltanto nel concetto dell'essere realissimo, e perciò conclude che esso è l'essere assolutamente necessario. Ma è chiaro che qui si presuppone che il concetto dell'essere fornito della suprema realtà sia tale da soddisfare completamente al concetto della necessità assoluta nell'esistenza, cioè che sia possibile conchiudere da questa a quella; tale principio era stato asserito dall'argomento ontologico, e viene trasferito alla prova cosmologica quale suo fondamento, mentre si era partiti dal presupposto di evitarlo.[32]

Le opere di Hume e Kant hanno spianato la strada all'agnosticismo e l'ateismo a spianarsi la strada. L'esperimento kantiano tentò di unire il razionalismo e l'empirismo sensista di Hume in un tipo superiore di fenomenismo. Questo venne espresso nella distinzione kantiana tra la sfera noumenologica delle cose in se stesse (*Ding an sich*) che è inaccessibile alla ragione, ed il mondo fenomenico che l'uomo percepisce grazie alla virtù di una innata conoscenza *a priori*. Se Kant è nel giusto nel ritenere che la mente conosce le cose imponendo la propria struttura sulla realtà, la realtà perde il suo stesso significato. Kant fu aprioristico nella sua fase precritica,[33] e nella sua fase postcritica egli ritiene che la struttura della mente determini la struttura della realtà cosicché può non esserci il bisogno di osservazioni ed esperimenti: «Qualunque sia l'intenzione di Kant, il suo lavoro «critico» inevitabilmente porta ad una posizione filosofica prettamente acritica: l'idealismo soggettivo, se non l'evidente solipsismo.»[34] La mente e la

---

32. I. Kant, *Critica della Ragion pura*, Utet, Torino 1967, pp. 485–486.
33. Si veda S.L. Jaki, *Introduction* alla sua traduzione di I. Kant, *Universal Natural History and Theory of the Heavens*, Scottish Academic Press, Edinburgh 1981, p. 70: «Forse questa traduzione sarà d'aiuto per mostrare come l'apriorismo (ed il soggettivismo) della Critica stia già alzando la sua testa ammaliante nell'Allgemeine Naturgeschichte».
34. *Ibid.*, p. 71.

realtà erano state costruite come due parti di un arco che mai si unirono.[35] Nel nome della «ragion pura», Kant negò il passaggio dalla creazione a Dio attraverso le classiche prove teistiche. Dall'altro lato, nel nome della «ragione pratica» ridusse il postulato dell'esistenza di Dio ad una mera conseguenza della legge morale. La tesi di Kant incoraggiò la causa della filosofia anti-teistica. Se, da un lato, la critica kantiana segnò il crocevia dove si fusero insieme il razionalismo e l'empirismo che l'avevano preceduta, è anche vero che questa critica raccoglie in se il nucleo del pensiero filosofico successivo, inclusa la filosofia contemporanea. I due movimenti filosofici principali dell'ultimo secolo, l'idealismo ed il positivismo, traggono la loro origine negli insegnamenti di Kant. L'idealismo, rigettando completamente il noumeno, riduce la realtà allo stato di fenomeni di un «ego» impersonale che svolge dialetticamente la propria attività. Il positivismo, da parte sua, riduce la realtà ai meri fenomeni della materia. Dall'idealismo e dal positivismo doveva emergere più tardi l'esistenzialismo, una filosofia priva di metafisica che pretende di spiegare il mondo secondo i canoni di forze immanenti.

5.5 Gli Hegeliani

I discepoli tedeschi di Kant, Fichte, Schelling ed Hegel caddero progressivamente nel panteismo. Georg William Friedrich Hegel (1770–1831) rappresentò l'apice dell'idealismo e dell'immanentismo tedesco in un sistema dialettico. Il progresso dell'essere fu caratterizzato da questi tre stadi: essere (tesi), non-essere (antitesi), e divenire (sintesi). In altre parole, l'entità precedente (essere) viene affermata con il suo opposto (non-essere) in un'entità superiore (divenire). Hegel creò un nuovo concetto di realtà come la realizzazione e l'affermazione degli opposti (essere, non-essere, sintesi). Per Aristotele, il principio dell'identità poteva essere formulato perché il concetto dell'essere è sempre lo stesso; A è uguale ad A, ed A non può essere la sua nega-

---

35. Cf. JAKI, La strada della scienza e le vie verso Dio, p. 176.

Il meandro moderno

zione (non-A) allo stesso tempo e nei medesimi termini. Secondo Hegel, questa logica aristotelica è sbagliata perché interpreta male la realtà. Per lui la realtà non è mai uguale a se stessa, ma cambia in ogni momento, passando da ciò che essa è a ciò che non è. Dunque la filosofia di Hegel è essenzialmente contraddittoria. Egli sostenne che lo Stato fosse il Dio vivente, che concretizza se stesso nello spirito della gente («lo spirito nazionale»). Il Dio vivente incarna se stesso ora in questa, ora in quella nazione, a seconda di come la nazione realizzi in maniera più perfetta delle altre l'ideale della civilizzazione. Le nozioni di Hegel non possono essere facilmente classificate, essendo così complesse. Egli credeva in qualcosa definita come la «Idea Assoluta», e molti dei suoi seguaci conservatori, conosciuti come la «Destra Hegeliana», non hanno avuto difficoltà nell'identificare l'Idea Assoluta con un Dio personale. Comunque, nonostante ciò, i suoi allievi più famosi, conosciuti come la «Sinistra Hegeliana», furono senza dubbio atei. Tra loro si annoverano Marx, Engels e Feuerbach. Il concetto di Hegel della realtà è immanentista, panteista e tendente all'ateismo. La fede fu ridotta alla fiducia umana, subordinata o ausiliaria alla scienza (progenie della ragione); nell'idealismo hegeliano della Destra essa era subordinata allo Stato o, al contrario, nella dialettica materialista della Sinistra hegeliana essa era al servizio del proletariato del mondo.

Non è esagerato affermare che buona parte del pensiero filosofico moderno si è sviluppato allontanandosi progressivamente dalla Rivelazione cristiana, fino a raggiungere contrapposizioni esplicite. Nel secolo scorso questo movimento ha toccato il suo apogeo. Alcuni rappresentanti dell'idealismo, come Hegel, hanno cercato in diversi modi di trasformare la fede e i suoi contenuti, perfino il mistero della morte e risurrezione di Gesù Cristo, in strutture dialettiche razionalmente concepibili. A questo pensiero si sono opposte diverse forme di umanesimo ateo, come quello di Marx, elaborate filosoficamente, che hanno prospettato la fede come dannosa e alienante per lo sviluppo della piena razionalità. Non hanno avuto timore di presentarsi come nuove religioni formando la base di progetti che, sul piano politico e sociale, sono sfociati in sistemi totalitari traumatici per l'umanità.[36] La ragione moderna spesso dimentica che la mente umana potrebbe essere considerata come «né schiava empirista né legislatrice idealista nei confronti della natura, ma una compagna» che impartisce lezioni sulla natura grazie all'insegnamento appreso da essa.[37] Questa via intermedia è l'epistemologia della filosofia scolastica classica nella quale la contingenza dell'universo significa che non si può avere un discorso *a priori* su di esso, mentre la sua razionalità lo rende accessibile alla mente, ma solo in una maniera *a posteriori*, per mezzo di una investigazione empirica. L'equilibrio filosofico è fornito dal realismo metafisico che sta alla base di ogni affermazione razionale su Dio Creatore.

5.6 L'ontologismo

L'ontologismo segnò un ulteriore ostacolo moderno nella via razionale verso Dio poiché rigettò la conoscenza mediata di Dio. Ebbe origine nel pensiero di Malebranche (1638–1715) e fu rivitalizzato nel XIX secolo da Vincenzo Gioberti (1801–1852) e, in qualche modo, da Antonio Rosmini (1797–1855). Secondo tale teoria, noi conosciamo Dio immediatamente, o senza la mediazione della creazione, non mediante un'astrazione, ma tramite un'intuizione. La conoscenza di Dio è la prima tra le intuizioni umane, ed è la luce nella quale vediamo tutti gli esseri. Invece di sorgere dalle creature per arrivare a Dio, l'ontologismo discende da Dio alle creature. Per Gioberti l'ordine della conoscenza deve corrispondere all'ordine delle cose. Ora Dio è il primo nell'ordine delle cose (nell'ordine ontologico), perciò Egli deve essere anche il primo nell'ordine della conoscenza (l'ordine logico). Questo sistema è stato fortemente ispirato da influssi kantiani. L'ontologismo ritiene che abbiamo naturalmente molte conoscenze immediate, comunque non chiare all'o-

---

36. Si veda Papa GIOVANNI PAOLO II, *Fides et Ratio*, 46.
37. JAKI, *La strada della scienza e le vie verso Dio*, p. 365.

rigine, o una conoscenza intuitiva di Dio. Non propone che lo vediamo nella sua essenza, ma che lo conosciamo nella sua relazione con le creature dall'atto stesso della cognizione (secondo Rosmini appena siamo consci dell'essere in generale) e perciò la verità della sua esistenza è un dato di filosofia tanto quanto l'idea astratta dell'essere. L'idea che nell'ordine delle cose create è immediatamente manifesto all'intelletto qualcosa di divino in se stesso, tanto che appartiene alla natura divina, fu condannata dall'autorità ecclesiastica.[38] L'ontologismo si scosta dalla dottrine delle Scritture, della tradizione e dell'esperienza che descrivono una conoscenza mediata di Dio. Filosoficamente, il sistema può scivolare con facilità nel panteismo. Teologicamente, l'ontologismo sembra mettere a repentaglio la distinzione tra l'ordine naturale fondato sulla conoscenza mediata di Dio e l'ordine soprannaturale, fondato sulla visione di Dio. Se questa visione fosse connaturale all'anima umana, non sarebbe facile comprendere come potrebbe essere un dono gratuito di Dio.

5.7 Fideismo e Tradizionalismo

Il *fideismo* esprime un approccio alla conoscenza di Dio che, dopo l'Illuminismo, appare essenzialmente come reazione al razionalismo.[39] Esso si comprende nell'alveo del programma nominalista promulgato da Ockham, e trova anche le sue radici nel pensiero luterano e giansenista. Il

38. L'errore attribuito a A. Rosmini Serbati fu condannato nell'anno 1887 dal Santo Uffizio e può essere trovato nel DS 3201. Si veda anche CONGREGAZIONE PER LA DOTTRINA DELLA FEDE, *Nota sulla Forza dei Decreti Dottrinali concernenti il pensiero e l'Opera di P. Antonio Rosmini Serbati* (1 Giugno 2001), §7, che indicò come il significato della proposizione, «così inteso e condannato dal medesimo Decreto, non appartiene in realtà all'autentica posizione di Rosmini, ma a possibili conclusioni della lettura delle sue opere». Allo stesso tempo «rimane la validità oggettiva del Decreto *Post obitum* in rapporto al dettato delle proposizioni condannate, per chi le legge, al di fuori del contesto di pensiero rosminiano, in un'ottica idealista, ontologista e con un significato contrario alla fede e alla dottrina cattolica».

39. Un esponente del fideismo fu Huet, Vescovo di Avranches, nel suo scritto *De imbecillitate mentis humanae*, Amsterdam 1748.

fideismo fiorì nel XIX secolo ed è ancora largamente diffuso al tempo presente. Questa visione implica una forma di pensiero che, denigrando le facoltà di una ragione umana autosufficiente a raggiungere la certezza, afferma che l'atto fondamentale della conoscenza umana sia nell'atto di fede, e che il supremo criterio di certezza consista nell'autorità. Il fideismo si manifesta in vari modi e diverse forme, secondo il campo della verità al quale si estende, ed i vari elementi che costituiscono l'autorità data. Per alcuni fideisti, la sola ragione umana non può giungere alla certezza per ciò che concerne qualsivoglia verità; per altri, non può raggiungere la certezza per ciò che concerne le verità fondamentali della metafisica, della moralità, e della religione, mentre alcuni ritengono che possiamo dare un saldo assenso alla rivelazione in base a motivi di credibilità che sono soltanto probabili. L'autorità, che secondo il fideismo costituisce la norma della certezza, ha il suo ultimo fondamento nella rivelazione divina, preservata e trasmessa in tutti i tempi attraverso la società e resa manifesta dalla tradizione, dal senso comune o da altri agenti di carattere sociale.

Un altro errore correlato alla conoscenza di Dio emerse nel XIX secolo. Conosciuto come il *tradizionalismo*, è un sistema filosofico che fece della tradizione il criterio supremo e la norma della certezza. Secondo tale tesi, la sola ragione umana è incapace di conoscere con certezza le verità fondamentali dell'ordine filosofico, morale e religioso. Di conseguenza il primo atto della conoscenza deve essere un atto di fede, basato sull'autorità della rivelazione. Questa rivelazione ci è trasmessa attraverso la società, e la sua veridicità è garantita dalla tradizione o dal consenso generale dell'umanità. Così è il sistema filosofico, nella sua forma assoluta, proposto dal Visconte Louis de Bonald (1754–1840) e Hugues-Felicitè Robert de Lamennais (1782–1854) nelle loro rispettive opere, ed anche in una forma mitigata da Bautain, Bonetty ed altri. Quando viene visto nel suo contesto storico, il tradizionalismo appare come una reazione contro il razionalismo dei filosofi del XVIII secolo e l'individualismo anarchico della rivoluzione

francese. Contro quegli errori essi posero l'attenzione ed enfatizzarono la debolezza e l'insufficienza della ragione umana, l'importanza della società, dell'educazione, e della tradizione nello sviluppo della vita umana e delle istituzioni. La reazione fu estrema e produsse l'errore opposto.
Secondo Bonald, l'uomo è essenzialmente un essere sociale. Il suo sviluppo giunge attraverso la società; la continuità ed il progresso della società sono fondati sulla tradizione. L'essere sociale dell'uomo presuppone il linguaggio, che, per essere spiegato, richiede il riferimento ad un essere diverso dall'uomo: tale è Dio, che ha creato l'uomo parlante. Il linguaggio di cui l'uomo dispone non fa altro che provare l'esistenza di Dio: l'uomo, infatti, trova il linguaggio già costituito ancor prima di formulare il proprio pensiero, cosicché i segni del linguaggio non possono essere stati inventati dall'uomo. Infatti, «l'uomo necessita di segni o parole per pensare così come per parlare»; vuol dire che «l'uomo pensa le sue espressioni verbali prima che esprima con le parole il suo pensiero».[40] All'origine, gli elementi fondamentali del linguaggio, insieme con i pensieri che esso esprime, erano dati all'umanità da Dio il Creatore.[41] Quelle verità fondamentali, assolutamente necessarie alla vita intellettuale, morale, e religiosa dell'uomo, devono essere prima accettate attraverso la fede. Esse vengono comunicate attraverso la società e l'educazione, e garantite dalla tradizione o dalla ragione universale dell'umanità. Non ci sono altre basi per la certezza e non rimane nulla, all'infuori della tradizione, ma soltanto le opinioni umane, le contraddizioni e l'incertezza.[42] Il sistema proposto da Lamennais è veramente simile a quello di Bonald. I nostri strumenti di conoscenza, cioè il senso, il sentimento, e la

---

40. L.G.A DE BONALD, *Législation primitive considérée dans les derniers temps par les seules lumières de la raison*, I in L.G.A de Bonald, Oeuvres vol. 2, Le Clere, Paris 1817, pp. 336–337.
41. Cf. IDEM, *Recherches philosophiques sur les primiers objets des connoissances morales*, I in L.G.A DE BONALD, Oeuvres vol. 8, Le Clere, Paris 1817, pp. 94, 100, 119–240.
42. Cf. *ibid.*, pp. 409–416.

ragione, sono fallibili. Per Lamennais, una delle caratteristiche della religione deve essere quella di non scendere a compromessi con altri.[43] A grandi linee, la sua teoria afferma che la certezza non può essere data da una ragione individuale. Appartiene solo alla ragione generale che è per l'universale beneplacito degli uomini il senso comune; esso deriva dalla testimonianza unanime del genere umano. La certezza però non è creata dall'evidenza ma dall'autorità degli uomini. Da qui, per evitare lo scetticismo, dobbiamo iniziare con un atto di fede che giunga prima di ogni riflessione; questo atto di fede deve basarsi sul consenso comune o accordo di tutti nella ragione generale. Conclude Lamennais: «Così è la legge della natura umana», fuori della quale «non c'è certezza, né lingua, né società, né vita».[44]

Louis Eugène Marie Bautain (1796–1867) e Augustin Bonetty (1798–1879) sono talvolta definiti fideisti moderati, perché, pur credendo che la ragione umana fosse incapace di conoscere le verità fondamentali dell'ordine morale e religioso, ammettevano che, dopo aver accettato l'insegnamento della rivelazione su questi temi, l'intelligenza umana può dimostrare la razionalità di tali verità. Il tradizionalismo è di fatto un tipo di fideismo, e come tale è una negazione della natura razionale della fede. Con maggior precisione, l'autorità, qualsiasi sia la via o il modo con la quale si manifesta a noi, non può essere per se stessa il criterio supremo o la legge di certezza. Perché, per essere una norma di certezza, deve essere dapprima conosciuta come valida, competente e legittima, e la ragione deve aver accertato ciò prima che abbia ricevuto il nostro assenso.

---

43. Cf. F. DE LAMENNAIS, *Défense de l'Essai sur l'Indiffférence en matiére de Religion*, capitolo XI in *Oeuvres Complètes de F. de la Mennais*, vol. 1, Paul Daubrèe et Cailleux, Paris 1836–1837, p. 371.
44. F. DE LAMENNAIS, *Défense de l'Essai sur l'Indiffférence*, capitolo XI in *Oeuvres Complètes de F. de la Mennais*, vol. 5, Paul Daubrèe et Cailleux, Paris 1836–1837, pp. 112–113.

5.8 John Henry Newman

Nello scenario desolante del pensiero post–illuminista, alcuni grandi luminari si fecero avanti. Uno di loro fu il beato John Henry Newman (1801–1890). Nell'ultimo dei suoi «Sermoni Universitari» predicato sulla Festa della Purificazione nel 1843, Newman presentò un'analisi penetrante della relazione tra la fede e la ragione. Il suo punto di partenza fu il brano della Scrittura: «Maria, da parte sua, serbava tutte queste cose meditandole nel suo cuore» (*Lc* 2:19). Newman propose che la fede di Maria «non si risolveva in una mera acquiescenza ai disegni ed alle rivelazioni divine: come c'informa il nostro testo, ella «collegava» queste cose tra di loro».[45] Mostra come Maria sia un modello per la comprensione della relazione tra fede e ragione:

> Non le basta accettare la fede, vi riflette sopra; non le basta possederla, la usa; non le basta assentirvi, la sviluppa; non le basta sottomettere la ragione, essa ragiona sulla propria fede; non che prima ragioni e poi crede, come Zaccaria; al contrario, prima crede senza ragionare, con rispettoso amore, ragiona su ciò che crede.[46]

La genialità dell'idea di Newman è che la Madre di Dio viene a simboleggiare non soltanto la fede degli incolti, ma anche quella dei dottori della Chiesa, il cui compito, oltre di professare il Vangelo è di «cercare, pesare e definire; di distinguere tra verità ed eresia; di prevenire le varie aberrazioni d'una ragione fuorviata, o di porvi rimedio; di combattere con le loro stesse armi l'orgoglio e la temerarietà, trionfando così sul sofista e sul novatore.»[47] Newman illustrò come, col passare del tempo, «la filosofia della Croce assorbì, si può dire, l'intero spirito del mondo, divenne il

---

45. B. J.H. NEWMAN, Sermone XV «La teoria dello sviluppo nella dottrina religiosa. Festa della Purificazione, 1843», §2, in *Opere di John Henry Newman*, a cura di A. Bosi, Unione Tipografico-Editrice Torinese, Torino 1988, p. 699.
46. *Ibid.*, §3, p. 700.
47. *Ibid.*

suo elemento vitale e la forma sulla quale si modellava.»[48] Newman citò come segno evidente del trionfo della Chiesa sulla sapienza del mondo, gli scaffali delle grandi biblioteche dove ogni nome è, in qualche modo, una sorta di trofeo innalzato a ricordo delle vittorie della Fede e dove col tempo «sorgeva un imponente edificio teologico, irregolare nella struttura, ed eclettico nello stile, come conveniva alla lentezza del suo sviluppo secolare; anzi, anomalo nei dettagli per l'influenza delle particolarità individuali o per le interferenza di estranei. Tuttavia, nell'assieme esso rappresentava lo sviluppo di un'unica idea, qualcosa di ben caratterizzato e distinto da ogni altra cosa; le sue parti più distanti sono in relazione tra di loro, e testimoniano d'una origine comune».[49] Newman con premura propose che la ragione non si è solamente sottomessa alla fede, ma le ha pure reso servizio: «Ne ha spiegato i documenti, ha trasformato contadini analfabeti in filosofi e teologi, ha fatto scaturire dalle loro parole un significato che i loro primi uditori non riuscivano a cogliere. È senz'altro più strano vedere san Giovanni teologo che san Pietro principe.»[50]

Newman spiegò la differenza tra la fecondità della ragione associata alla fede e la sterilità della ragione quando serve l'eresia. Il Vangelo possiede una vita che si manifesta nel movimento, una verità che si rivela nella coerenza dell'insieme; una realtà feconda, una profondità che s'inabissa nel mistero: poiché sono rappresentazioni di ciò che è reale, di ciò che ha precisa collocazione e necessari rapporti con il grande sistema universale, di ciò che possiede intima armonia e compatibilità con ciò che ne deriva.[51] D'altra parte le proposizioni dell'eresia sono sterili; le sue formule sono un vicolo cieco, non si sviluppano, perché sono solo parole; sono sterili perché morte. Se avessero vita, crescerebbero e si moltiplicherebbero; o, se vivono e

---

48. *Ibid.*, §5, p. 701.
49. *Ibid.*, §5, pp. 701–702.
50. *Ibid.*, §7, p. 703.
51. *Ibid.*

Il meandro moderno 145

portano frutto, è soltanto come il peccato, che produce la morte. L'eresia «non crea nulla, non tende ad un sistema, il suo dogma finale non è che la negazione d'ogni dogma e d'ogni teologia evangelica. Non v'è da stupirsi ch'essa neghi ciò che non può raggiungere.»[52]

5.9 Karl Adam

Un altro grande luminare, Karl Adam (1876–1966), descrisse come l'Illuminismo sradicò l'uomo dalla vera strada. Da quando quell'epoca «ebbe a detronizzare la ragione, il pensiero cioè che coglie l'universale e l'essenziale, per esaltare, unico dominatore, l'intelletto applicato al dettaglio ed al particolare, anche la intima economia dell'uomo, la sua unità spirituale si spezzò risolvendosi in una giustapposizione disorganica di forze e funzioni.»[53] Adam spiegò come Kant e la sua scuola eressero il soggetto trascendentale ad autonomo legislatore del mondo oggettivo, anzi della stessa conoscenza empirica, così che da quel momento s'insediò una disastrosa paralisi di un malsano soggettivismo ed un oscuramento della coscienza della realtà nella sua interezza. Questo metodo, come un vampiro, succhiò tutto il sangue della risoluzione e dell'azione. «L'uomo autonomo, perché sciolto dalla soggezione a Dio, ed isolato, perché scardinato dalla sua comunità, finì per separarsi anche dal suo io empirico, per divenire un uomo... ipotetico e perciò sterile, infecondo, consunto dallo spirito della «critica», estraneo alla realtà, costituito da pura negazione.»[54] Adam spiegò come il Cattolicesimo coinvolgesse tutta la persona, non semplicemente il sentimento pietoso, ma anche la fredda luce della ragione, e non solo la ragione, ma anche la volontà pratica, e non solo l'uomo interiore dell'intelligenza, ma anche quello esteriore della sensibilità. Il Cattolicesimo è per sua essenza l'affermazione piena ed energica di tutto l'uomo; è la religione

---

52. *Ibid.*, §7, p. 704.
53. K. Adam, *L'essenza del Cattolicesimo*, Morcelliana, Brescia 1962, p. 13.
54. *Ibid.*, p. 14.

positiva senz'altro, essenzialmente affermazione senza riduzione. D'altra parte, «tutte le confessioni acattoliche sono invece, originariamente antitesi, essenzialmente lotta, contraddizione e negazione. Per questo esse—la negazione è per essenza infeconda—, non possono appropriarsi l'elemento creativo, convincente, originario, o almeno non riescono a farlo in quella misura in cui il Cattolicesimo si è mostrato capace attraverso i secoli.»[55]

5.10 L'ateismo

Il ventesimo secolo fu testimone di quello che forse fu l'attacco più letale di tutti alla fede tradizionale in Dio, nei termini di una sfida «semantica». Consistette nel chiamare in questione la vera comprensibilità delle dichiarazioni su Dio. Iniziò nel 1930 con il verificazionismo del positivismo logico, secondo il quale le dichiarazioni su Dio sono senza senso non essendo verificabili nemmeno in linea di principio.[56] Altre obiezioni moderne al teismo, la fede appoggiata dalla ragione che Dio esiste, sono espresse in varie forme. Un'obiezione afferma che talvolta il teismo è incoerente e non si riconcilia con l'esistenza del male; inoltre, la scienza

55. *Ibid.*, p. 15. Karl Adam cita il giudizio di Tertulliano sulla divisione tra gli eretici del suo tempo: «Nihil enim interest illis, licet diversa tractantibus, dum ad unius veritatis expugnationem conspirent.... Schisma est enim unitas ipsa.» (*De praescpriptionibus adversus haereticos* capitoli 41, 42 in *PL* 2, 56–58). In modo simile, S. Agostino: «Dissentiunt inter se, contra unitatem omnes consentium» (*Sermo* 47, capitolo 15, n. 27 in *PL* 38, 313).

56. Si noti il commento di M. Schlick (del Circolo di Vienna): «L'atto di verifica nel quale termina il percorso verso la soluzione è sempre dello stesso tipo: è l'evento di un fatto definito che è confermato dall'osservazione, dal significato dell'esperienza immediata. In tal modo la verità (o la falsità) di ogni dichiarazione, della vita quotidiana o della scienza, è determinata. Non c'è perciò un'ulteriore prova e conferma della verità eccetto che per mezzo dell'osservazione e la scienza empirica. Ogni scienza (nel senso in cui attribuiamo questa parola al contenuto, e non ai metodi umani per arrivare ad essa) è un sistema di cognizioni, cioè, di vere proposizioni sperimentali». Da M. SCHLICK, «The Turning Point in Philosophy» in A.J. AYER, editor, *Logical Positivism*, The Free Press, Glencoe, Illinois 1960, p. 56.

Il meandro moderno 147

moderna ha spesso presentato dei dubbi su quest'argomento; un'ulteriore opposizione al teismo obietterebbe che in un certo senso è irragionevole o *irrazionale*, anche se quel credo potrebbe essere vero. In questo contesto deve trovarsi l'obiezione *evidenzialista* al teismo, vale a dire che esiste, al meglio, evidenza insufficiente per l'esistenza di Dio.

Un'espressione di questa incapacità *evidenzialista* di raggiungere Dio attraverso la ragione si trova nei pensatori come Bertrand Russell, i quali affermano che un teista senza evidenza, violerebbe qualsiasi tipo di dovere intellettuale e cognitivo. Egli ha confutato l'obbligo imposto su di lui, forse dalla società, o dalla sua stessa natura come creatura capace di afferrare le proposizioni e di tenere le credenze. Questo obbligo consiste nella valutazione del rapporto fra la fede e il peso dell'evidenza a disposizione. Un'obiezione a questa posizione evidenzialista è che spesso i criteri per decidere quale tipo di evidenza deve essere ammesso e quale peso evidente è richiesto per credere, sono nelle mani degli atei, che iniziano la loro discussione con la loro posizione già decisa. Secondo altri antagonisti, il teista senza prova empirica è sotto una sorta di illusione, una sorta di inganno persuasivo che affligge la maggior parte dell'umanità da un grande periodo di tempo prestabilito. Perciò Freud vedeva il credo religioso come «illusione, il compimento del più antico, del più forte, e del più insistente dei desideri dell'umanità.»[57] Egli considerava la fede teista come la materia del desiderio-soddisfazione. Gli uomini sono paralizzati e sconvolti dallo spettacolo della forze dominanti e impersonali che controllano il nostro destino, ma irragionevolmente non ci fanno caso, non prendono in considerazione i nostri bisogni e desideri. Perciò, secondo Freud, le persone creano un padre celeste di proporzioni cosmologiche, il quale eccede i nostri padri terreni per bontà ed amore, come anche per potere. La religione per Freud è la «nevrosi universale ed ossessiva dell'umanità»,

---

57. S. FREUD, *The Future of an Illusion*, Norton, New York 1961, p. 30.

ed è destinata a scomparire nel momento in cui l'essere umano impara a guardare la realtà come essa è, resistendo alla tendenza a dirigerla, adattandola alle nostre voglie. Freud propose la scomparsa della religione attraverso la psicoanalisi, che ci ha insegnato l'intima connessione tra il complesso del padre e la fede in Dio, e «ci ha mostrato che il Dio personale non è logicamente niente più di un padre esaltato, e giornalmente ci dimostra come i giovani perdono la loro fede religiosa non appena cessa l'autorità del padre.»[58]

Una opinione simile viene proposta da Karl Marx:

> Il fondamento della critica religiosa è: l'uomo fa la religione e non la religione l'uomo. Infatti la religione è la consapevolezza e la coscienza dell'uomo che non ha ancora acquisito o ha di nuovo perduto se stesso. Ma l'uomo non è un essere astratto, isolato dal mondo. L'uomo è il mondo dell'uomo, lo stato, la società. Questo stato, questa società, producono la religione, una coscienza capovolta del mondo, proprio perché essi sono un mondo capovolto. La religione è la teoria generale di questo mondo, il suo compendio enciclopedico, la sua logica in forma popolare, il suo *point d'honneur* spiritualistico, il suo entusiasmo, la sua sanzione morale, il suo completamento solenne, la sua fondamentale ragione di consolazione e di giustificazione. Essa è la realizzazione fantastica dell'essenza umana, poiché l'essenza umana non possiede una vera realtà. La lotta contro la religione è quindi, indirettamente, la lotta contro quel mondo del quale la religione è l'aroma spirituale. La miseria religiosa esprime tanto la miseria reale quanto la protesta contro questa miseria reale. La religione è il gemito dell'oppresso, il sentimento di un mondo senza cuore, e insieme lo spirito di una condizione priva di spiritualità. Essa è l'oppio del popolo...[59]

---

58. IDEM, *Leonardo da Vinci*, Random, New York 1947, p. 98.
59. K. MARX, *Per la Critica della filosofia del diritto di Hegel*, in K. MARX & F. ENGELS, *Opere scelte*, Editori Riuniti, Roma 1974, pp. 57, 58.

È paradossale che Marx si riferisca alla religione come l'oppio del popolo, quando in pratica la storia ha mostrato che il marxismo stesso è stato ed è il vero oppio del popolo per i suoi significati e fini illusori. Sia Freud che Marx denigrano Dio e la religione mediante il ricorso all'ideologia piuttosto che alla ragione; in un senso costruiscono la loro stessa falsa religione per sostituire la vera fede. È ironico che Marx parli qui di una coscienza capovolta del mondo creato da un mondo capovolto, perché il suo sistema (ed anche quello di Freud) è davvero il capovolgimento e la perversione di una condizione corretta, giusta, e naturale. È proprio la prospettiva del materialismo marxista e freudiano che costruisce una sorta di disfunzione cognitiva, una certa mancanza di conoscenza e di salute emozionale. Invece è sano per gli esseri umani affermare l'esistenza di Dio, perché noi abbiamo un concetto della natura umana creata da Dio a sua immagine e siamo dotati di una inclinazione naturale che ci fa vedere l'opera di Dio nel cosmo.

5.11 L'esistenzialismo

L'*esistenzialismo* è un'espressione generale per la reazione, condotta dal danese Søren Kierkegaard (1813–1855), contro l'astratto razionalismo della filosofia di Hegel. Contro la concezione sintetica, ma artificiale, di Hegel di «conoscenza assoluta» nella quale si suppone che tutte le opposizioni siano riconciliate, Kierkegaard insisté sull'irriducibilità della dimensione soggettiva, personale della vita umana. Formulò questo concetto nei termini della prospettiva dell'«individuo esistente», ed è da questo particolare uso del termine «esistenza» per descrivere un modo caratterizzante di essere dell'uomo che l'esistenzialismo trae il suo nome. L'esistenzialismo rappresenta una serie di interpretazioni dell'esistenza umana nel mondo che sottolinea la sua concretezza ed il suo carattere problematico. Secondo Kierkegaard, l'individuo si rende conto del fatto di esistere, e questa è la cosa più terribile, perché esistere è «distinguersi» o in un certo senso essere distaccato da Dio. Perciò l'esistenza umana denota un distacco, un'opposizione a Dio. Kierkegaard era protestante, e seguì la linea di Lutero, accentuando con forza la tendenza alla caducità dell'uomo. L'esistenza umana in se stessa è un mistero: da una parte non si può essere un non-esistente, e dall'altra, l'esistenza stessa è bagnata dal peccato; «io esisto, e sono necessariamente un peccatore». La consapevolezza di questa contraddizione causa l'*Angst* (terrore, angustia, ansietà) e questa termina nella disperazione; l'individuo accetta l'esistenza come un mistero che non può sperare di comprendere. Kierkegaard ritenne che una soluzione viene dall'esperienza di opposti contradittori cosicché dalla disperazione nasce la fede, e la fede dà all'individuo la speranza della redenzione per mezzo della grazia. La persona si abbandona a Dio nel salto della fede, che viene concepita come distaccata dalla ragione. Kierkegaard riteneva che nessuno può crearsi una vita che sopravviva alle vicissitudini della fortuna senza il salto della fede, un approdo personale al tipo di vita vissuta da Gesù Cristo.

Martin Heidegger (1889–1976) seguì Kierkegaard nell'applicazione del termine *Existenz* per descrivere il modo di essere che è distintivo della vita umana, ed anche ritenne che la caratteristica tipica dell'esistenza umana nascesse dall'irriducibilità dell'interesse pratico che ognuno di noi sperimenta nella vita. Non esiste un'essenza umana fissa che dia una struttura alla vita umana che è indipendente dagli impegni e dagli obiettivi che, dando un senso della nostra identità personale, riempiono la nostra esistenza. Ciò che poi ci motiva a divenire autentici è l'esperienza del *Angst*, che Heidegger interpreta come una consapevolezza della precarietà della vita, i cui obiettivi e valori non sono compresi come scaturiti dalla struttura della propria esistenza. La realtà esistente dovrebbe darci una comprensione dell'essenza della realtà, ma non essendo guidato da un principio spirituale, Heidegger sbocca nella distruzione e nella morte. Perciò per Heidegger, l'esistenza nel tentativo di trascendere i suoi limiti termina nel nulla.

Karl Jaspers (1883–1969) propose che la trascendenza, come un Essere unico ed assoluto, è sempre al di là e appena al di fuori dell'essere vivente. Ogni grado della conoscenza umana è un limite dell'orizzonte oltre il quale c'è qualcosa di più. La conoscenza è un punto di vista soggettivo che appartiene all'essere nel mondo. Essa è limitata a causa dell'esistenza di molti punti di vista soggettivi. La trascendenza dell'essere è sempre qualcos'altro, qualcosa in più; e qualsiasi tentativo per raggiungerla è destinato a fallire. Una barriera non oltrepassabile esiste nella mia esistenza, un limite oltre il quale si trova la Trascendenza (Dio), inaccessibile al mio essere nel mondo. Comunque, l'Essere trascendente può essere percepito nella forma dei «codici» o caratteri simbolici espressi dalle cose nel mondo. La filosofia, nella sua ricerca dell'essere, legge questi caratteri come possibili tracce di Dio («*vestigia Dei*»), come segni e segnali indicando la profondità ultima e l'abbondanza dell'Essere.

Gabriel Marcel (1889–1973), drammaturgo e filosofo, convertito dall'hegelismo al cattolicesimo, è un rappresentante dell'esistenzialismo francese; a lui si deve il termine «esistenzialismo». Secondo Marcel, la filosofia non è una ricerca sull'essere, ma un tentativo di trovare l'essere. Attraverso il mio corpo percepisco gli oggetti circostanti. Essi rappresentano per me una cosa trascendentale; ma attraverso l'atto della percezione io sono aperto ad essi ed essi sono palesati a me. Perciò l'atto della percezione è un atto di amore. Attraverso di esso, trascendo me stesso; io accedo alla partecipazione misteriosa con gli oggetti. Attraverso l'atto della percezione gli oggetti diventano immanenti in me. Ora, gli oggetti non sono più una terza cosa; loro diventano il «tu» con il quale io parlo. Dal «tu» delle cose finite io salgo a Dio, il Tu assoluto. Perciò, sento Dio come presente a me e lo invoco. L'esistenza di Dio è un oggetto di fede e non di ragione; e la fede è possibile solo quando la carità supera tutti gli impedimenti e tutti gli ostacoli.

Mentre per il filosofo Heidegger l'esistente è ridotto ad un essere tendente alla morte, per Jean-Paul Sartre (1905–1980), ateo dichiarato, l'esistente è identificato con la serie di fenomeni che ci informano della sua esistenza. In altre parole, essere un'esistente significa essere una serie di apparenze separate. Di solito, le «apparenze» rivelano la realtà visibile e ciò che è celato dietro l'apparenza. Questo dualismo fu negato da Sartre ed egli, invece, ritenne che l'apparenza fosse il tutto e la sola realtà. Di conseguenza, Dio, che non può essere fenomenico, non esiste. Sartre rifiutò il teismo perché incompatibile con la libera volontà, nel senso particolare e bizzarro nel quale la considera come un fatto fondamentale per gli esseri umani. Se ci fosse un Dio, creerebbe gli esseri umani con una «natura» o una «essenza», e questo è incompatibile con il punto di vista di Sartre che nell'uomo l'esistenza preceda l'essenza. Questo sembra significare che gli esseri umani non godano di un'essenza fino a che non abbiano scelto i loro «progetti fondamentali» iniziali, il termine sartriano per i tratti del carattere. Il problema di questo concetto è che, nonostante la portata ed il potere delle nostre volontà, alla fine noi siamo anche il risultato della nostra eredità ed educazione giovanile.

Come molti altri filosofi, Sartre non riuscì a cogliere questo fatto inevitabile, che è riconciliabile con il libero arbitrio, ma è incompatibile con il punto di vista di Sartre che il nostro carattere sia una scelta autonoma. Considerando il libero arbitrio come un argomento contro l'esistenza di Dio, dovrebbe essere osservato che anche se l'argomento di Sartre sia altrimenti valido, esso non dimostrerebbe che Dio non esiste, ma soltanto che Dio non può aver dato agli esseri umani la loro «essenza». Inoltre, Sartre propose che se Dio non esiste, tutto è permesso, dato che la libertà risulta da azioni arbitrarie, nella realizzazione del progetto di esistenza. Egli arguì che scegliamo le nostre emozioni così come qualsiasi altro aspetto della nostra vita, e che il fine basilare delle nostre vite è coerente con un progetto fondamentale che è esso stesso il prodotto di una «scelta originaria», una scelta che, dacché ci fornisce tutte le motivazioni che abbiamo, deve essere essa stessa immotivata, o «assurda». Questa linea poco allettante di pensiero retro-

Il meandro moderno 153

cede fino a Kant. Nel caso di Kant l'implicita minaccia del nichilismo etico si crede allontanata dall'esigenza del imperativo categorico. La teoria etica di Sartre è simile nei fondamenti: sebbene celebri la «assurdità» della libertà esistenzialista, egli di fatto raccomanda solo quegli esercizi di questa libertà che manifestano rispetto per la libertà degli altri. L'ateismo e l'amoralismo[60] di Sartre potrebbero essere considerati l'ultima corruzione dell'esistenzialismo e della filosofia in generale.

5.12 Il nichilismo

Il cammino della filosofia moderna sfocia nel nichilismo, una filosofia del nulla che è stata in voga negli ultimi tempi, ma che possiede antiche radici.[61] Oltre il fatto che è in conflitto con le richieste ed i contenuti della parola di Dio, il nichilismo è una negazione della verità oggettiva e dell'umanità e della vera identità dell'essere umano.

> Non si può dimenticare, infatti, che l'oblio dell'essere comporta inevitabilmente la perdita di contatto con la verità oggettiva e, conseguentemente, col fondamento su cui poggia la dignità dell'uomo. Si fa così spazio alla volontà di cancellare dal volto dell'uomo i tratti che ne rivelano la somiglianza con Dio, per condurlo progressivamente o ad una distruttiva volontà di potenza o alla disperazione della solitudine. Una volta che si è tolta la verità all'uomo, è pura illusione pretendere di renderlo libero. Verità e libertà, infatti, o si coniugano insieme o insieme miseramente periscono.[62]

In alcuni modi, il nominalismo fu il primo passo verso il nichilismo, poiché la relazione con l'essere fu progressivamente abbandonata nella scia del nominalismo. Gli esponenti della rivoluzione francese uccisero il re, Freud tentò di eliminare la verità della paternità e Nietzsche

---
60. L'amoralismo è inteso come la nozione che invalida le distinzioni morali.
61. Si veda ciò che si è detto sul nichilismo al capitolo 1 pp. 21–22 sopra.
62. Papa Giovanni Paolo II, *Fides et Ratio*, 90.

ed altri moderni nichilisti vollero distruggere qualsiasi riferimento a Dio.[63] Friedrich Nietzsche (1844–1900) fu l'esponente principale del nichilismo moderno; egli disprezzò l'Ebraismo ed il Cristianesimo e sostituì Dio, il Creatore dell'uomo, con la «volontà di potenza» che, secondo lui, è l'anima del mondo ed è disseminata tra gli individui.[64] Ogni persona è un centro della «volontà di potenza», e la sua esistenza può essere rappresentata come la volontà di dominare l'intero universo. Per Nietzsche, il tutto è in me, ed io sono nel tutto: quello che io faccio ora, è ciò che io farò per sempre. Né i principi morali, né quelli religiosi o scientifici possono opporsi alla volontà di potenza; secondo Nietzsche tali principi furono istituiti dai deboli per difendere loro stessi e impedire l'impatto della volontà di potenza. Nietzsche disprezzò la ragione come la fede, e le sue opere sono piene di contraddizioni deliberate. Esaltò, invece, il caos, il disordine e l'irrazionalità, che fu inserita in una cosmovisione segnata di ritorni eterni senza speranza.[65] Il tragico e malefico impatto del pensiero di Nietzsche si espresse nel nazismo, di cui fu il filosofo preferito.

5.13 Gilson e Chesterton

Nel XX secolo, la grande figura che propose un antidoto al nichilismo per mezzo di una filosofia cristiana fu Etienne Gilson (1884–1978). Da una parte, la filosofia, sia essa cristiana o no, può essere definita filosofia solo se i suoi principi ed argomenti non sono dipendenti dall'assenso della fede cristiana. Tutti siamo d'accordo nel ritenere che

---

63. Per questa idea si veda R. LAURENTIN, *Dio esiste ecco le prove*, Piemme, Casale Monferrato 2001, p. 9.
64. Per un analisi interessante della sfida al teismo cristiano presentata dal pensiero di Nietzsche si veda D. D'ALESSIO, *Ecce Homo. Il dramma dell'umanesimo cristiano*, Edizioni Glossa, Milano 2000, pp. 95–158.
65. Si veda S.L. JAKI, *Science and Creation: From Eternal Cycles to an Oscillating Universe*, Scottish Accademic Press, Edinburgh 1986, pp. 318–329, che cita K. LÖWITH, *Nietzsches Philosophie der Ewigen Wiedrekunft des Gleichen*, Verlag Die Runde, Berlin 1935.

tutti i principi filosofici e ciascun argomento filosofico debbano essere completamente accessibili ad ogni uomo, sia esso un credente o meno. D'altra parte, tutti concordano che i filosofi apportano esperienze, opinioni, e visioni specifiche del mondo, e così via, allo studio della filosofia. La fede di un filosofo è sicuramente una parte della sua comprensione generale del mondo, ed è naturale e lecito che tale fede possa aiutare a dirigere e ad informare il pensiero del filosofo, sulla filosofia stessa così come su molte altre cose. Gilson propose questa definizione:

> Chiamo dunque filosofia cristiana ogni filosofia, che, pur distinguendo formalmente i due ordini, consideri la rivelazione cristiana come un ausiliario indispensabile della ragione. Per chi l'intenda così, questa nozione non corrisponde a una semplice essenza suscettibile di ricevere una definizione astratta; essa corrisponde assai più a una realtà storica completa, di cui richiede l'illustrazione. Essa non è che una delle specie del genere filosofia, e contiene nella sua estensione i sistemi di filosofia, che sono stati ciò che furono solo perché è esistita una religione cristiana ed essi ne hanno volontariamente accettato l'influsso. In quanto realtà storiche concrete, questi sistemi si distinguono gli uni dagli altri per le loro differenze individuali; in quanto formanti una specie, essi presentano caratteri comuni, che permettono di raggrupparli sotto una medesima denominazione.[66]

Tre punti in questa definizione sono particolarmente interessanti. Il primo, l'ordine della ragione deve essere distinto dall'ordine della rivelazione; formalmente, la filosofia è sempre distinta dalla teologia. Secondo, l'espressione *filosofia cristiana* non indica una natura formale, ma è piuttosto un termine per specificare le realtà storiche concrete; essa è una descrizione piuttosto che una definizione. Terzo, il termine indica il genere di filosofia che risulta dall'influsso

---

66. E. GILSON, *Lo spirito della filosofia medievale*, Morcelliana, Brescia 1947, pp. 34.

del Cristianesimo; una filosofia che non sarebbe quello che è se non per quell'influsso, è una filosofia cristiana. La comprensione di Gilson anticipa con precisione quello che è stato formulato da Giovanni Paolo II sulla *filosofia cristiana*:

> La denominazione è di per sé legittima, ma non deve essere equivocata: non si intende con essa alludere ad una filosofia ufficiale della Chiesa, giacché la fede non è come tale una filosofia [il primo punto di Gilson]. Con questo appellativo si vuole piuttosto indicare un filosofare cristiano, una speculazione filosofica concepita in unione vitale con la fede [il secondo punto di Gilson]. Non ci si riferisce quindi semplicemente ad una filosofia elaborata da filosofi cristiani, i quali nella loro ricerca non hanno voluto contraddire la fede. Parlando di filosofia cristiana si intendono abbracciare tutti quegli importanti sviluppi del pensiero filosofico che non si sarebbero realizzati senza l'apporto, diretto o indiretto, della fede cristiana [terzo punto di Gilson].[67]

Un altro grande luminare del XX secolo fu G. K. Chesterton (1874–1936). Da convertito al Cattolicesimo difese una filosofia realista cristiana nella linea di S. Tommaso d'Aquino. Chesterton, per quanto concerne S. Tommaso, sottolineò che «non è più possibile nascondere a nessuno il fatto che S. Tommaso d'Aquino fu uno dei grandi liberatori dell'intelletto umano… È lecito dire che S. Tommaso fu un grande uomo che riconciliò la religione con la ragione, che la portò verso le scienze sperimentali, che insistette sul fatto che i sensi fossero le finestre dell'anima e che la ragione avesse un sacrosanto diritto a nutrirsi dei fatti, e che fosse compito della Fede digerire i forti sapori delle più aspre e indigeste tra le filosofie pagane».[68] Chesterton illustrò come il discorso di Tommaso a favore della Rivelazione non sia alla fine un argomento contro la ragione. Piuttosto, sembra che Tommaso tese ad ammettere che la verità potesse essere raggiunta per mezzo di un processo

---

67. Papa GIOVANNI PAOLO II, *Fides et Ratio*, 76.
68. G. K. CHESTERTON, *St Thomas Aquinas*, pp. 32–33.

Il meandro moderno

razionale, se solo fosse abbastanza razionale ed abbastanza lungo. S. Tommaso era di carattere tanto ottimista che lo portò ad esagerare l'assunto che alla fin fine tutti gli uomini avrebbero potuto ascoltare la ragione. Nelle sue controversie, sempre partì dal presupposto che prestassero ascolto alla ragione.[69] Chesterton fece notare che la Chiesa è diventata nel ventesimo secolo il campione della ragione, come già nel diciannovesimo secolo diventò campione della tradizione. La Chiesa assunse questo ruolo esattamente nel momento in cui l'alta matematica tentò di negare il fatto che due più due facesse quattro e l'alto misticismo tentò di immaginare una realtà al di sopra del bene e del male. Tra tutte queste filosofie irrazionali, la nostra rimarrà la sola filosofia razionale.[70]

Per Chesterton, il cristianesimo è nel senso più letterale della parola, un continente. Si ha la sensazione che contenga tutto, persino le cose che gli sono contrarie. Forse è la trasformazione intellettuale più immensa di tutte e la più ardua da distruggere.[71] Indicò che la storia delle sette e delle religioni false «non è formata di linee dritte che procedono verso l'esterno e oltre, quantunque, se ciò fosse, sarebbe anche vero che vi volgessero in direzioni diverse. È invece tutto un disegno di curve che incessantemente ritornano entro la vita contenente e comune della loro e nostra civiltà; e la somma di tale civiltà, e il suo centro logico non è che la filosofia della Chiesa cattolica».[72] Con grande perspicacia, Chesterton indica la razionalità della fede anche quando la ragione non è evidente:

> Non voglio dire affatto che la Chiesa Cattolica sia arbitraria, nel senso di non presentare mai i motivi razionali; voglio dire soltanto che il convertito prova una profonda impressione di fronte al fatto che, anche nel caso non ne abbia visto la ragione,

---

69. Cf. *ibid.*, p. 38.
70. Si veda G.K. CHESTERTON, *La Chiesa Cattolica e la conversione*, Morcelliana, Brescia 1954, pp. 19–20.
71. Si veda *ibid.*, p. 70.
72. *Ibid.*, p. 73.

è giunto a scoprire che era ragionevole. Ma vi è altro di ancor più singolare, e sarà bene soffermarvisi perché fa parte dell'esperienza del convertito. Invero, in molti casi egli ha avuto sin dal principio la visione fuggevole delle ragioni, anche se poi non vi ha ragionato sopra; e poi le dimenticò nell'intervallo in cui la ragione veniva offuscata dal razionalismo.[73]

In conclusione, il rapido sommario della storia della filosofia rivela nei tempi moderni una progressiva separazione tra la fede e la ragione. Nella cultura moderna è venuto a cambiare il ruolo stesso della filosofia. Da sapienza e sapere universale, essa si è ridotta progressivamente a una delle tante province del sapere umano; per alcuni aspetti, anzi, è stata limitata a un ruolo del tutto marginale. Altre forme di razionalità si sono nel frattempo affermate con sempre maggior rilievo, ponendo in rilievo minore il sapere filosofico. Invece che verso la contemplazione della verità e la ricerca del fine ultimo e del senso della vita, queste forme di razionalità sono orientate al servizio di fini utilitaristici, di fruizione o di potere. Sulla scia di queste trasformazioni culturali, alcuni filosofi, abbandonando la ricerca della verità per se stessa, hanno assunto come loro unico scopo il raggiungimento della certezza soggettiva o dell'utilità pratica. Conseguenza di ciò è stato l'offuscamento della vera dignità della ragione, non più messa nella condizione di conoscere il vero e di ricercare l'assoluto.[74] Nell'età moderna secolarizzata si assiste all'insorgere di una concezione del sapere inteso non più come sapienza e contemplazione, ma come potere sulla natura, che viene conseguentemente considerata come oggetto di conquista.[75] La conoscenza è misurata in termini di utilità, indirizzandosi perciò verso un tipo di consumismo materialista.

---

73. *Ibid.*, p. 85.
74. Si veda Papa Giovanni Paolo II, *Fides et Ratio*, 47.
75. Si veda Papa Giovanni Paolo II, *Discorso ai Partecipanti al Congresso su Ambiente e Salute*, 24 marzo 1997, 4.

Comunque, un'analisi più approfondita rileva talvolta, anche nella riflessione filosofica di coloro che contribuirono ad allargare la distanza tra fede e ragione, germi preziosi di pensiero che confermarono una filosofia realista, e potrebbero essere adoperati in un discorso su Dio Creatore. Questi germi di pensiero si trovano, ad esempio, nelle approfondite analisi sulla percezione e l'esperienza, sull'immaginario e l'inconscio, sulla personalità e l'intersoggettività, sulla libertà ed i valori, sul tempo e la storia. Il tema della morte può diventare severo richiamo, per ogni pensatore, a ricercare dentro di sé il senso autentico della propria esistenza. La ragione, privata dell'apporto della Rivelazione, ha percorso sentieri laterali che rischiano di farle perdere di vista la sua meta finale. La fede, privata della ragione, ha sottolineato il sentimento e l'esperienza, correndo il rischio di non essere più una proposta universale. È illusorio pensare che la fede, dinanzi a una ragione debole, abbia maggior incisività; essa, al contrario, cade nel grave pericolo di essere ridotta a mito o superstizione. Alla stessa stregua, una ragione che non abbia dinanzi una fede adulta non è provocata a puntare lo sguardo sulla novità e radicalità dell'essere.[76] Perciò, il nesso tra fede e ragione necessita di essere aggiornato e rafforzato così da illustrare la gloria della ragione nella sfera scientifica, che costituirà l'argomento del prossimo capitolo.

---

76. Si veda Papa GIOVANNI PAOLO II, *Fides et Ratio*, 48.

6
L'intrigo scientifico

Per queste tre ragioni—la nascita medievale della scienza moderna ispirata da un dogma cristiano, l'indispensabilità di una metafisica realista nel metodo scientifico creativo e la realtà dell'universo come testimoniato dalla moderna tecnologia scientifica—il cattolico deve sentirsi sul suo proprio terreno quando si avvicina alla scienza.

Stanley Jaki, «Science for Catholics»

I colori del mondo sono nei nostri occhi;
la musica del mondo è nelle nostre orecchie;
e solo quando la mente microcosmica
dell'uomo ha operato la sua veloce sintesi,
riflette, nei momenti suggestivi di luce,
sia nell'arte che nella scienza, nella bellezza e nella verità,
le armonie macrocosmiche di Dio.

Alfred Noyes, The Torch-Bearers, The Last Voyage

Ora che l'anno 2000 si è concluso, si tende a volgere lo sguardo indietro al secolo passato e al passato millennio. Durante gli ultimi cento anni in particolare, la vita sul nostro pianeta è progredita con grande sviluppo. L'elettricità ha completamente cambiato la nostra vita, così come l'invenzione e lo sviluppo delle automobili e degli aeroplani. Nel campo della medicina, la scoperta degli antibiotici e degli agenti antivirali ha significato che malattie che una volta erano spesso fatali, come la polmonite, possono essere ora curate. Nel campo della vita quotidiana molti progressi sono stati fatti negli ultimi trenta anni, particolarmente nelle scienze informatiche e tecnologiche, portando a comunicazioni più veloci ed efficienti. Comunque, anche la nostra comprensione dell'universo si è sviluppata molto. Circa cento anni fa, gli scienziati pensavano che la loro comprensione del mondo fosse praticamente completa. Ma poi, agli albori del XX secolo, la scoperta della teoria della relatività e lo sviluppo della meccanica quantistica aprirono nuove frontiere nel mondo fisico. L'atomo che sembrava una minuscola palla da biliardo fu poi diviso, rivelando dunque sconosciute particelle e forze subatomiche. Il nostro viaggio all'interno del cosmo nel suo insieme ha rivelato inoltre la vastità, la complessità ed anche la bellezza di un universo che stiamo ancora scoprendo. Allo stesso modo, il viaggio alla scoperta del mondo biologico ha aperto nuove frontiere. Il padre della genetica moderna fu un sacerdote agostiniano dell'ultima parte del XIX secolo, Gregor Mendel, i cui studi sulle leggi dell'eredità delle piante spianarono la strada ai grandi progressi del XX secolo. Ora il progetto per il genoma umano ha tracciato il profilo genetico dell'essere umano in modo tale che molte malattie che fino ad oggi sono incurabili, potrebbero un giorno essere curate. In modo evidente questo notevole progresso scientifico non si è verificato senza problemi. La tecnologia non ha sempre applicato nel miglior modo le scoperte scientifiche e le applicazioni non sempre sono state condivise dall'umanità in modo tale che anche i meno fortunati potessero essere beneficiati dai frutti della scienza.

6.1 La nascita della scienza e la scienza dei suoi aborti

Una questione interessante su questo grande progresso scientifico del secolo passato è quella su come esso venne alla luce in primo luogo. È vero che da scoperta nasce scoperta. Per esempio, l'invenzione del computer è inconcepibile senza la precedente scoperta dell'elettricità. Molti studiosi direbbero che i primi passi, i passi di bimbo, nello sviluppo delle scienze moderne hanno le loro origini sin dal Medioevo. È generalmente accettato che il primo fisico-pioniere fu Giovanni Buridano, professore alla Sorbona di Parigi intorno al 1330. La visione di Buridano dell'universo

L'intrigo scientifico 163

era impregnata della dottrina cattolica della creazione; in particolare, rifiutò l'idea aristotelica di un cosmo esistente dall'eternità. La cosmovisione giudaico-cristiana insegna un universo che ha un'origine e questa mentalità incoraggiò la creatività scientifica a cercare l'inizio nei processi cosmici. Perciò Buridano ha sviluppato la teoria dell'*impetus* (impulso, slancio) per la quale Dio è visto responsabile dell'inizio del movimento dei corpi celesti, che poi si mantengono nel movimento da soli senza la necessità di un'azione diretta da parte di Dio. Questa visione è del tutto diversa dalla nozione di Aristotele, secondo la quale il movimento dei corpi celesti non ha avuto un inizio e continua senza fine. Il suo discepolo, Nicola d'Oresme, intorno al 1370 continuò l'opera di Buridano; la teoria dell'impeto anticipò la prima legge del moto di Newton.[1] Perciò la scienza naturale moderna ebbe la sua unica vera nascita nell'Occidente medievale cristiano. Fondamentale a questo processo c'è una metafisica, correlata sia alla fede in Dio Creatore sia alla scienza moderna.

Esaminando la vera nascita della scienza e i suoi fallimenti, c'è una verità da scoprire: «bisogna mostrare disponibilità a cercare un insegnamento in ciascuna sua fase, nelle più sviluppate come in quelle più embrionali, e in particolare tentare a capire se sia possibile ricavare un insegnamento coerente dall'interezza del processo storico.»[2] Il fallimento della scienza in tutte le culture antiche, e l'unicità della sua nascita nel Medioevo in un'Europa che la fede cristiana nel Creatore aveva contribuito a formare, costituì il paradigma fondamentale della storia della scienza.[3]

---

1. Si veda S.L. Jaki, *Il Salvatore della scienza*, LEV, Città del Vaticano 1992, pp. 51–59.
2. S.L. Jaki, *La strada della scienza e le vie verso Dio*, Jaca Book, Milano 1988, p. 466.
3. Cf. *ibid.*, p. 353. Sebbene Jaki usi il termine «paradigma», anche usato da T.S. Kuhn, la sua posizione differisce da quella di Kuhn; per questa differenza, si veda *Ibid.*, p. 350, dove Jaki afferma che l'idea di Kuhn è «un equilibrio fortemente distorto... quando riconosce

Molte grandi civiltà antiche possedevano le precondizioni indispensabili per lo sviluppo della scienza. Ci sono sempre state persone che ebbero il tempo, le capacità tecniche, l'intelligenza ed i sistemi di scrittura e di matematica. Chiaramente tutto ciò era di per sé insufficiente. Mancava un approccio positivo e adeguato al mondo materiale e questo fattore era necessario affinché questa scienza potesse fiorire. Come racconta Stanley Jaki, sebbene alcuni elementi scientifici erano presenti poco prima del 2000 a.C., i successivi tremila anni di tentativi scientifici furono caratterizzati da una serie di vicoli ciechi. La scienza patì «l'aborto in sette grandi culture: cinese, indù, maya, egizia, babilonese, greca e araba».[4] Il biologo Joseph Needham, nonostante il suo marxismo, riconobbe che le ragioni del fallimento scientifico della civiltà cinese fu il risultato di un deterioramento della loro teologia e della loro cosmovisione. La scienza cinese dell'antichità ha tratto forza dalla fede in un Creatore personale e in un universo con leggi, ma la scienza fu minata da una visione del mondo panteistica, organismica, ciclica che, alla fine, prevalse. Nella visione confuciana del cosmo, ebbe grande rilievo un parallelismo tra le parti del corpo umano e le parti dell'universo; l'ultimo fu concepito come ciclico rispetto al tempo. Nella prospettiva taoista della realtà, la natura era un'entità vivente e onnipresente, animata da volizioni impersonali, e l'uomo era un'increspatura sulle grandi ondulazioni ritmiche dello *yin* e dello *yang* (le due forze basilari del cosmo), con poca libertà di scelta e poco scopo. I ritorni eterni hanno punteggiato la natura, l'universo non ebbe un vero inizio e era in essenza insondabile. Nel II secolo d.C., il Buddismo

---

che le visioni del mondo e le credenze metafisiche sono ingredienti essenziali di qualsiasi paradigma costitutivo della scienza per poi accantonarle completamente.»

4. S.L. Jaki, «The Last Century of Science: Progress, Problems and Prospects» in *Proceedings of the Second International Humanistic Symposium*, Hellenic Society for Humanistic Studies, Atene 1973, p. 259. Si vedano anche i capitoli 1–6 e 9 di S.L. Jaki, *Science and Creation: From Eternal Cycles to an Oscillating Universe*, Scottish Academic Press, Edinburgh 1986².

giunse in Cina dall'India e rafforzò ulteriormente la «già forte preoccupazione coi dominanti cicli cosmici».[5] I cinesi conoscevano i magneti, la polvere pirica e la tecnologia della stampa a blocchi, precorritrice della stampa a caratteri mobili, ma non c'erano comunque stimoli intellettuali e mancava un vero progresso scientifico. La concezione ciclica della realtà impediva questa crescita, come la consapevolezza del legame causale tra gli eventi fu ignorato dai cinesi. Come afferma Jaki: «...la rassegnazione successiva dei cinesi in una mediocrità pratica, sebbene non nella disperazione e nell'avvilimento, fu un complemento naturale legato alla loro preoccupazione nei confronti del periodo esatto del grande ciclo cosmico, il Grande Anno.»[6]

I passi in avanti nella scienza tra gli antichi cinesi furono eclissati da quelli dell'antica India, il luogo natale, tra le altre cose, della numerazione decimale. Nonostante questi successi, c'era un'inabilità a svilupparli all'interno di un sistema auto-sussistente di investigazione scientifica. Gli Indù erano veramente assorbiti dalla loro nozione ciclica del cosmo per assegnare un'esatta misura alla durata del Grande Anno, e soffrirono di una grande disperazione, che risultava dalla loro percezione del drammatico bisogno di sfuggire al carattere sinistro e soffocante del grande «mulino cosmico» che ciclicamente ritorna su se stesso.[7] Il cosmo era anche visto come un grande organismo vivente, i cui movimenti erano arbitrari. Perciò la vera anima della scienza, consistente nella «generalizzazione teorica che porta alla formulazione di leggi quantitative e sistemi di leggi»,[8] non poté essere raggiunta nell'antica cultura indù.

---

5. Jaki, *Science and Creation*, p. 33.
6. S.L. Jaki, «The History of Science and the Idea of an Oscillating Universe» in *The Center Journal* 4 (1984), p. 140. Il Grande Anno è il lasso di tempo negli anni per completare un intero ciclo cosmico, analogo con il tempo di un oscillazione in fisica.
7. Si veda Jaki, «The History of Science and the Idea of an Oscillating Universe», p. 141.
8. Jaki, *Science and Creation*, p. 14.

Nonostante la scarsezza di documenti, l'evidenza ha mostrato una cosmovisione priva di speranze nella cultura delle Americhe precolombiane. Le divinità azteche erano personificazioni di varie forze periodicamente mutevoli e di fenomeni naturali. Le nozioni organismiche e cicliche soppiantarono una nozione attendibile di spazio, tempo e causalità. La natura era fonte di paura e di fatalismo. Gli Inca non potevano allontanarsi da una cosmovisione ciclica. Sebbene i Maya conoscessero l'aritmetica, essi non andarono oltre l'addizione e la sottrazione. Inoltre, i Maya avevano una nozione ciclica del tempo, nella quale l'universo non aveva origine: fallirono nei loro sforzi per interpretare la natura secondo una vera visione scientifica. Il fatto «che loro non avessero avuto successo in questo contesto illustra che il sorgere della scienza è l'evento più straordinario di quanto molti figli dell'epoca atomica possano immaginare.»[9]

Gli Egizi vissero sotto l'incantesimo di una nozione ciclica del tempo, e il mondo intero fu considerato come un animale, creando un cosmo organismico, animistico e ritmico. Anche il «monoteismo» di Akenaton (Amenophis IV, intorno al 1370 a.C.) non poteva cambiare la cosmovisione, intrappolata com'era nel pantano della matrice panteistica e animistica. In alcuni campi pratici, come la catalogazione di alcune medicine e la loro attenzione al battito cardiaco, gli Egizi fallirono nel formulare una proposta scientifica coerente, a causa di una visione superstiziosa e magica dell'uomo e del mondo. La nascita incompleta della scienza egizia è ancora più evidente in confronto con l'abilità tecnologica degli antichi Egizi: dalle piramidi alle tecniche idrauliche per il controllo delle inondazioni. La scarsità di uno sviluppo di riflessioni scientifiche e storiche non è una coincidenza, perché «la scienza e la storiografia non sono altro che due modi diversi di un'investigazione causale con fiducia nella ragione all'interno della matrice spazio-temporale nella quale gli eventi esterni, fisici ed

---

9. *Ibid.*, p. 62.

umani, perseguono il loro corso irrevocabile». Gli Egizi antichi, invece, abbracciarono una cosmovisione ciclica ed animista basandosi sull'abisso acquoso come ultima entità: «dalle sue oscure profondità panteistiche e dai suoi movimenti completamente imprevedibili non poteva emergere una indicazione evidente ed effettiva da richiamare alla mente leggi chiare e razionali nell'universo.»[10]

Anche i Babilonesi furono intrappolati in una cosmovisione animistica e ciclica che non fu terreno fertile per lo sviluppo della ricerca scientifica. Le loro divinità, che rappresentavano varie forze della natura, erano imprevedibili, capricciose e violente. Secondo i Sumeri, i Babilonesi e gli Assiri ogni parte della natura aveva una sua propria volontà. I Babilonesi osservarono il cielo per scoprire il corso degli eventi umani sulla terra. Nella cosmologia organismica e ciclica dei Babilonesi non c'era un vero inizio o primo principio: tutto mancava di una spiegazione consistente ed emanava pessimismo, come viene spiegato nella classica cosmologia babilonese, *Enumah Elish*. I Babilonesi e gli Assiri godettero di un lungo periodo di pace, i Sumeri e gli Assiro-Babilonesi mostrarono una grande capacità intellettuale e un forte potere industriale, insieme a doti di curiosità e pazienza; ma la loro cultura non produceva la scienza. Le ragioni sono le seguenti: in un arco di duemila anni, le culture mesopotamiche dimostrano un attaccamento costante a credenze irrazionali circa l'origine del mondo e il suo governo, tutte riconducibili alla concezione del cosmo come un'enorme animale la cui pericolosa irrazionalità può essere placata solo con gesti altrettanto irrazionali.

Nell'antica Grecia, la scienza si avvicinò ad una vera nascita più che nelle altre culture antiche. L'astronomia, l'algebra e la geometria erano meglio sviluppate che in altre antiche civiltà. La scienza della greca antica andò oltre la fase della descrizione, dell'osservazione e della classificazione (questo passo è chiaramente visibile nella biologia

---

10. *Ibid.*, p. 80.

di Aristotele o nella medicina di Galeno) e «si progredì al punto in cui l'intero corpo della conoscenza era un derivato di alcuni postulati fondamentali».[11] Inoltre può essere osservato un curioso progresso nella scienza greca: un periodo altamente creativo, seppur breve (450–350 a.C.), seguito da un vasto periodo di elaborazione (350 a.C.–150 d.C.) e poi un lungo periodo di stagnazione che giunge al termine intorno al 600 d.C. La ragione fondamentale del fallimento della scienza nella Grecia antica fu una cosmovisione «immersa nell'idea dei cicli eterni».[12] Secondo Aristotele, tutte le cose, incluse le idee, ricorrono ciclicamente, e questo minava il concetto di tempo. Inoltre la visione del mondo di Aristotele rivelava una nozione di necessità: questo scoraggiò un'investigazione *a posteriori* sul cosmo.

Gli Stoici tentarono di fuggire dalle grinfie della visione dei ritorni eterni, ma la loro fede in questi rimase viva persino nei secoli dell'Ellenismo: nella loro visione del mondo, dominò il *divenire* piuttosto che l'*essere*. Comunque, la base della conoscenza è la stabilità della realtà piuttosto che il suo flusso. Il Grande Anno era una barriera circolare per il pensiero greco e lo privava della perspicacia e delle aspirazioni che erano i requisiti per la crescita della scienza. Il calcolo non poté svilupparsi nell'antica Grecia perché, per questo progresso, era necessario che il tempo non fosse «più considerato come immagine speculare dei ritorni eterni, ma piuttosto come un flusso uni-dimensionale ininterrotto di eventi».[13]

Per Epicuro le divinità non erano soggette alla ciclicità, cosicché le stelle non governavano rigidamente gli eventi umani, anche se egli mantenne la visione ciclica per il mondo come tale. Nel tentativo di eludere la struttura

---

11. S.L. Jaki, «The Greeks of Old and the Novelty of Science» in *Arete Mneme: Konst Vourveris. Vourveris Festschrift*. Hellenic Humanistic Society, Atene 1983, p. 267.

12. Jaki, «The History of Science and the Idea of an Oscillating Universe», p. 143.

13. Jaki, *Science and Creation*, p. 118.

assolutamente necessaria della cosmologia di Aristotele, egli fece del caso un fattore basilare, che, a completamento dell'atomismo, privò l'universo epicureo di razionalità e di consistenza. La nozione ciclica sta «alla base delle tre cosmologie principali sviluppate dai Greci, l'aristotelica, la stoica e l'epicurea (atomistica).»[14] In questo universo ciclico, e spesso panteistico, la materia ed i processi erano eterni. Questo incoraggiò l'idea che «l'uomo fosse semplicemente una bolla nell'inesorabile mare degli eventi dove il riflusso e la corrente si susseguivano uno dopo l'altro con fatale regolarità»,[15] e con fatica stimolò maggiore fiducia nell'investigazione sperimentale dell'universo. Jaki perciò rifiutò la tesi marxista che il fallimento della scienza nell'antica Grecia derivò puramente da fattori socio-politici.[16]

Nonostante il fatto che sin dal principio del IX secolo gli Arabi abbiano acquisito, con grande assiduità e rigorosa erudizione, l'intero corpo di conoscenze filosofiche e scientifiche dei Greci, furono tuttavia incapaci di portare avanti questa impresa scientifica. Secondo Jaki, in fondo ci furono due ragioni essenziali. La prima fu che il Corano sottolinea così fortemente la volontà sovrana di Allah, che la sua razionalità viene meno. Per la scuola ortodossa del pensiero musulmano (i *Mutakallimun*, esemplificati da Al-Ashari e Al-Ghazzali), «la nozione di una legge fisica consistente non era accettabile perché sembrava limitare la suprema volontà di Allah, che appare piuttosto capricciosa in non poche pagine del Corano».[17] I mistici musulmani deprecarono la nozione di legge scientifica, dacché la volontà di Allah era concepita come così onnipotente da equivalere ad arbitrarietà o mero capriccio. Gli Arabi fecero qualche progresso solo in campi come l'ottica e la matematica, dove c'era poca necessità di investigazione empirica di eventi

---

14. Jaki, «The History of Science and the Idea of an Oscillating Universe», p. 144.
15. Jaki, *Science and Creation*, p. 130.
16. Jaki, «The Greeks of Old and the Novelty of Science», p. 267.
17. S.L. Jaki, «Science and Christian Theism: A Mutual Witness» in *Scottish Journal of Theology* 32 (1979), p. 567.

o processi. La loro chimica, materia che si investiga attraverso dei procedimenti, fu intrecciata con superstizione. Ma ci fu una seconda ragione perché le scienze non fecero molto strada nel mondo arabo. Coloro i quali non erano mussulmani strettamente ortodossi (la scuola *Mutazalita* rappresentata da figure come Avicenna ed Averroè) seguirono Aristotele a tal punto che accettarono il panteismo ed il determinismo impliciti nell'antica cosmovisione greca. Da qui ci fu una scissione schizofrenica tra la loro fede in Allah e la loro filosofia. Essendo così incondizionatamente aristotelici, questi Mutazaliti avevano messo in secondo piano la fede nel Creatore «che avrebbe potuto aiutarli a tenersi alla larga dalle secche panteistiche della visione greca del mondo che includeva la nozione del Grande Anno».[18]

La scienza moderna, un processo auto-sussistente in cui un passo segue l'altro, non nacque nel mondo mussulmano; la scienza newtoniana della meccanica non fu ideata tra gli Arabi. Avicenna (che morì nel 1037) fu lo studioso mussulmano che, nel mondo arabo, giunse potenzialmente più vicino alla teoria del moto; ma fu Buridano che la formulò, «perché l'osservazione determinante nella discussione del moto di Buridano è un punto teologico che è completamente alieno al pensiero di Avicenna.» Anche un devoto mussulmano come Al-Biruni fu ambiguo circa un mondo finito nel tempo con un'origine ed una fine, e non affermò la creazione dal nulla o la razionalità del cosmo. In breve, la nozione mussulmana del Creatore fu insufficiente a vincere elementi ciclici, panteistici, animistici, organismici e magici. Jaki afferma, comunque, che «molto del *corpus* greco scientifico e filosofico raggiunse l'Occidente latino attraverso la mediazione mussulmana».[19]

La scienza soffrì fallimenti in molte culture antiche e il fatto che quei fallimenti possono essere legati a cosmovisioni inadeguate a stimolare una crescita scientifica implica,

---

18. JAKI, «The History of Science and the Idea of an Oscillating Universe», p. 145.
19. S.L. JAKI, «The Physics of Impetus and the Impetus of the Koran» in *Modern Age* 29 (1985), pp. 155, 157.

dato che la scienza è ormai un'iniziativa auto-sussistente, che le condizioni per la sua crescita devono essere trovate in un passato relativamente recente. Infatti, il periodo della vera nascita della scienza può essere considerato quello tra il 1250–1650 in Europa. L'opera monumentale di Pierre Duhem, *Le système du monde*, mostrò per prima che il periodo medievale non fu per niente un epoca buia per la scienza, ma piuttosto la sua vera culla.[20] Veniva comunemente accettato nei trecento anni precedenti a Duhem, che il Rinascimento fosse stato il periodo fondamentale per la nascita della scienza moderna. Questo derivò «in parte dal disprezzo dei riformatori per il cattolicesimo medievale ed in parte dall'ostilità dei capi dell'Illuminismo francese per tutto ciò che fosse cristiano».[21] Al contrario, non è affatto «un avvenimento casuale della storia che la scienza nacque nell'Europa che stava vivendo dappertutto i suoi secoli di fede».[22]

Nel Medioevo, le nozioni sull'universo creato si erano sviluppate in un modo da stimolare facilmente la ricerca scientifica. Questa cosmovisione includeva l'idea che l'universo fosse buono, e dunque incitava allo studio. Anche l'universo fu considerato un'entità singola con una coerenza ed un ordine interno, e non un animale gigantesco che si comporta in maniera arbitraria, come spesso fu creduto nell'antichità. Fu ritenuto peraltro che il mondo fosse dotato di leggi proprie che potevano essere provate e verificate; esso non era né magico né divino. Inoltre, il cosmo fu considerato razionale e consistente, cosicché ciò che veniva indagato un giorno poteva avere valore anche il giorno seguente. Tale cosmovisione presupponeva anche il principio che l'ordine cosmico fosse accessibile alla mente umana e potesse essere investigato mediante sperimentazione empirica, non solamente con la pura speculazione.

---

20. Si veda P. DUHEM, *Le système du monde. Histoire des doctrines cosmologiques de Platon à Copernic*. 10 vol, Hermann, Parigi 1913–1959.
21. S.L. JAKI, «On Whose Side is History?» in *National Review* (23 Agosto 1985), pp. 43–44.
22. S.L. JAKI, «The Role of Faith in Physics» in *Zygon* 2 (1967), p. 195.

In aggiunta a questa idea, la Cristianità medievale fu imbevuta del concetto che fosse utile condividere la conoscenza per il bene comune. Proprio durante quel periodo fecondo per la crescita della scienza, ci fu una relazione armoniosa tra la scienza e la Cristianità, e in effetti molti dei primi scienziati furono dei credenti devoti ed esemplari, come S. Alberto Magno, rinomato per le sue indagini nel campo della fisica e della chimica, e la Santa Ildegarda di Bingen, conosciuta per la sua opera pionieristica in biologia e in ecologia. Altri scienziati sconosciuti durante quel periodo lavorarono in altri ambiti come quello dello studio della misurazione del tempo. Prima della nascita della scienza, l'attività umana seguiva il tempo biologico e il tempo solare, regolato dal susseguirsi naturale della notte e del giorno. Al contrario, il tempo scientifico richiede un'alta precisione numerica. I monasteri avevano bisogno di un metodo per misurare il tempo con la dovuta precisione così da regolare le ore di preghiera, di lavoro e di studio. Mentre in origine seguirono il tempo biologico, gradualmente realizzarono orologi di sabbia e a acqua. Dal XII secolo, vennero costruiti orologi meccanici altamente sofisticati, e questi produssero un profondo effetto anche sulla società civile. Al cuore dell'attività scientifica sta la misurazione del tempo.

Dunque, l'armonia tra fede e scienza precedette la discordia. Per esempio, il caso Galileo, che ebbe luogo dopo la nascita della scienza in un ambiente cristiano, è talvolta usato per oscurare i molti esempi di armoniosa e fruttuosa collaborazione tra la Chiesa e la scienza. Infatti, Galileo stesso fu un esempio di cristiano devoto e grande scienziato. Inoltre, perfino nel caso di Galileo «le concordanze tra religione e scienza sono più numerose, e soprattutto più importanti, delle incomprensioni che hanno causato l'aspro e doloroso conflitto che si è trascinato nei secoli successivi.»²³ È vero che nel caso Galileo, come in altre malintesi, la guarigione della memoria è necessaria. Ciò che può essere imparato dalla storia di Galileo è la necessità di delimitare meglio, per la scienza e la teologia, il loro proprio campo, il loro angolo di approccio, i loro metodi, così come l'esatta portata delle loro conclusioni. In particolare, la Sacra Scrittura non si occupa dei dettagli del mondo fisico, ma insegna piuttosto il fatto che fu creato.²⁴

Il Magistero della Chiesa ha spesso espresso l'armonia essenziale e basilare tra la scienza e la religione. Oltre cento anni fa, il Concilio Vaticano I la espose in questi termini: «La verità non può contraddire la verità.»²⁵ Nel 1936, Pio XI enunciò quello che doveva essere il primo principio della relazione tra scienza e religione quando scrisse: «La scienza, intesa come vera cognizione delle cose, non ripugna mai alle verità della fede cristiana.»²⁶ Cinquanta anni dopo, alla celebrazione del cinquantesimo anniversario della Pontificia Accademia delle Scienze, Giovanni Paolo

---

23. Papa Giovanni Paolo II, *Discorso alla Sessione Plenaria della Pontificia Accademia delle Scienze in occasione del centenario della nascita di Albert Einstein*, 10 Novembre 1979, 7. In riferimento ad una nota sulla vita e le opere di Galileo, la Costituzione Pastorale del Vaticano II, *Gaudium et spes*, 36.1 affermava: «A questo proposito ci sia concesso di deplorare certi atteggiamenti mentali, che talvolta non sono mancati nemmeno tra i cristiani, derivati dal non avere sufficientemente percepito la legittima autonomia della scienza, suscitando contese e controversie, essi trascinarono molti spiriti fino al punto da ritenere che scienza e fede si oppongano tra loro.»

24. Si veda Papa Giovanni Paolo II, *Discorso alla Sessione Plenaria della Pontificia Accademia delle Scienze*, 31 Ottobre 1992, 6 e 12. In particolare, il Papa cita il passo del Cardinale Baronio: «Spiritui Sancto mentem fuisse nos docere quomodo ad caelum eatur, non quomodo caelum gradiatur.» (Lo Spirito Santo vuole insegnarci come si va al cielo, ma non come va il cielo).

25. Concilio Vaticano I, Costituzione Dogmatica *Dei Filius* sulla Fede Cattolica, capitolo IV in DS 3017.

26. Papa Pio XI, Motu Proprio *In multis solaciis* in *AAS* 28 (1936), p. 421: «Scientia, quae vera cognitio sit, numquam christianae fidei veritatibus repugnat.»

Il affermò che «non c'è contraddizione tra la scienza e la religione.»[27] Mentre la scienza e la religione hanno i loro propri campi di competenza, ci può essere una feconda collaborazione tra loro. La scoperta scientifica porta alla luce sempre più l'universo materiale, sia nell'ambito del minuscolo mondo atomico sia dell'immensità astrofisica. Ancora molto può essere visto e compreso nella sfera biologica. La comprensione della complessità, della bellezza e della molteplicità dell'universo è uno stimolo all'adorazione del Creatore che creò questo cosmo, e che lo guida nella sua Provvidenza. Il progresso scientifico ha aiutato ad esorcizzare la superstizione, un altro servizio per il quale la religione è grata. Allo stesso tempo, la religione può assistere la scienza a non chiudere i suoi occhi di fronte ad un quadro più ampio. Ai nostri giorni, essa può guidare gli scienziati ed i tecnologi ad usare le loro scoperte per il vero bene dell'umanità. Tale guida è necessaria affinché siano prese le giuste decisioni riguardo l'applicazione delle scoperte in genetica, e nelle altre materie che incidono sull'origine e sulla fine della vita umana, cosicché l'immenso valore della vita umana sia sempre rispettato e mai manipolato o danneggiato. La religione può aiutare alla condivisione del progresso scientifico tra tutte le parti della comunità, specialmente con quelle meno fortunate. La scienza e la tecnologia hanno apportato benefici innumerevoli all'umanità, per cui dovremmo essere grati e utilizzarli nel modo migliore. Nelle parole di Cristo: «A chiunque fu dato molto, molto sarà chiesto; a chi fu affidato molto, sarà richiesto molto di più» (*Lc* 12:48). Molto è stato affidato all'umanità attraverso la crescita scientifica, e perciò molto sarà richiesto in risposta amorosa al Creatore.

Gli oppositori del teismo, d'altra parte, spesso basano la loro ideologia su delle interpretazioni sbagliate della scienza. Ad esempio, alcuni interpretano ideologicamente la cosmologia moderna con un'idea casuale della mec-

---

27. Papa Giovanni Paolo II, *Discorso in occasione del cinquantesimo anniversario della Pontificia Accademia delle Scienze*, 28 Ottobre 1986, 3.

canica quantistica, minando in tal modo il principio di *causalità efficiente* nell'universo. Altri interpretano la teoria dell'evoluzione in modo tale che il caso mini l'idea di una *causalità finale* nel cosmo.

6.2 La cosmologia del Big Bang

La teoria del Big Bang rappresenta una serie di modelli, e correzioni a quei modelli, che costituirono un tentativo per la ricostruzione della storia primitiva dell'universo fisico. Alcuni scienziati tentano di sfruttare la cosmologia come una via per negare l'esistenza del Creatore, una negazione che ha cominciato a prendere piede con facilità dall'Illuminismo. Il modello oscillante dell'universo è stato spesso adoperato da coloro che vogliono asserire la sua durata eterna, poiché pongono un numero infinito di cicli. Comunque, dato che tutti i processi fisici in un sistema chiuso sono soggetti alla legge dell'entropia, ogni ciclo successivo dovrebbe essere più piccolo. È possibile calcolare, approssimativamente, il numero dei cicli che porterebbero indietro l'universo al punto zero. Questo modello di oscillazione finita (che ha una riserva finita di energia) non presenta un pericolo per una nozione giusta di creazione, perché è altamente specifico. Inoltre è in contraddizione con un universo oscillante all'infinito, il mulino eterno delle civiltà pagane in cui i mondi «si susseguirono l'un l'altro in una sequenza senza fine.»[28]

Il cosmologo Stephen Hawking tenta di escludere Dio dal suo proprio cosmo. Il suo primo passo è fornire uno stato ontologico al Principio di Indeterminazione di Heisenberg, che secondo lui «è una proprietà fondamentale, ineliminabile, del mondo».[29] In questo modo, diventa più facile far apparire il cosmo attraverso un capriccio della meccanica quantistica. Prima, Hawking pensava che ci

---

28. S.L. JAKI, «God and Man's Science: A View of Creation» in *The Christian Vision: Man in Society*. Hillsdale College Press, Hillsdale, Michigan 1984, p. 49.
29. S. W. HAWKING, *Dal Big Bang ai buchi neri. Breve storia del tempo*, Rizzoli, Milano 1988, p. 73.

fosse una singolarità iniziale del cosmo, e poi nel 1981, adoperò le considerazioni sulla gravità quantistica per proporre l'idea bizzarra che il tempo e lo spazio insieme formassero una superficie di dimensioni finite, ma senza alcun limite o confine. Nelle parole di Hawking:

> Non ci sarebbe alcuna singolarità sottratta all'applicazione delle leggi della scienza e nessun margine estremo dello spazio-tempo in corrispondenza del quale ci si debba appellare a Dio o a qualche nuova legge per fissare le condizioni al contorno per lo spazio-tempo. Si potrebbe dire: «La condizione al contorno dell'universo è che esso non ha contorno (o confini).» L'universo sarebbe quindi completamente autonomo e non risentirebbe di alcuna influenza dall'esterno. Esso non sarebbe mai stato creato e non verrebbe mai distrutto. Di esso si potrebbe dire solo che È.[30]

In maniera significativa, Hawking ammette che «questa idea in cui spazio e tempo potrebbero essere finiti senza confini è soltanto una *proposta*: non può essere dedotta da nessun altro principio. Come qualsiasi altra teoria scientifica, essa potrebbe essere inizialmente avanzata per ragioni estetiche o metafisiche, ma la vera prova è se le predizioni concordano con i dati dell'osservazione. Questo, comunque, è difficile da determinare nel caso della gravità quantistica.»[31] Sembrerebbe che Hawking esce dalla propria sfera di competenza scientifica affermando che la teoria potrebbe essere avanzata per ragioni estetiche o metafisiche. Invece un'ipotesi dovrebbe essere proposta sulla base di un'ipotesi già esistente e su alcuni dati empirici, anche se remoti. Sembra che Hawking elimini Dio con un'ipotesi *a priori*, che rende il suo argomento circolare. La sua conclusione è:

> Così se l'universo avesse un inizio, potremmo supporre che abbia avuto un creatore. Ma se in realtà

---

30. *Ibid.*, p. 160.
31. *Ibid.*, p. 161.

l'universo è auto-sussistente, non avendo né confini né limiti, non avrebbe né origine né fine: esso semplicemente esisterebbe. Che posto c'è, allora, per un creatore?[32]

Hawking, in un approccio deista, sembra limitare l'azione di Dio ad una peculiarità iniziale, avendo come risultato un «Dio tappabuchi». La presunta auto-creazione dell'universo in un tipo di fluttuazione quantica si basa su una estrapolazione illegittima. In questo caso, si pretende di estrarre dalla fisica qualcosa che questa scienza, per il metodo che le è proprio, è incapace di offrire, dato che le sue idee possono avere un significato empirico solo se esiste qualche procedimento per correlarle con esperimenti reali o possibili, e ciò non succede quando si considera il problema dell'origine assoluta dell'universo a partire dal nulla.[33] La scienza è radicalmente incapace di misurare i confini dell'*intero* universo nello spazio o nel tempo, perché uno scienziato non può uscire dal cosmo. L'ateismo, basato su un'erronea interpretazione scientifica o su ideologie costruite attorno a teorie scientifiche, consiste in un salto irrazionale della ragione che agisce contro la ragione stessa; è la più grave forma di suicidio intellettuale. Una volta escluso il riferimento a Dio, non sorprende che il senso di tutte le cose ne esca profondamente deformato.[34]

È anche un abuso della cosmologia scientifica identificare il Big Bang con il momento della creazione. La ragione è che la scienza può solo tracciare una fase fisica dell'universo da fasi fisiche anteriori.[35] Il metodo della fisica significa sempre una deduzione da uno stato osservabile all'altro.[36] La cosmologia scientifica è perciò radicalmente incapace

---

32. *Ibid.*, pp. 140–141.
33. Cfr. M. Artigas, *Le frontiere dell'evoluzionismo*, Ares, Milano 1993, pp. 19–20.
34. Si veda Papa Giovanni Paolo II, Enciclica *Evangelium Vitae*, 22.3.
35. Si veda S.L. Jaki, «The Intelligent Christian's Guide to Scientific Cosmology» in *Catholic Essays* Christendom Press, Front Royal 1990, p. 148.
36. S.L. Jaki, *Dio e i cosmologi*, LEV, Città del Vaticano 1991, p. 83.

di misurare il «nulla» che precede la creazione. Tuttavia, la cosmologia contiene degli indici per la filosofia, e dunque per Dio. Il legame tra la scienza e la metafisica è importante ed è cruciale l'assioma che l'esistenza degli esseri è il fondamento della conoscenza.[37] La scienza moderna indica che l'universo è una «entità specificatamente costruita, una macchina, se si vuole, regolata con estrema precisione per uno scopo molto specifico.»[38] Nella ricostruzione delle prime fasi dell'universo, c'era un'interazione tra la materia e l'antimateria che risultava nella produzione di una parte di materia di dieci miliardi (10^{10}) maggiore dell'antimateria. Successivamente, gli elementi più leggeri poterono essere solo prodotti da una combinazione, dopo la conclusione dei primi tre minuti dell'espansione cosmica, nella quale «1 protone, 1 neutrone e 1 elettrone dovettero interagire con poco meno di 40 miliardi di fotoni a temperatura e pressione molto specifiche.»[39] Perciò, solo per un pelo il cosmo è diventato ciò che è. Questi esempi suggeriscono una scelta tra un grande numero di possibilità, ciò indica che il cosmo è specifico; questa specificità scoraggia ogni mente sobria dal pensare che tale sia la sua unica forma concepibile e necessaria; questa linea di argomenti porta all'idea che l'universo dev'essere considerato come contingente.

Lo sviluppo fisico dell'universo ebbe luogo nei limiti molto specifici. Se il rapporto tra fotoni e barioni fosse stato diverso solo di poco, una gran quantità di idrogeno si sarebbe trasformato in elio, prevenendo così la formazione della gran parte degli altri elementi, tutti indispensabili per la nascita della vita organica nell'universo. Inoltre, se l'intera massa della materia originale fosse stata diversa,

---

37. Cfr. S. TOMMASO D'AQUINO, *Summa Theologiae*, I, q.16, a.1. Cf. anche p. 20 sopra.
38. S.L. JAKI, «Religion and Science: The Cosmic Connection» in J. A. Howard (ed.) *Belief, Faith and Reason*, Christian Journals, Belfast 1981, p. 21.
39. S.L. JAKI, «Physics and the Ultimate» in *Ultimate Reality and Meaning* 11/1 (March 1988), p. 70.

l'universo non si sarebbe potuto sviluppare nella sua forma attuale. Il cosmo sembra, infatti, essere stato creato per l'uomo. Che il cosmo fosse stato sulla via che avrebbe reso possibile la successiva apparizione dell'uomo è esposto nel «principio antropico».

Un ulteriore punto è che la moderna cosmologia rinforza il concetto della totalità del cosmo. Stanley Jaki definisce il cosmo come la *totalità di enti contingenti consistentemente e molto specificatamente interagenti ma razionalmente coerenti e ordinati*.[40] In un certo senso, tutte la scienza è cosmologia: ogni legge scientifica basilare «rivela qualcosa che abbraccia l'universo interamente».[41] La scienza da sola non può «fornire la dimostrazione che c'è un Universo»,[42] tuttavia l'affermazione del cosmo è possibile attraverso la filosofia. L'importanza della relatività generale sta nella sua abilità di fornire, per la prima volta nella storia scientifica, una descrizione consistente dell'universo come la totalità di entità interagenti gravitazionalmente. Perciò, dal punto di vista della scienza, la nozione dell'universo è valida, un tema di estrema importanza rispetto alla critica di Kant sull'argomento cosmologico.[43] La teoria generale della relatività inoltre porta ulteriori appoggi per la specificità del cosmo. La cosmologia della teoria della relatività generale non può dirci se l'intera massa dell'universo sia

---

40. Questa definizione composita è stata formulata da S.L. Jaki, *La strada della scienza e le vie verso Dio*, pp. 56, 180; Idem, *Chesterton: A Seer of Science*, University of Illinois Press, Urbana/Chicago 1986, p. 112. Essa appare in molti libri ed articoli di Jaki in molte forme. Si veda S. Tommaso d'Aquino, *Summa Theologiae*, I, q.47, a.3.

41. Jaki, «God and Man's Science», p. 44. In *Chesterton A Seer of Science*, pp. 96, 153, Jaki nota che Popper usa l'espressione «tutta la scienza è cosmologia»; si veda K.R. Popper, *Conjectures and Refutations*, Harper and Row, New York 1968, p. 136. Jaki rende evidente che Popper non inventò questa espressione ma neanche, nell'opinione di Jaki, Popper comprendeva verità implicite in questa espressione.

42. S.L. Jaki, *Means to Message. A Treatise on Truth*, Eerdmans, Grand Rapids 1999, p. 146.

43. Jaki insiste su questo in *La strada della scienza e le vie verso Dio*, p. 180; *Il Salvatore della scienza*, pp. 113–114; e *Dio e i cosmologi*, pp. 16–27.

finita o meno, né se sia in contrazione o in espansione, né la sua età; piuttosto, essa concerne il valore della curvatura spazio-temporale valida per l'intero universo. Questo valore è molto preciso, sia come un piccolo numero positivo, che significa una rete sferica chiusa di possibili piste di mozione, sia come un piccolo numero negativo, significando uno spazio iperbolico o una sella senza confini, ma con pendenze ben definite. «L'unica possibilità che è esclusa è l'infinito euclideo la cui curvatura è 0, un simbolo antico della non-esistenza.»[44] L'universo perciò pareva non meno specifico di un indumento su un portabiti di un sarto, con un'etichetta sulla quale si potrebbero leggere, se non il prezzo, almeno le sue misure principali.[45] Così come non c'è la necessità per un indumento di essere di una particolare taglia, non c'è una ragione scientifica perché l'universo debba avere il valore singolare o determinato della curvatura. D'altronde, la singolarità nel senso della specificità è un indizio per la contingenza cosmica, che quindi indica il Creatore. Questa singolarità e contingenza dell'universo implicano che il cosmo non può essere compreso da un'introspezione *a priori*, ma deve essere investigato tramite una approccio empirico e sperimentale. Non solo l'universo è al cuore di una discussione filosofica e scientifica coerente, esso è anche quella base grazie alla quale la mente può arrivare all'esistenza del Creatore.

Quattro proprietà essenziali dell'universo rendono possibile la ricerca scientifica, e queste proprietà sono anche legate ad una filosofia vincolata al teismo cristiano; esse sono i passatoi per raggiungere il Creatore. Primo, il cosmo ha un'esistenza e una realtà oggettiva indipendenti dall'osservatore. «L'uomo attraverso la sua coscienza è sempre in contatto con una realtà esistente indipendentemente da lui.»[46] Questa è la via di un realismo moderato epistemolo-

---

44. S.L. JAKI, «The University and the Universe» in J. R. Wilburn (ed.) *Freedom, Order and the University*, Pepperdine University Press, Malibu, California 1982, pp. 52–53.
45. Si veda JAKI, *La strada della scienza e le vie verso Dio*, p. 392.
46. S.L. JAKI, «From Subjective Scientists to Objective Science» in *Pro-*

gico e metafisico, una via di mezzo istintiva. Se non fosse così, l'uomo non vedrebbe il mondo, ma solo le impronte della sua mente. Allo stesso modo, qui, ad essere rigettata è la teoria dei molteplici mondi secondo cui ci sono molti universi quanti sono gli osservatori. Come può, allora, un osservatore uscire fuori dal proprio mondo per comunicare con un altro osservatore? Secondo, le entità materiali dell'universo devono avere una *razionalità coerente* e quindi devono essere capaci di investigazione; quelle entità devono essere soggette a leggi che possono essere espresse in una struttura quantitativa, «leggi avendo una validità che trascende i limiti di qualsiasi tempo e spazio».[47] Terzo, per la scienza ci può essere solo un universo: il cosmo. Perciò le entità nell'universo formano un tutto coerente, essendo soggette ad una serie coerente di interazioni. Anche se le interazioni non sono tutte scoperte o correlazionate dalla scienza di una epoca particolare, questa grande coerenza non aspetta altro che essere ulteriormente scoperta. Quarto, il modo particolare in cui si trova l'insieme coerente, non può essere considerata come una forma necessaria dell'esistenza. Il percorso intellettuale verso l'Assoluto extra-cosmico rimane dunque sempre aperto.[48]

6.3 La tattica evoluzionistica

L'evoluzione potrebbe essere considerata una serie di teorie attraverso le quali gli scienziati cercano di spiegare come gli organismi attualmente viventi potrebbero essersi successivamente sviluppati da forme di vita più semplici nel corso di un processo che è durato centinaia di milioni di anni. Il processo evolutivo, come sarà visto, pone due

---

ceedings of the Third International Humanistic Symposium, Hellenic Society for Humanistic Studies, Atene 1977, p. 328.
47. S.L. Jaki, *Cosmos and Creator*, Scottish Academic Press, Edinburgh 1980, p. 54.
48. Si veda capitolo 7, pp. 208–212 sotto, per l'esposizione di una prova dell'esistenza di Dio basata sulla contingenza. Si veda anche S.L. Jaki, «The Absolute Beneath the Relative: Reflections on Einstein's Theories» in *Intercollegiate Review* 20 (Spring/Summer 1985), p. 36.

tipi di problemi che finora non sono stati completamente risolti. Primo, lo stato delle sue prove e secondo, i meccanismi sotto cui l'evoluzione ha funzionato. In maniera analoga allo studio dello sviluppo dell'universo materiale, la scienza dell'evoluzione tenta di scoprire i segreti del mondo delle creature viventi dalla loro fase iniziale nel più remoto passato. Le teorie scientifiche dell'evoluzione sono basate su diversi fili di dati empirici. Dalla paleontologia, che studia i fossili e altri reperti degli antichi organismi sepolti nella terra e nel ghiaccio, si ottiene la sola prova diretta dell'evoluzione. L'anatomia comparata e la fisiologia hanno indicato le relazioni tra gli esseri viventi e hanno anche scoperto la prova di un adattamento evolutivo. La comparazione fra le mappe genetiche delle diverse specie di organismi viventi ha messo in evidenza un legame tra le varie specie viventi, persino tra piante ed animali. La distribuzione geografica delle varie specie fornisce prove concernenti l'evoluzione, se la deriva dei continenti viene presa in considerazione. Da tutti i dati, è stato possibile disegnare gli «alberi genealogici» dell'evoluzione, mostrare come molti organismi viventi si siano sviluppati da più specie primitive. I vari fili dell'analisi evolutiva si confermano gli uni con gli altri, convergendo alla tesi che l'evoluzione avrebbe giocato una parte nello sviluppo della vita sul pianeta. Tuttavia, nel campo scientifico, diversi anelli empirici si perdono nelle varie catene di ricerca richieste dalla necessità di dar prova dell'evoluzione ad ogni tappa del progresso biologico. Ci sono, comunque, molte teorie riguardanti il passaggio da una specie all'altra, che tentano di spiegare come siano avvenute le varie transizioni.[49]

È necessario distinguere questo progresso scientifico dalle *ideologie* costruite intorno all'evoluzione. L'ideologia darwinista dell'evoluzione è indiscutibilmente presente

---

49. Si veda Papa GIOVANNI PAOLO II, *Messaggio alla Pontificia Accademia delle Scienze*, 22 Ottobre 1996, §4, dove affermava: «piuttosto che *sulla* teoria dell'evoluzione, dovremmo parlare delle diverse teorie dell'evoluzione».

L'intrigo scientifico 183

nella società odierna. Una breve storia del metodo darwinista mostra come ciò è avvenuto. Dal punto di vista scientifico, la teoria evolutiva fiorì con J.B. de Monet, Chevalier de Lamarck (1744–1829), che propose un meccanismo di eredità di nuove caratteristiche acquisite. Darwin (1809–1882), nelle sue opere *Sulla origine della specie* (1859) e *La Discendenza dell'uomo* (1871), propose un meccanismo diverso per l'evoluzione, cioè la selezione naturale. La teoria successiva conteneva le nozioni di variazioni fortuite, la lotta per la sopravvivenza e la sopravvivenza dei più adatti. In principio, Darwin era anglicano, ma gradualmente perdeva la sua fede in un Dio Creatore personale, e tentò di eliminare qualsiasi ruolo divino nell'evoluzione, sostituendo alla Divina Provvidenza la sua teoria della selezione naturale come forza motrice. Quando Darwin partì per il suo viaggio epico a bordo della H.M.S. *Beagle* nel 1831, egli aveva appena ottenuto la laurea in teologia all'Università di Cambridge, e aveva intenzione di diventare un ministro Anglicano. Il suo taccuino mostra ampie prove che il suo pensiero fosse in rapida trasformazione. Egli descrisse tale mutamento molto più tardi nelle pagine della sua *Autobiografia*:

> In quel tempo sono giunto gradualmente a vedere che l'Antico Testamento con la sua storia del mondo manifestamente falsa, con la Torre di Babele, l'arcobaleno come segno,..., e con il suo attribuire a Dio i sentimenti di un tiranno vendicativo, non doveva essere considerato maggiormente dei sacri libri degli Indù, o del credo di qualsiasi barbaro...
> Io progressivamente giunsi a diffidare del cristianesimo come una rivelazione divina.... Dunque lo scetticismo si fece avanti in me in modo molto lento, ma fu alla fine completo.[50]

Terminò la sua carriera in uno stato di confusione totale su un problema chiave, cioè come spiegare l'origine e l'evoluzione della vita in termini scientifici senza un richiamo alla

---

50. C. DARWIN, *The Autobiography of Charles Darwin*, ed. N. BARLOW, Collins, London 1958, pp. 85–87.

religione. Come confidò in una lettera ad un amico e collega, Asa Gray: «Sono conscio di essere in una confusione totale priva di speranza. Non posso pensare che il mondo, come lo vediamo, è il risultato di una casualità; e neppure posso guardare ogni singola cosa come il risultato di un Disegno.»[51]

La colonna portante del sistema di Darwin fu l'idea della selezione naturale; qui si dipinge la natura come un «potere, attivo nei secoli e che scruta con rigidità l'intera costituzione, la struttura, e le abitudini di ogni creatura, favorendo i buoni e rigettando i cattivi».[52] Allo stesso modo Darwin scrisse:

> Si potrebbe dire con una metafora che la selezione naturale passi al setaccio giornalmente ed ora dopo ora, in tutto il mondo, le più minute variazioni; che rifiuti quelle cattive, preservando e mettendo insieme tutte quelle che sono buone; lavorando silenziosamente ed impercettibilmente, ogni qualvolta si presenti l'opportunità per il miglioramento di ciascun essere vivente.[53]

A volte Darwin stesso ritenne che la selezione naturale, anche se favoriva la scienza, poteva apparentemente avvantaggiare anche la nostra comprensione di Dio:

> Secondo me si accorda meglio con ciò che conosciamo delle leggi impresse sulla materia dal Creatore, che la nascita e l'estinzione degli abitanti passati e presenti del mondo sarebbe stata dovuta a cause secondarie... C'è una grandezza in questa visione della vita, con molteplici poteri, essendo stati all'origine inspirati in poche forme o in una soltanto; e che, mentre questo pianeta si è mosso ciclicamente secondo le leggi fisse della gravità,

---

51. Come citato in N.C. GILLESPIE, *Charles Darwin and the Problem of Creation*, University of Chicago, Chicago 1979, p. 87.
52. C. DARWIN, *The Origin of Species*, Collier and Son, New York 1909, p. 487.
53. *Ibid.*, p. 91.

L'intrigo scientifico

si sono evolute, e si evolvono, forme infinite tanto belle e notevoli da un inizio così semplice.»[54] Comunque, Darwin espresse anche un ottimismo cieco piuttosto simile a quello di Hegel quando propose un grande disegno nell'opera silenziosa ed invisibile della selezione naturale. «Possiamo guardare con molta fiducia ad un futuro sicuro di grande durata. E come la selezione naturale lavora unicamente nel bene e per il bene di ciascun essere, ogni istituzione corporale e mentale tenderà ad un progresso verso la perfezione».[55] La visione dell'uomo di Darwin sembra materialista, considerando il pensiero, come una secrezione del cervello, e più meraviglioso della gravità, solo una proprietà della materia.[56] Avendo privato l'uomo del lato spirituale della sua natura, la norma di Darwin divenne una fedeltà all'assenza di ogni norma. Questo sistema viene segnalato «dai vortici insondabili nei quali non si è più che galleggianti, scaraventati disordinatamente nella cecità del fato ciechissimo.»[57]

Un contemporaneo cattolico di Darwin, St. George Jackson Mivart (1827–1900), fece notare che non esisteva contraddizione tra evoluzione e fede. Distinse tra la causalità primaria e secondaria nella creazione:

> Nel senso più stretto e più ampio la «creazione» è la derivazione assoluta di ogni cosa da parte di Dio senza materiali o mezzi preesistenti, ed è un atto soprannaturale. Nel senso secondario ed inferiore, la «creazione» è la formazione di ogni cosa da Dio in via derivata; cioè, la materia precedente è stata creata con la potenzialità di evolvere, sotto condizioni favorevoli, tutte le varie forme che di conseguenza assume.

---

54. *Ibid.*, pp. 505–506.
55. *Ibid.*, p. 506.
56. Cfr. *Darwin's Early and Unpublished Notebooks* trascritto ed annotato da P.H. BARRETT, con una prefazione di J. PIAGET, E. P. Dutton, New York 1974, quaderno C, p. 451.
57. S.L. JAKI, *Angels, Apes and Men* Sherwood Sugden and Company, La Salle Illinois 1983, p. 55.

Egli propose che Dio non è escluso dal concorrere nel processo evolutivo. In questa convergenza, che egli definisce «creazione derivata», Dio agisce attraverso le leggi naturali; la scienza fisica, se non è in grado di dimostrare tale azione, neanche può confutarla. Dunque l'evidenza dei fatti fisici si accorda bene con l'azione del governo di Dio nell'ordine della natura; questa non è un'azione miracolosa, ma l'operato di leggi, che debbono il loro fondamento, la loro istituzione e il loro mantenimento al Creatore onnisciente. St. George Mivart in effetti indicò che il darwinismo è più un'ideologia che una scienza: «Alcune delle obiezioni del Signor Darwin, comunque, non sono fisiche, ma metafisiche, e in realtà attaccano il dogma della creazione secondaria o derivata, sebbene ad alcuni forse potrebbero sembrare dirette solo contro la creazione assoluta.»[58]

I discepoli di Darwin, in special modo E. Haeckel (1834–1919) e T. H. Huxley (1825–1895) proposero la teoria evoluzionista come un'ideologia materialista ed atea e come uno strumento di propaganda antireligiosa. La biologia molecolare rivelò che i meccanismi dell'ereditarietà sono localizzati a livello genetico microscopico e il neo-darwinismo tentò di estendere il metodo di Darwin considerando l'evoluzione come una combinazione di cambiamenti casuali genetici per via della selezione naturale. Richard Dawkins esemplifica l'ideologia neo-darwinista, in cui il caso è «addomesticato» e dotato di proprietà metafisiche di forza creatrice:

> L'essenza della vita è l'improbabilità statistica su scala colossale. Qualsiasi cosa è la spiegazione della vita, perciò, non può essere un caso. La vera spiegazione per l'esistenza della vita deve comprendere la vera antitesi del caso. L'antitesi del caso è la sopravvivenza non fortuita, propriamente intesa... Abbiamo cercato un modo per domare il caso... «Il caso non sottomesso», puro, la nuda probabilità, significa il disegno ordinato che giunge all'esistenza

---

58. Si veda St. George J. Mivart, *On the Genesis of Species*, D. Appleton and Company, New York 1871, pp. 269–283, 294–305.

L'intrigo scientifico

dal nulla, in un singolo balzo.... «Domare» il caso significa abbattere l'improbabilità pura nelle piccole componenti meno improbabili, sistemate in serie... E a patto che postuliamo una serie sufficientemente larga di gradi intermedi di sufficiente precisione, siamo in grado di derivare qualsiasi cosa da qualcos'altro.[59]

Questo costituisce una negazione dell'idea di qualsiasi causalità extra-cosmica, che è persa in una rete di quantità infinitesimali. Il caso non è capace né di spiegare la presenza della bellezza nell'universo né la capacità umana di apprezzare questa bellezza cosmica. Nelle parole di Stanley Jaki, il darwinismo è «tra tutte le teorie scientifiche principali quella che fonda le più alte asserzioni su una base relativamente minima.»[60] Per molti scienziati laici la selezione naturale funge come un sostituto di Dio. Ma se la selezione naturale fa ogni cosa che si ritiene faccia Dio, non abbiamo semplicemente Dio sotto un altro nome?

Perciò, l'evoluzionismo deve essere distinto dal darwinismo, affinché il cristiano non getti via tutta la teoria evoluzionista nell'orda materialista. È necessario per il cristiano distinguere «l'oro dalla paglia nella teoria dell'evoluzione.»[61] Il tempo ha una dignità speciale nella struttura della fede cristiana, perché il Cristo è venuto nel tempo. Da qui, in se stesso, il tentativo di comprendere il campo biologico in relazione al suo sviluppo temporale non dovrebbe porre problemi. Tuttavia, i pensatori cristiani spesso non hanno osservato «gli enormi mucchi di paglia» nella teoria evoluzionista. Questo fallimento sta nel fatto che non si è notato come l'ideologia darwinista effettivamente condanna il tempo ad essere un mulino ciclico privo di speranza. Neppure Darwin notò che la fede cristiana liberava l'uomo dalla prigionia pessimistica di una cosmovisione basata sui cicli temporali inesorabili.

---

59. R. Dawkins, *The Blind Watchmaker*, Longmans, Harlow 1986, p. 317.
60. S.L. Jaki, *Lo scopo di tutto*, Ares, Milano 1994, p. 37.
61. Jaki, *Angels, Apes and Men*, p. 66.

È piuttosto tragico che, essendo stato liberato dalla schiavitù delle visioni pagane antiche, l'uomo possa di nuovo, nell'epoca moderna, cadere in un altra visione ciclica del mondo.[62] Huxley rievocò «la visione di un'evoluzione senza senso in cui il superiore e l'inferiore erano indistinguibili precisamente perché muoversi verso il futuro non era, nella prospettiva darwinista, differente dal retrocedere nel passato».[63] Il confronto con il darwinismo portò, nuovamente, a mettere in luce la relazione tra la natura umana ed il tempo all'interno della teologia cristiana, come già era stato visto nel grande fermento che coinvolse «il Cristianesimo nascente e la cultura ellenistica sulla questione se la vita, inclusa la vita redentrice di Cristo, fosse una proposizione universalmente valida, o se la vita fosse un mero ondeggiare sulle insondabili correnti cicliche di una forza cosmica cieca».[64]

Non c'è opposizione tra la creazione e l'evoluzione: lo scontro con il darwinismo sorse perché quest'ultimo è una posizione materialistica che esclude la creazione. Inoltre, il problema di base nella prospettiva darwinista dell'evoluzione è la cecità verso lo scopo e la mente in una filosofia «della insensatezza totale, in cui gli aspetti parziali sono considerati significativi, ma mai il tutto».[65] Una relazione analogica esiste tra varie tipologie di prove, che siano legali, scientifiche, matematiche, filosofiche, o teologiche. In un caso legale, è chiaro che è più difficile perseguire un criminale per un reato commesso in un epoca remota nel passato, perché molti testimoni chiave potrebbero non essere più disponibili. Inoltre, la distorsione dei fatti può verificarsi con il passare degli anni, alterando, persino, l'evidenza stessa dei fatti. Dei criteri definiti sono richiesti per accogliere il carattere essenziale di una prova prove-

---

62. Per un resoconto di come la visione lineare cristiana del cosmo liberò l'uomo dalle nozioni pagane cicliche, panteistiche ed eternaliste, si veda S.L. JAKI, *Science and Creation*.
63. JAKI, *Angels, Apes and Men*, p. 67.
64. *Ibid*.
65. *Ibid*., p. 70.

niente da qualche tempo nel passato remoto. Nella prova scientifica, che differisce dalla prova legale, ci sono tuttavia delle estrapolazioni che sono fatte nella discussione sullo sviluppo dell'origine del cosmo primitivo e delle forme primitive di vita. Mentre la microevoluzione (l'evoluzione che avviene all'interno delle specie viventi ed i processi di speciazione) può essere in molti casi documentata con chiarezza, la macroevoluzione (l'evoluzione su grande scala che, nel corso di circa quattro miliardi di anni, ha portato, dalle cellule primordiali fino alla biodiversità attuale) è un intento ancora più difficile.

I dati empirici non possono giustificare le proposte di alcuni evoluzionisti che affermano che le mutazioni genetiche nascono dal caso. Si deve prestare attenzione nel distinguere tra puri fatti scientifici (ottenuti *a posteriori*) nella teoria dell'evoluzione e una ingiustificata estrapolazione *a priori* di questa teoria con l'unico intento di formare un'ideologia atea. Il fatto che le visioni materialistiche dell'evoluzione con facilità si prestano all'ideologia è illustrato nel legame tra la prospettiva darwinista e il totalitarismo politico più repressivo del secolo passato:

> L'entusiasmo per il darwinismo da parte dei difensori della dittatura del proletariato e della razza superiore è del tutto comprensibile. Marx subito notò l'utilità della teoria darwinista per promuovere la lotta di classe, e Hitler con loquacità echeggiò le visioni darwiniste molto popolari tra i capi dell'esercito tedesco prima della Prima Guerra Mondiale come una giustificazione dei loro e dei suoi piani.[66]

Il vero pericolo per l'uomo e la società è caratterizzato da quelle filosofie che negano la vera natura dell'uomo e perciò privano la società del suo fondamento. Come ha affermato Stanley Jaki: «I veri nemici della società aperta non sono le società basate su verità rivelate assolute e anche soprannaturali, ma quelle basate sulle idee di circoli

---

66. S.L. JAKI, *Cosmos and Creator*, p. 114 e le note 5 e 6 di p. 160.

intellettuali che optarono per il caso come unica scelta... Le idee sono molto più pericolose delle armi.» La società occidentale è fiorita su un corpo ereditato di credenze assolute che furono implicitamente tenute. Poiché la Rivelazione cristiana, la vera ragione ed la base di queste verità, non è riconosciuta, la società secolarizzata fiorisce su queste implicite verità cristiane come un «parassita».[67] Nel pensiero democratico moderno, la verità è spesso ridotta al consenso popolare o sociale. In una di queste visioni particolari, cioè il convenzionalismo,[68] la verità è basata su delle convenzioni scelte liberamente, che potrebbero essere conservate anche di fronte all'evidenza contraria. Una convenzione è un principio o una proposta che viene adottata da un gruppo di persone: per scelta esplicita, come nella decisione di un paese sul colore dei francobolli, o come una materia di costume, le cui origini sono sconosciute e non pianificate, come nella convenzione di guidare a destra o a sinistra. Il punto cruciale, comunque, è che le convinzioni non ci sono imposte dalla natura e potrebbero, se lo desiderassimo tutti, essere cambiate. Se desideriamo optare per una nuova teoria non sarà in ultima analisi perché l'evidenza ci forza a fare così, ma perché la nuova teoria (o «convenzione») è accettata dalla maggioranza, è più semplice, più facile da applicare, più estetica, o è sostenuta da qualche altra ragione che non è basata sulla metafisica. In questa prospettiva, è difficile incoraggiare un accesso a Dio attraverso la ragione, in quanto questa viene spesso confi-

---

67. S.L. JAKI, «Order in Nature and Society: Open or Specific» in G. W. CAREY (ed.) *Order, Freedom and the Polity (Critical Essays on the Open Society)*, University Press of America, Lanham Maryland/London 1986, pp. 100–101.

68. Il Convenzionalismo fu sviluppato in un contesto di filosofia della scienza, in primo luogo da J.H. Poincaré (1854–1912), in particolare nella sua opera *La science et l'hypothèse* del 1905. Si veda *La science et l'hypothèse*, Flammarion, Paris 1927. Legato allo strumentalismo e al positivismo, ci spinge a considerare le teorie basilari sulla natura del mondo come una nostra scelta tra molte possibilità alternative di spiegazione dei fenomeni osservabili.

L'intrigo scientifico 191

nata entro i limiti di un approccio puramente pragmatico alla verità e non è appoggiata dalla metafisica.

Una comprensione completa dell'evoluzione degli esseri viventi dovrebbe prendere in considerazione non solo gli effetti dell'ambiente o delle modificazioni genetiche, ma soprattutto dovrebbe essere aperta a considerare il potere della Provvidenza che guida gli esseri viventi attraverso le leggi iscritte su di loro. Il caso non può essere responsabile degli sviluppi organizzati e coordinati che danno luogo alla crescita di strutture biologiche complesse come l'occhio o l'orecchio. Fare del caso il responsabile dell'evoluzione degli esseri viventi è più ridicolo della proposta che tutte le frasi dell'*opera omnia* di Shakespeare potrebbero essere inserite casualmente in un computer, e quindi assemblate a caso nella prosa e poesia di questo grande poeta. L'evoluzione non può essere vista come una prova dell'esclusione del Creatore, ma piuttosto presuppone la creazione. L'ideologia evoluzionista non può sostituire né la creazione né la Provvidenza. L'evoluzione infatti presuppone la creazione; la creazione si pone nella luce dell'evoluzione come un avvenimento che si estende nel tempo, come una *creatio continua* in cui Dio diventa visibile agli occhi del credente come Creatore del cielo e della terra.[69] Con la verità circa la creazione del mondo visibile, così come è presentata nel Libro della Genesi, non contrasta, in linea di principio, la teoria dell'evoluzione naturale, quando la si intenda in modo da non escludere la causalità divina.[70] L'evoluzione potrebbe essere considerata come un tipo di creazione programmata: nel creato Dio ha iscritto le leggi per la sua evoluzione; in questo modo si mantiene un chiaro legame tra l'azione di Dio all'origine del cosmo e la sua costante Provvidenza che guida il suo sviluppo continuo. L'evidenza del «disegno» nella vita degli esseri

---

69. Si veda Papa GIOVANNI PAOLO II, *Discorso ai partecipanti al Simposio internazionale su «Fede cristiana e teoria dell'evoluzione»*, 26 aprile 1985 in *IG* 8/1 (1985), p. 1129.

70. Si veda IDEM, *Discorso all'Udienza Generale*, 29 gennaio 1986, in *IG* 9/1 (1986), p. 212.

viventi potrebbe essere proposta come un punto di partenza verso il Creatore.[71]

Il racconto della creazione ci insegna che il mondo è un prodotto della Ragione creatrice. Con ciò esso ci dice che all'origine di tutte le cose non stava ciò che è senza ragione, senza libertà, bensì il principio di tutte le cose è la Ragione creatrice, è l'amore, è la libertà. Non è così che nell'universo in espansione, alla fine, in un piccolo angolo qualsiasi del cosmo si formò per caso una qualche specie di essere vivente, capace di ragionare e di tentare di trovare nella creazione una ragione. Se l'essere umano fosse soltanto un tale prodotto casuale dell'evoluzione in qualche posto al margine dell'universo, allora la sua vita sarebbe priva di senso o addirittura un disturbo della natura. Invece no: la divina Ragione creatrice è all'inizio e poi accompagna la creazione.[72]

Non appena sorge un dubbio sulla vera natura dell'uomo, si chiude la strada all'affermazione di Dio Creatore. Dalla negazione della distinzione tra spirito e materia, o tutto diviene materia che esiste per se stessa senza la necessità di un Creatore, o tutto diviene un pensiero chiuso nelle proprie presupposizioni *a priori*; come prodotto di tale pensiero, il mondo materiale non è più una realtà privilegiata che rivela se stessa come l'opera del Creatore. Nel prossimo capitolo tratteremo come la ragione possa essere posta al servizio di Dio dimostrando la sua esistenza.

---

71. Per l'argomento teleologico, si veda il capitolo 7, pp. 212–216, sotto.
72. Si veda Papa BENEDETTO XVI, *Omelia all Veglia Pasquale* (23 aprile 2011).

7
Le prove dell'esistenza di Dio

Il Dio dei cristiani non consiste in un Dio semplice autore delle verità geometriche e dell'ordine degli elementi; questo è tipico dei pagani e degli epicurei... Il Dio di Abramo, di Isacco, di Giacobbe, il Dio dei cristiani, è un Dio d'amore e di consolazione. È un Dio che colma l'anima e il cuore di coloro che possiede, è un Dio che fa loro sentire interiormente la loro miseria e la sua infinita misericordia, che si unisce nel fondo della loro anima, che la colma di umiltà, di gioia, di fiducia, di amore, che li rende incapaci di un altro fine che non sia lui stesso.

Blaise Pascal, Pensiero 556

*Con le stelle e le nubi Mi sono vestito,
qui, perché i tuoi occhi vedessero
Ciò che È. Io ho messo in cammino la forza dei cieli
Come uno che disegni un quadro di fronte a voi
per rendere saggi i vostri cuori;
Io sono il Signore.*

Alfred Noyes, «The Paradox»

Nel XVIII secolo, il famoso matematico Leonardo Eulero, stando a quel che si dice, era in grado di risolvere ogni problema che gli veniva posto. Alla corte di Caterina la Grande di Russia affrontò il filosofo francese Denis Diderot, che era ateo. Caterina la Grande non voleva che Diderot spingesse i russi verso l'ateismo, e così chiamò Eulero ad aiutarla. Il matematico riflettè su questo e formulò una prova algebrica per dimostrare l'esistenza di Dio. Eulero e Diderot erano convenuti al palazzo dell'Imperatrice Caterina, quando Eulero si piazzò davanti l'assemblea e con semplicità affermò:

«Signore, $\dfrac{a+b^n}{n} = x$, quindi Dio esiste; a Voi la risposta!»

Diderot non aveva una comprensione speciale dell'algebra e così fu incapace di discutere su quel punto con Eulero. Diderot lasciò San Pietroburgo e ritornò in Francia apparentemente sconfitto.[1] Certamente questo non è il tipo di prova che proponiamo a sostegno dell'esistenza di Dio, perché confonde le prove matematiche con quelle filosofiche. Essa riduce la dimostrazione filosofica a pura formula matematica.

Nella vita quotidiana, si incontrano comunemente tre tipi di prove. Primo, la prova scientifica, dove gli strumenti utilizzati sono le misurazioni, ambienti per esperimenti ben controllati, la ripetibilità e la riproducibilità delle osservazioni, i metodi statistici e diversi altri. Comunque, l'impresa scientifica propone una serie di presupposizioni implicite che *potrebbero* essere valide, ma che non possiamo provare. Per esempio, presupponiamo che un esperimento che ha il medesimo risultato per cinquemila volte abbia sempre lo stesso risultato. Presupponiamo che le leggi di natura che noi osserviamo oggi, saranno le stesse domani. Presupponiamo che tali leggi siano uniformi nell'universo. Nessuna di queste presupposizioni può essere provata. Il secondo genere di prova, è la prova matematica, laddove ogni passo nel ragionamento deve essere cauto, preciso e giustificato secondo leggi specifiche e fisse. Molti considerano questa con ogni probabilità la forma migliore e più pura del ragionamento umano. Comunque lo svantaggio di questo genere di prova è che funziona «su carta», in un mondo altamente astratto di simboli manipolati. I suoi principi abbondano nella scienza ed anche nella vita quotidiana; ma la loro utilità nella «vita reale» è limitata dall'estrema complessità dell'universo nel quale viviamo. Il terzo tipo di prova importante è quella legale e storica.

---

1. Si veda S. Singh, *Fermat's Last Theorem*, Fourth Estate, London 1998, p. 82.

Questo è il genere di ragionamento utilizzato, per esempio, dagli investigatori, dai legali, dai giudici, e dagli storici. Spesso è confuso con la prova scientifica, perché i metodi e gli strumenti della scienza sono talvolta utilizzati come aiuti forensi. La prova legale si interessa alla comprensione e all'analisi dell'evidenza fisica, ma si occupa allo stesso tempo dei testimoni oculari e dell'attendibilità di quei testimoni, con gli alibi, con le prove circostanziali, e le analisi dei motivi e della psicologia umana. È la più utile nella vita quotidiana, ma allo stesso tempo, è anche fallibile ed inesatta. Questi tre tipi di prova dovrebbero essere distinti da e relazionati con la prova filosofica, che richiede un grado di astrazione più alto.

Effettivamente, secoli prima di Eulero, i Padri della Chiesa avevano cercato di dimostrare con metodi razionali l'esistenza di Dio, basati sul fatto che nella creazione del cosmo e della persona umana Dio ha lasciato un segno, un'impronta o un marchio sulla sua creazione. In Occidente, S. Agostino, in chiave platonica, aprì una nuova via per una dimostrazione razionale dell'esistenza di Dio, basata sul valore della verità. Secondo questo grande Dottore della Chiesa, nulla nell'uomo è superiore alla ragione. Comunque, la verità, che è eterna, necessaria ed immutabile, forma la base sulla quale la ragione forma i sui giudizi; questa verità è al di sopra della ragione e la trascende. Perciò Dio, che è in Se stesso Verità assoluta, esiste. «Esiste infatti Dio ed esiste in un ordine sommamente intelligibile. E riteniamo per fede tale verità non solo innegabile, come suppongo, ma la raggiungiamo anche con una ben definita, per quanto assai tenue, forma della conoscenza.»[2] Nell'Oriente, S. Basilio spiegò che Dio «ha lasciato un segno chiaro ed evidente della sua immensa sapienza» anche nelle piccole creature come le orche marine, che i marinai usano per sapere se il tempo sarà sereno o tempestoso.[3] S. Giovanni Damasceno, un altro padre greco, spianò la strada per le prove

---

2. S. Agostino, *De libero arbitrio*, Libro 2, capitolo 15, n.39 in *PL* 32, 1262.

3. S. Basilio, *Omelie 7 sull'Esamerone*, capitolo 5 in *PG* 29, 159–160.

medievali dell'esistenza di Dio, questa volta in chiave aristotelica. Fornì tre dimostrazioni dell'esistenza di Dio: la prima basata sulla mutabilità e contingenza del cosmo, la seconda sulla conservazione ed il governo dell'universo, e la terza sulla disposizione ordinata degli esseri, che non può essere il risultato del caso.[4] Mentre le dimostrazioni dei padri della Chiesa spesso assumono un ruolo apologetico affinché convincano i pagani e gli atei, i pensatori del Medioevo svilupparono prove sull'esistenza di Dio non tanto per confutare le idee atee, ma piuttosto per illustrare l'armonia meravigliosa tra fede e ragione.[5] La Scolastica medievale propose due vie essenziali per provare l'esistenza di Dio. Queste due vie sono classificate secondo la distinzione tra un processo deduttivo (*a priori*), e un processo induttivo (*a posteriori*). Mentre tutti ammettono la validità e l'efficienza di quest'ultimo metodo, l'opinione è divisa riguardo al precedente. Alcuni ritengono che una prova valida *a priori* (di solito definita come argomento ontologico) sia possibile; altri la negano completamente; mentre altri ancora hanno un atteggiamento di compromesso o neutralità. Questa divergenza di opinioni si applica solo alla questione della prova dell'esistenza di Dio come tale; dacché, una volta che la sua esistenza è stata affermata, è necessario impiegare un'inferenza *a priori* o deduttiva affinché si arrivi ad una conoscenza della sua natura e dei suoi attributi, e poiché è impossibile sviluppare gli argomenti per la sua esistenza senza concetti validi della sua natura, è necessario in larga misura anticipare la fase deduttiva e combinare il metodo *a priori* con quello *a posteriori*. Il metodo *a posteriori* per la dimostrazione dell'esistenza di Dio dalla sua creazione può avere un duplice punto di partenza: il mondo fisico e la persona umana.

---

4. Si veda S. GIOVANNI DAMASCENO, *De fide orthodoxa*, Libro 1, capitolo 3 in *PG* 94, 795–798.

5. Si veda l'editoriale, «Prove dell'esistenza di Dio» in *La Civiltà Cattolica* 147/II (1996), p. 7.

Le prove dell'esistenza di Dio 197

Si oppongono alle prove dell'esistenza di Dio in primo luogo i materialisti, che affermano che tutto sia materia, tutto venga dalla materia e ad essa ritorna. Secondo, i monisti e panteisti, che dicono di ammettere Dio, ma lo identificano col mondo e quindi praticamente lo negano. In terzo luogo, dubitano dell'esistenza di Dio anche gli agnostici, i quali dichiarano impossibile sciogliere razionalmente il problema religioso. La questione dell'esistenza e della natura di Dio, affermano, supera le forze della nostra debole mente. Invece, una serie di altri pensatori affermano l'esistenza di Dio, ma appoggiandosi su falsi principi. Per primo, i fideisti, i modernisti ed altri, ritengono non potersi raggiungere Dio per la via del ragionamento, ma piuttosto per quella dei bisogni e delle aspirazioni della volontà e del cuore. Nel sentimento religioso dicono riscontrarsi un certo «intuito del cuore» per mezzo del quale l'uomo immediatamente entra in contatto con Dio e acquista, della esistenza di Lui e della Sua azione dentro e fuori di noi, una tale convinzione che supera ogni altra. I tradizionalisti insegnano che l'esistenza di Dio non può essere dimostrata dalla ragione se Dio stesso prima non ci ha già rivelato questa verità che gli uomini si tramandano di generazione in generazione. Poi, gli ontologisti vanno all'eccesso opposto e affermano che noi abbiamo la cognizione immediata di Dio, l'intuizione della sua essenza.

7.1 L'argomento ontologico

Il metodo deduttivo inizia da una riflessione su Dio come oggetto del «pensiero» per arrivare alla sua realtà come essere «esistente». Questo approccio, che ebbe la sua origine nel pensiero platonico ed agostiniano, fu principalmente trattato da S. Anselmo di Canterbury (1033–1109), e più tardi accettato da Alessandro di Hales (morto nel 1245) e da S. Bonaventura (1217–1247). Come proposto da S. Anselmo, l'argomento ontologico procede come segue. L'idea di Dio come Infinito significa il più grande Essere che può essere pensato. Ma, certamente, ciò di cui non si può pensare qualcosa di più grande non può essere nel solo intelletto. Se infatti è nel solo intelletto, si può pensare che esista anche nella realtà, il che è maggiore. Se dunque ciò di cui non si possa pensare il maggiore è nel solo intelletto, quello stesso di cui non si può pensare il maggiore è ciò di cui si può pensare il maggiore. Ma evidentemente questo non può essere. Dunque ciò di cui non si può pensare il maggiore esiste, senza dubbio, sia nell'intelletto sia nella realtà. Perciò, Dio deve esistere nella realtà, non solo nell'intelletto.[6] Inoltre, Anselmo sostenne che era impossibile immaginare che Dio non esistesse. Se la mente può immaginare un essere più grande di Dio, «la creatura si eleverebbe al di sopra del Creatore; il che sarebbe molto assurdo».[7] Così, poi, nessuno, che comprende veramente che cosa Dio è, può pensare che Dio non esista. Poiché Dio è quello di cui nulla di più grande può essere immaginato.[8]

Gaunilone, un monaco contemporaneo di Anselmo, scrisse un attacco all'argomentazione di Anselmo nella quale espose molte critiche. La più conosciuta fra queste è la parodia dell'argomentazione di Anselmo in cui egli prova l'esistenza dell'isola più grande possibile. Se invece di utilizzare l'espressione «qualcosa di cui non può essere concepito nulla di più grande» si usasse «un'isola di cui nulla di più grande può essere concepito» potremmo pro-

---

6. Si veda S. ANSELMO, *Proslogion*, capitolo 2 in *PL* 158, 227–228: «Altro, infatti, è che una cosa sia nell'intelletto, e altro è intendere che quella cosa esista. Quando il pittore prima pensa a ciò che sta per fare, ha certamente nell'intelletto ciò che ancora non ha fatto, ma non ha ancora compreso come sarà. Quando invece lo ha già dipinto, ha entrambi nella sua comprensione, e comprende che esso esiste, perché lo ha fatto… Ma, certamente, ciò di cui non si può pensare qualcosa di più grande non può essere nel solo intelletto. Se infatti è almeno nel solo intelletto, si può pensare che esista anche nella realtà, il che è maggiore. Se dunque ciò di cui non si può pensare il maggiore è nel solo intelletto, quello stesso di cui non si può pensare il maggiore è ciò di cui si può pensare il maggiore. Ma evidentemente questo non può essere. Dunque ciò di cui non si può pensare il maggiore esiste, senza dubbio, sia nell'intelletto sia nella realtà».
7. *Ibid.*, capitolo 3 in *PL* 158, 228.
8. Si veda *Ibid.*, capitolo 4 in *PL* 158, 229.

Le prove dell'esistenza di Dio

vare l'esistenza di questa isola.⁹ Il punto di Gaunilone era che si poteva provare l'esistenza di quasi ogni cosa utilizzando il metodo di dimostrazione di Anselmo. S. Anselmo rispose alla critica di Gaunilone, e affermò che non è possibile dedurre la reale esistenza di un'isola perduta dal fatto che possa essere concepita. Poiché la reale esistenza di un essere che viene detto come *il più grande fra gli altri esseri* non può essere dimostrata nella stessa maniera in cui si dimostra la reale esistenza di uno che è definito come *un essere di cui non può essere concepito nulla di più grande*.¹⁰ Gaunilone trascurò il fatto che l'argomento non si intendesse applicarlo agli ideali finiti, ma solo a quelli strettamente

9. Si veda GAUNILO, *Difesa dell'insipiente*, n.6 in PL 158, 246–247: «Per esempio: si è detto che da qualche parte nell'oceano ci sia un'isola, la quale, a causa della difficoltà o piuttosto dell'impossibilità, di scoprire ciò che non esiste, è definita l'isola perduta. E dicono che questa isola abbia un'inestimabile ricchezza di tutte le materie più preziose e delicate in grande abbondanza tanto da essere definita l'Isola delle Beatitudini; e non avendo né proprietari né abitanti, è più prestigiosa di tutte le altre nazioni, che sono abitate dall'umanità, per l'abbondanza della quale è dotata. Ora se qualcuno mi dicesse che esiste una tale isola, io potrei con facilità comprendere le sue parole, nelle quali non c'è difficoltà. Ma si suppone che venga a parlare come mosso da una logica inferenza: «Non puoi più a lungo dubitare su questa isola che è più prestigiosa di tutte le terre che esistono intorno, dal momento in cui non hai dubbi che essa stia nella tua comprensione. E dacché è più eccelsa non sta nella sola comprensione, ma esiste sia nella comprensione sia nella realtà, per questa ragione deve esistere. Perché se non esistesse, qualsiasi terra che esiste sarebbe più pregiata che quella; e così l'isola già compresa da te come la più eccellente non sarà la più prestigiosa.» Se un uomo tentasse di provarmi da tale ragionamento che quell'isola esiste realmente, e la sua esistenza non potrebbe essere ulteriormente messa in dubbio, o io crederei che costui stesse scherzando, o comprenderei che nel considerare ciò possiedo una grande follia; io stesso, supponendo che possa avvalorare questa prova; o lui, se supponesse di aver stabilito con profonda certezza l'esistenza di questa isola. Per questo dovrebbe dimostrare per prima cosa che l'ipotetica eccellenza di tale isola esista come un fatto reale ed indiscutibile, e non sapiente come ogni oggetto irreale, o uno del quale sia incerta l'esistenza, nella mia comprensione».

10. Si veda S. ANSELMO, *In risposta a Gaunilone*, capitoli 3 e 5 in PL 158, 252 e 255–256.

infiniti; e se è ammesso che possediamo una vera idea dell'infinito, e che questa idea non si contraddice da sola, non sembra possibile trovare alcun difetto nell'argomento. Successivamente Cartesio propose l'argomento ontologico in una forma leggermente diversa. Cartesio parte dall'intuizione a priori dell'idea di Dio, come «sostanza infinita, indipendente, sommamente intelligente, sommamente potente».[11] Questa idea non può essere stata prodotta dal cogito, il quale è stato dimostrato essere imperfetto. Si tratta di un'idea che trascende le possibilità del soggetto. Successivamente Cartesio trae il massimo profitto da tale intuizione sostenendo che, a differenza delle altre essenze che possono essere distinte dall'esistenza, l'idea di Dio in quanto contiene tutte le perfezioni non può essere distinta dall'esistenza, poiché anche «l'esistenza è una perfezione» e non può essere pensato senza esistenza. «Non c'è maggior contraddizione nel pensare Dio (cioè un ente sommamente perfetto—senza l'esistenza—privo cioè di una qualche perfezione) che nel pensare ad un monte al quale manchi la valle.»[12]

In una terza forma della dimostrazione ontologica dell'esistenza di Dio, Leibniz affermò: Dio è almeno possibile dato che il concetto di Lui come Infinito non implica contraddizioni; ma se Egli è possibile deve esistere perché il suo concetto implica l'esistenza. L'esistenza attuale è con certezza inclusa in qualsiasi concetto veritiero dell'Infinito e la persona che ammette di possedere una concezione di un essere Infinito non può negare il fatto che lo concepisca come attualmente esistente.[13] La difficoltà, ad ogni modo,

---

11. R. DESCARTES, *Meditazioni metafisiche*, III, 22.
12. R. DESCARTES, *Meditazioni metafisiche*, V, 8.
13. G.W. LEIBNIZ, *Monadologia*, 45: «Ita Deus solus (seu ens necessarium) hoc privilegio gaudet, quod necessario existat, si possibilis est. Et quemadmodum nihil possibilitatem eius impedit, quod limitum expers, nec ullam negationem, consequenter nec contradictionem involvit; hoc unicum sufficit ad cognoscendum existentiam Dei a priori. Nos eam quoque probavimus per realitatem veritatum aeternarum.»

Le prove dell'esistenza di Dio

sta in questa proposizione preliminare di concepire un Essere Infinito attualmente esistente, che richiede di essere giustificato dal ricorrere ad un argomento *a posteriori*, cioè ad una deduzione per via di causalità dalla contingenza sino ad un Essere esistente necessariamente e dunque per via deduttiva all'infinito. Per questa ragione la grande maggioranza dei filosofi hanno respinto l'argomento ontologico come proposto da S. Anselmo, Cartesio e Leibniz.

In particolare, quando S. Tommaso d'Aquino indicò che l'esistenza di Dio non è evidente per se stessa, illustrò la debolezza dell'argomento ontologico. Dato pure che tutti col termine «Dio» intendano significare ciò che si dice, cioè un ente di cui non si può pensare nulla di più grande, da ciò non segue tuttavia la persuasione che l'essere espresso da tale nome esista nella realtà delle cose, ma soltanto che esiste nella percezione dell'intelletto. E non si può arguire che esista nella realtà se prima non si ammette che nella realtà vi è una cosa di cui non si può pensare nulla di più grande: il che non è concesso da quanti dicono che Dio non esiste.[14] S. Tommaso preferì il metodo *a posteriori* per la dimostrazione dell'esistenza di Dio, procedendo dagli effetti alla Causa, perché gli effetti sono conosciuti meglio da noi che non la Causa.[15] Sebbene Dio trascenda il senso e gli oggetti dei sensi, tuttavia gli effetti sensibili sono la base della dimostrazione razionale dell'esistenza di Dio.[16]

7.2 Le vie del Dottor Angelico

Oltre alle celebri cinque vie, S. Tommaso d'Aquino ha proposto parecchie altre prove dell'esistenza di Dio. Queste prove possono essere raggruppate in tre categorie principali. Il primo gruppo comprende tutte le prove che hanno il loro piano di appoggio nell'osservazione del movimento o divenire del cosmo. Sono argomenti di andamento fisico

---

14. Si veda S. TOMMASO D'AQUINO, *Summa Theologiae*, I, q.2, a.1.
15. Si veda S. TOMMASO D'AQUINO, *Summa Theologiae*, I, q.2, a.2.
16. Si veda S. TOMMASO D'AQUINO, *Summa Contra Gentiles*, Libro 1, capitolo 12. Qui, S. Tommaso osservò anche che «la nostra conoscenza, anche delle cose che trascendono i sensi, si origina dai sensi».

o *cosmologico*. Il secondo gruppo di dimostrazioni assume come punto di partenza le proprietà degli enti finiti in quanto tali. Si tratta di prove di carattere essenzialmente *metafisico*, perché non si fondano sull'esperienza immediata dei fenomeni del cosmo, ma sull'analisi del concetto dell'ente. La terza categoria di prove comprende tutte le argomentazioni che fanno leva sulla considerazione della *finalità* o dell'ordine delle cose.[17]

Le prime dimostrazioni dell'esistenza di Dio offerte da S. Tommaso si trovano già nel suo *Commentario sulle Sentenze di Pietro Lombardo*. Tommaso vi rielaborò le quattro ragioni fornite dal Lombardo. La prima prova è imperniata sulla contingenza del cosmo. Essendo tutte le realtà che ci circondano, imperfette e determinabili, devono aver ricevuto il loro essere da una causa, che è Dio. Il secondo argomento è basato sulla via dell'esclusione, cioè al di là di tutto ciò che è imperfetto è necessario che esista qualcosa di perfetto, al quale non sia commista alcuna imperfezione. Al di là di tutte le specie mutevoli, è necessario che esista un ente incorporeo, immobile e del tutto perfetto e questo è Dio. La terza via tratta della trascendenza nell'essere. Dal bene nelle creature si passa al Bene supremo dal quale provenga la bontà nelle creature. La quarta via consiste nella trascendenza nel conoscere, e qui procediamo dalla gradazione nella bellezza. Ora i corpi sono belli in virtù di una bellezza sensibile e gli spiriti sono ancora più belli in virtù di una bellezza intelligibile; dunque deve esistere un principio da cui deriva la bellezza degli uni e degli altri e a cui gli spiriti sono più vicini.

Poi S. Tommaso propose i suoi cinque argomenti fondamentali per provare l'esistenza di Dio. Il primo è l'argomento del moto, nel quale si fa il passaggio dalla potenza all'atto. Quando questo accade nell'universo implica un primo Motore immobile (*primum movens immobile*) che è Dio; altrimenti sarebbe necessario postulare una serie infinita di

---

17. Si veda S. Tommaso d'Aquino, *L'esistenza di Dio* (a cura di G. Zuanazzi), La Scuola, Brescia 2003, pp. 48–52.

Le prove dell'esistenza di Dio

motori, che è inconcepibile.[18] La seconda via proposta dal Dottore Angelico impiega l'idea della causalità efficiente. Le cause efficienti, come si vedono operare nell'universo, implicano l'esistenza di una Causa Prima che è incausata, una Causa che possiede in se stessa la ragione sufficiente per la sua esistenza; e questa è Dio.[19] La terza via è basata

18. Si veda S. Tommaso d'Aquino, *Summa Theologiae*, I, q.2, a.3: «La prima via e la più evidente è quella che è desunta dal moto. È certo infatti, e consta dai sensi, che in questo mondo alcune cose si muovono. Ora, tutto ciò che si muove è mosso da altro. Nulla infatti si trasmuta che non sia in potenza rispetto al termine del movimento, mentre ciò che muove, muove in quanto è in atto. Muovere infatti non significa altro che trarre qualcosa dalla potenza dell'atto; e nulla può essere ridotto dalla potenza all'atto se non da parte di un ente che è già in atto. Come il fuoco, che è caldo attualmente, rende caldo in atto il legno, che era caldo solo potenzialmente, e così lo muove e lo altera. Ora non è possibile che una stessa cosa sia simultaneamente e sotto lo stesso aspetto in atto e in potenza, ma lo può essere soltanto sotto diversi rapporti: come ciò che è caldo in atto non può essere insieme caldo in potenza, ma è insieme freddo in potenza. È dunque impossibile che sotto il medesimo aspetto una cosa sia al tempo stesso movente e mossa, cioè che muova se stessa. È quindi necessario che tutto ciò che si muove sia mosso da altro. Se dunque l'ente che muove è anch'esso soggetto a movimento, bisogna che sia mosso da un altro, e questo da un terzo e così via. Ma non si può in questo caso procedere all'infinito, perché altrimenti non vi sarebbe un primo motore, e di conseguenza nessun altro motore, dato che i motori intermedi non muovono se non in quanto sono mossi dal primo motore, come il bastone non muove se non in quanto è mosso dalla mano. Quindi è necessario arrivare a un primo motore che non sia mosso da altri; e tutti riconoscono che esso è Dio.».

Si veda inoltre Idem, *Summa Contra Gentiles*, Libro 1, capitolo 13: «Tutto ciò che è in moto è mosso da altri. Ora, che qualche cosa sia in moto, mettiamo il sole, è evidente. Dunque viene mosso da altri. Ma il motore suddetto, o è esso stesso in moto, oppure è immobile. Se non è in moto abbiamo raggiunto ciò che si cercava, e cioè che è necessario ammettere un motore immobile che noi chiamiamo Dio. Se invece esso stesso è in moto, viene mosso da un altro motore. Perciò, o si procede così all'infinito, oppure si deve arrivare a un primo motore immobile. Ma non si può procedere così all'infinito. Dunque è necessario ammettere un primo motore immobile.»

19. Si veda S. Tommaso d'Aquino, *Summa Theologiae*, I, q.2, a.3: «La seconda via parte dalla nozione di causa efficiente. Troviamo infatti che nel mondo sensibile vi è un ordine tra le cause efficienti; ma

sulla contingenza, dove il fatto che gli esseri contingenti esistono (vale a dire gli esseri che possono esistere e anche non esistere) implica l'esistenza di un essere necessario, che è Dio.[20] La quarta via di S. Tommaso impiega la considerazione che i gradi di perfezioni dell'essere esistenti attualmente nell'universo possono essere compresi solo dal confronto con un modello assoluto che è anche attuale, cioè l'essere infinitamente perfetto che è Dio.[21] Nella quinta

> non si trova, ed è impossibile, che una cosa sia causa efficiente di se medesima: perché allora esisterebbe prima di se stessa, cosa inconcepibile. Ora, un processo all'infinito nelle cause efficienti è assurdo. Infatti in tutte le cause efficienti concatenate la prima è causa dell'intermedia, e l'intermedia è causa dell'ultima, siano molte le intermedie o una sola; ma eliminata la causa è tolto anche l'effetto: se dunque nell'ordine delle cause efficienti non vi fosse una prima causa, non vi sarebbe neppure l'ultima, né l'intermedia. Ma procedere all'infinito nelle cause efficienti equivale a eliminare la prima causa efficiente: e così non avremo neppure l'effetto ultimo, né le cause intermedie, il che è evidentemente falso. Quindi bisogna ammettere una prima causa efficiente, che tutti chiamano Dio.»

20. Si veda S. TOMMASO D'AQUINO, *Summa Theologiae*, I, q.2, a.3: «La terza via è presa dal possibile [o contingente] e dal necessario, ed è questa. Tra le cose ne troviamo alcune che possono essere e non essere: infatti certe cose nascono e finiscono, il che vuol dire che possono essere e non essere. Ora, è impossibile che tutto ciò che è di tale natura esista sempre, poiché ciò che può non essere prima o poi non è. Se dunque tutte le cose [esistenti in natura sono tali che] possono non esistere, in un dato momento nulla ci fu nella realtà. Ma se ciò è vero, anche ora non esisterebbe nulla, poiché ciò che non esiste non comincia a esistere se non in forza di qualcosa che esiste. Se dunque non c'era ente alcuno, è impossibile che qualcosa cominciasse a esistere, e così anche ora non ci sarebbe nulla, il che è evidentemente falso. Quindi non tutti gli esseri sono contingenti, ma bisogna che nella realtà vi sia qualcosa di necessario. Ma tutto ciò che è necessario o ha la causa della sua necessità in un altro essere, oppure non l'ha. D'altra parte negli enti necessari che hanno altrove la causa della loro necessità non si può precedere all'infinito, come neppure nelle cause efficienti, come si è dimostrato. Quindi bisogna porre l'esistenza di qualcosa che sia necessario di per sé, e non tragga da altro la propria necessità, ma sia piuttosto la causa della necessità delle altre cose. E questo essere tutti lo chiamano Dio.»

21. Si veda S. TOMMASO D'AQUINO, *Summa Theologiae*, I, q.2, a.3: «La quarta via è presa dai gradi che si riscontrano nelle cose. È evidente

Le prove dell'esistenza di Dio

via, S. Tommaso suggerì che l'ordine meraviglioso nel cosmo è la prova di un disegno intelligente nell'universo. Questo disegno implica l'esistenza di un Disegnatore oltre il cosmo, che è Dio Stesso.[22]

7.3 Le vie del Dottor Sottile

Il Beato Giovanni Duns Scoto adottò sia il processo deduttivo che quello induttivo nelle sue prove dell'esistenza di Dio. Il primo procedimento è per intero un metodo *a posteriori*, che riassume le prime tre vie di S. Tommaso. Gli oggetti della nostra esperienza sono realtà in cambiamento, o sono enti in corso di «divenire». Ora quello che cambia non possiede né sufficiente ragione per la sua esistenza, né per la sua attività. Quindi affermiamo l'esistenza di un Essere, cioè Dio, che sta al di fuori della catena della successione e del cambiamento, e che giustifica l'esistenza e l'azione degli esseri nelle varie fasi del divenire. Il secondo

---

infatti che nelle cose troviamo il bene, il vero, il nobile, e altre simili perfezioni in un grado maggiore o minore. Ma il grado maggiore o minore viene attribuito alle diverse cose secondo che esse si accostano di più o di meno ad alcunché di sommo e di assoluto: come più caldo è ciò che maggiormente si accosta a ciò che è sommamente caldo. Vi è dunque qualcosa che è sommamente vero, e sommamente buono, e sommamente nobile, e di conseguenza sommamente ente: poiché, ciò che è massimo in quanto vero è tale anche in quanto ente.... Ora, ciò che è massimo in un dato genere è causa di tutte le realtà appartenenti a quel genere: come il fuoco che è caldo al massimo grado, è la causa di ogni calore. Quindi vi è qualcosa che per tutti gli enti è causa dell'essere, della bontà e di qualsiasi perfezione. E questo essere lo chiamiamo Dio.»

22. Si veda S. Tommaso d'Aquino, *Summa Theologiae*, I, q.2, a.3: «La quinta via è desunta dal governo delle cose. Vediamo infatti che alcune cose prive di conoscenza, come i corpi fisici, agiscono per un fine, come appare dal fatto che agiscono sempre o quasi sempre allo stesso modo per conseguire la perfezione: per cui è evidente che raggiungono il oro fine non a caso, ma in seguito ad una predisposizione. Ora ciò che è privo di intelligenza non tende al fine se non perché è diretto da un essere conoscitivo e intelligente, come la freccia dall'arciere. Vi è dunque un qualche essere intelligente dal quale tutte le realtà naturali sono ordinate al fine: e questo essere lo chiamiamo Dio.»

procedimento di Scoto consiste in uno sviluppo dell'argomento di S. Anselmo. Per dare validità a questo argomento *a priori*, Scoto inserisce elementi *a posteriori*, cioè l'analisi della possibilità (contingenza) che è affermata dalla nostra esperienza. Per Scoto, dire che Dio è «un essere di cui non si può concepire nulla di più grande» vale a dire che Dio è infinito. Ora, secondo Scoto, la debolezza dell'argomentazione di S. Anselmo non sta nella transizione dalla possibilità all'esistenza reale, ma in questo: S. Anselmo non provò che il concetto di infinito fosse possibile. Scoto prova questa possibilità negativamente tramite la dimostrazione che il concetto di un essere infinito non implica una contraddizione. Se avesse implicato una contraddizione, la nostra mente, che ha per suo oggetto «l'essere come essere», l'avrebbe notata. In modo positivo, Scoto inizia con i dati dell'esperienza, che ci dicono che molte cose sono possibili. Tutte le serie possibili di esseri, quindi, sono in relazione con l'Essere Incausato, che, per il fatto che è Incausato, è Perfezione infinita. Da qui un essere infinito non solo è possibile, ma esiste davvero. «Perciò, parlando in assoluto, la prima causa efficiente può esistere per suo proprio diritto; da qui esiste per se stessa».[23]

7.4 L'argomento cosmologico

Le prime due vie di S. Tommaso possono essere formulate come un *argomento cosmologico* per l'esistenza di Dio, comunemente conosciuto come via della causalità generale. È così definito perché assume come punto di partenza la validità oggettiva del principio di causalità, un'asserzione sulla quale si basa la procedura della scienza fisica in particolare, e della conoscenza umana in generale.[24] Dubitare della sua certezza oggettiva, come fece Kant, e rappresentarlo come un mero *a priori* mentale, o attribuendogli una sola validità soggettiva, potrebbe aprire la porta al soggettivismo ed allo scetticismo universale. È impossibile provare

23. Beato GIOVANNI DUNS SCOTO, *Opus Oxoniense*, n.16.
24. Si veda capitolo 1, pp. 28–32 sopra, per una spiegazione del principio della causalità.

il principio di causalità, come è impossibile provare il principio di non-contraddizione; ma non è difficile vedere che se il primo è negato anche l'ultimo sarebbe negato e crollerebbe l'intero edificio della ragione umana.

Nell'universo, alcune cose vengono considerate effetti, in quanto dipendono per la loro esistenza da altre cose, e queste a loro volta da altre cose ancora; ma, per quanto questa serie di effetti e cause dipendenti possa essere estesa indietro, se la ragione umana è presa sul serio, si deve arrivare alla fine ad una causa che non è essa stessa un effetto, in altre parole ad una causa incausata o all'essere auto-esistente che è fondamento e causa di tutto l'essere. Orbene non si può procedere all'infinito nella serie delle cause essenzialmente subordinate, altrimenti si avrebbe una serie infinita di anelli che stanno sospesi senza un fulcro di attacco, si avrebbe, cioè, una serie infinita di specchi che riflettono la luce senza un corpo per sé lucente, una somma di zeri che, per quanto prolungata, non può dare l'unità. Invece ci dev'essere una Causa finale incausata di tutte le cose. Questa causa incausata è certamente Dio.

L'argomento cosmologico prende parecchie forme ma è rappresentato principalmente da quanto segue: le cose esistono, ma è possibile per quelle cose non esistere. Qualsiasi cosa che ha la possibilità della non-esistenza, ma esiste, è stata causata ad esistere. Niente può creare se stesso, dato che deve esistere per creare: ciò è chiaramente illogico. Non ci può essere un infinito numero di cause che permettano a qualcosa di esistere, perché un'infinita regressione delle cause, alla fine, non ha causa iniziale, il che significa che non c'è una causa di esistenza. Poiché l'universo esiste, deve avere una causa. Perciò, deve esserci una Causa incausata di tutte le cose, che è Dio.

Il panteismo è la visione secondo la quale Dio viene identificato con il mondo o è completamente immanente in esso.[25] La critica panteistica dell'argomento cosmo-

---

25. Per un approfondimento sul panteismo, si veda il mio opuscolo, *Il mistero della creazione*, LEV, Città del Vaticano 1999, pp. 22, 70–71, 118.

logico è fallace, vale a dire che il mondo, sia materiale o mentale od entrambi, contiene in se stesso la ragione sufficiente della propria esistenza. Un mondo auto-esistente potrebbe esistere di necessità assoluta e potrebbe essere infinito in ogni genere di perfezione; ma siamo certi per l'esperienza che l'universo, come lo conosciamo, nella sua totalità così come nelle sue parti, realizza soltanto gradi finiti di perfezione. È semplicemente una contraddizione in termini, ma si potrebbe tentare di conciliare la contraddizione con un uso ambiguo del linguaggio, per affermare l'infinità della materia o della mente umana, e il panteista ritiene che l'uno o l'altro o entrambi siano infiniti. In altre parole per un panteista la distinzione tra il finito e l'infinito deve essere abolita ed il principio di non-contraddizione negato. Mentre il teismo salvaguarda alcune verità primarie come la realtà della personalità umana, la libertà e la responsabilità morale, il panteismo tende a sacrificare tutte queste, a negare l'esistenza del male, sia fisico che morale, a distruggere la base razionale della religione, e, attraverso la pretensione di fare dell'uomo il proprio Dio, lo priva del senso comune e di tutti i suoi più alti propositi di buona condotta. La filosofia che conduce a tali risultati è incrinata alla radice.

7.5 L'argomento della contingenza

La terza via di S. Tommaso è stata sviluppata nell'*argomento della contingenza*. Per Avery Dulles, la contingenza significa che la realtà intera è composta di esseri dipendenti, cose che non esistono per i loro propri poteri intrinseci. «Se A dipende da B, e B sia a sua volta dipendente, deve esserci una C per giustificare l'esistenza di B». Dulles ritiene che la scala della dipendenza non può estendersi senza fine o «non ci sarebbe una ragione sufficiente perché qualcosa esista».[26] Egli illustra l'impossibilità di un'infinita regressione con un esempio simpatico:

---

26. A. DULLES, *The New World of Faith*, Our Sunday Visitor, Huntington 2000, p. 31.

Le prove dell'esistenza di Dio 209

Uno studente può prendere un buon voto copiando un compito da un altro studente che ha risposto correttamente. Quello studente, a sua volta, potrebbe aver copiato da un terzo. Ma è assurdo ritenere che tutti gli studenti abbiano copiato da altri studenti, in serie infinita. Ci dovrebbe essere alla fine uno studente che ha dato le risposte corrette grazie alla propria conoscenza personale. Una catena di cause dipendenti, anche se infinitamente lunga, non spiega l'effetto.[27]

---

27. *Ibid.*, p. 32. Per un'ulteriore dimostrazione simpatica dell'impossibilità di un regresso all'infinito si veda l'esposizione dell'Albergo di Hilbert in W.L. CRAIG, «The Existence of God and the Beginning of the Universe» in *Truth: A Journal of Modern Thought* 3 (1991), pp. 85-96: «Immaginiamo un albergo con un numero finito di stanze. Si supponga, inoltre, che *tutte le stanze siano piene*. Quando arriva un cliente nuovo chiedendo una stanza, il proprietario dice, «Mi scusi, tutte le stanze sono occupate». Ma, ora, immaginiamo un hotel con un numero infinito di stanze e supponiamo di nuove che tutte siano occupate. Non esiste una sola stanza disponibile in tutto l'infinito albergo. Si supponga che un nuovo cliente si presenti per una stanza. «Ma certo!» afferma il proprietario, e subito sposta la persona nella stanza #1 alla stanza #2, la persona della stanza #2 alla stanza #3, la persona della stanza #3 nella stanza #4 e così via, all'infinito. Come risultato di questo cambiamento di stanze, la stanza #1 è ora libera e il nuovo cliente con piacere la occupa. Ma ricorda, prima che arrivasse, tutte le stanze erano occupate! Ugualmente curioso, secondo i matematici, non ci sono nell'albergo più persone di quante ce ne fossero prima: il numero è appunto infinito. Ma come è possibile? Il proprietario segna il nome del nuovo cliente sul registro e gli fornisce le sue chiavi—come può non esserci una sola persona in più di prima nell'albergo? Ma la situazione diviene sempre più bizzarra. Per supposizione un numero infinito di nuovi clienti si presenta al banco, chiedendo una stanza. «Ma sì, ma sì!» afferma il proprietario, e procede a spostare la persona nella stanza #1 alla stanza #2, la persona della stanza #2 alla stanza #4, la persona nella stanza #3 nella stanza #6, e così via all'infinito, sempre sistemando l'inquilino precedente nella stanza con numero doppio rispetto al suo. Come risultato, tutte le stanze numerate in dispari divengono libere, e l'infinità dei nuovi clienti è sistemata con facilità. Ed ancora, prima che giungessero, tutte le stanze erano occupate! Ed ancora, stranamente, il numero dei clienti nell'albergo rimane uguale sia prima che dopo l'arrivo dell'infinità dei nuovi clienti, sebbene ci fosse un numero uguale di nuovi e vecchi clienti. Infatti, il pro-

Arriviamo, quindi, all'unico Essere Necessario, che deve essere la pienezza assoluta della realtà e del potere, ed è dotato da ogni perfezione positiva, che non ha limitazioni. L'Essere Necessario è la vita, l'intelligenza e la libertà, ed è dunque personale.[28] Stanley Jaki definisce il significato del termine «contingente» come

> dipendente da un fattore esterno ai parametri che determinano il trattamento scientifico del problema o della configurazione. Nel caso dell'universo intero, il fattore in questione può essere solo un fattore metafisico. Un tale significato dell'espressione «contingente» è in essenza diverso dal suo essere considerato equivalente a «fortuito».[29]

prietario potrebbe ripetere questo processo *all'infinito molte volte* ed ancora non ci sarebbe una sola persona in più nell'albergo che c'era di prima.

Ma l'Albergo di Hilbert è ancora più strano di quanto sembri essere al matematico tedesco. Per supposizione alcuni clienti cominciano a partire. Si supponga che il cliente della stanza #1 parti. Non c'è, ora, una persona in meno nell'albergo ? No, secondo il matematico —ma domanda alla signora che fa i letti ! Si supponga che i clienti delle stanze numero 1, 3, 5, ... partano. In questo caso un numero infinito di persone ha lasciato l'albergo, ma secondo il matematico non ci sono meno persone nell'albergo — ma non ditelo alla signora della biancheria! Di fatto, potremmo avere tutti gli altri clienti partiti dall'albergo e ripetere questo processo all'infinito molte volte, ed ancora non ci sarebbero meno persone nell'albergo. Si supponga, invece, che le persone nella stanze 4, 5, 6, ... partano. In un solo colpo l'albergo sarebbe virtualmente svuotato, il registrato dei clienti ridotto a tre nomi, e l'infinito convertito in finito. Ed ancora sarebbe vero che il *medesimo numero* di clienti parta come quando partirono i clienti delle stanze 1, 3, 5, ... Può qualcuno, sinceramente, credere che un albergo simile possa esistere nella realtà? Questi tipi di assurdità illustrano l'impossibilità di un'esistenza di un numero infinito di cose. Se l'universo non iniziò mai ad esistere, allora prima dell'evento presente è esistito un numero infinito di eventi precedenti. Da qui, una serie di eventi priva di origine nel tempo comporta l'esistenza di un numero infinito in atto di cose, cioè, di eventi passati.»

28. Dulles, *The New World of Faith*, p. 32.
29. S.L. Jaki, «The History of Science and the Idea of an Oscillating Uni-

Jaki afferma che un «universo contingente ed un universo creato sono due facce della stessa moneta filosofica».[30] Per Jaki, il concetto di contingenza è in rapporto alla nozione di condizioni al contorno che rendono l'intero universo coerente. Esse sono date, non deducibili dalle leggi, e tutte esistono in relazione a quelle complessive che costituiscono la natura quale totalità di enti. La «spiegazione di un insieme dato di condizioni al contorno è possibile solo in termini di un insieme più generale. Questi insiemi formano una struttura gerarchica riguardo alla quale la sconsideratezza del regresso all'infinito è proibita non solo dalla logica, ma anche dal fatto che l'universo ha, nella propria struttura se non nella propria estensione, una condizione al contorno complessiva.» E poiché questa non è autoesplicativa, è legittimo cercare il suo essere dato in un fattore che, poiché l'universo comprende tutto quanto è fisico, dev'essere metafisico rispetto all'universo intero. Questo legame tra la contingenza e la creazione implica che, per Jaki, le cinque vie dell'Aquinate sono essenzialmente una sola «quella della contingenza».[31]

La descrizione dell'universo fisico è altamente matematica. Ciascuna struttura matematica è costruita da una serie di assiomi. I teoremi contenuta in questa struttura sono poi derivate da quegli assiomi. All'interno di quella data struttura matematica si può dimostrare come i teoremi derivino logicamente dagli assiomi. La scelta originale degli assiomi, comunque, non può essere giustificata dall'interno del sistema. Questo tipo di giustificazione deve essere fornita dall'esterno del sistema. Questo è in effetti ciò che Kurt Gödel dimostrò nel 1931, ossia che è impossibile provare, con l'uso dei metodi matematici, che gli assiomi sono coerenti. Per coerente si intende che le conclusioni derivate da tali assiomi sono sempre senza contraddizioni. Anche se fosse possibile provare la coerenza di un dato sistema,

---

verse» in *The Center Journal* 4 (1984), p. 164, nota 50.
30. *Ibid.*, p. 159.
31. S.L. JAKI, *La strada della scienza e le vie verso Dio*, Jaca Book, Milano 1988, pp. 426–427.

quel sistema non sarebbe mai completo in se stesso. In altre parole, dall'interno di un dato sistema è impossibile provare la verità di tutti i veri postulati contenuti in esso.[32] Quindi nelle descrizioni matematiche della realtà si trova un'inerente incompletezza. Così nell'universo ciascun sistema dipende da un sistema più grande per dimostrare la sua validità. Per l'universo considerato nella sua interezza, la prova della sua consistenza deve trovarsi al di fuori di esso, nel suo Creatore. Il cosmo, colmo di intelligibilità, è quindi al penultimo grado, l'Ultimo nell'intelligibilità essendo Dio il Creatore, Colui che solo è sopra ogni cosa.[33]

7.6 L'argomento teleologico

La quinta via di S. Tommaso d'Aquino è stata sviluppata da molti pensatori sotto il nome di *argomento teleologico*, anche conosciuto come l'argomento del disegno. Nella sua forma basilare, afferma che deve esistere un Disegnatore dato che l'universo e le cose viventi mostrano indizi del disegno nel loro ordine, nella loro coerenza, unità, e nel loro schema. Una forma di questo argomento fu l'immagine del Orologiaio offerta da William Paley (1743–1805). L'argomento si sviluppa come segue:

> Supponiamo che, attraversando una brughiera, abbia calpestato con il mio piede una pietra, e che mi sia chiesto come abbia fatto la pietra a giungere

32. Si veda R. STANNARD, «God's Purpose in and Beyond Time» in J.M. Templeton (ed.) *Evidence of Purpose*, Continuum, New York 1994, p. 43.
33. S.L. Jaki fu il primo ad offrire l'estensione del teorema di Gödel alla cosmologia nel suo lavoro fondamentale *The Relevance of Physics*, Scottish Academic Press, Edinburgh 1992², pp. 127–130; questo discorso è stato articolato in gran dettaglio nel suo *Cosmos and Creator*, Scottish Academic Press, Edinburgh 1980, pp. 49–51, 54, 108; *Il Salvatore della scienza*, LEV, Città del Vaticano 1992, pp. 115–116, 209; «From Scientific Cosmology to a Created Universe» in *Irish Astronomical Journal* 15 (1982), pp. 257–258; *Dio e i cosmologi*, LEV, Città del Vaticano 1991, pp. 105–111. Per la spiegazione dell'universo come penultimo e Dio come l'Ultimo in intelligibilità, si veda S.L. JAKI, «Physics and the Ultimate» in *Ultimate Reality and Meaning* 11/1 (March 1988), pp. 68–72.

Le prove dell'esistenza di Dio

sin lì; potrei rispondermi, con molta probabilità, che, per quanto sappia il contrario, quella è stata lì da sempre: forse non sarebbe veramente facile dimostrare l'assurdità di tale risposta. Ma supponiamo che io abbia trovato un orologio per terra, e ci si potrebbe chiedere come abbia fatto l'orologio ad essere in quel posto; potrei con fatica dare la stessa risposta che ho dato in precedenza che, per quanto possa sapere, l'orologio potrebbe essere stato sempre lì. Allora perché questa risposta non dovrebbe essere valida per l'orologio così come per la pietra?[34]

Poi Paley afferma che sia inevitabile inferirne: che l'orologio deve avere avuto un costruttore; che devono essere esistiti, in qualche tempo e in qualche luogo, un artefice o degli artefici che lo formarono in vista del fine al quale noi vediamo che effettivamente risponde; che ne comprendevano la struttura e ne progettarono l'uso.[35] Le conclusioni sono immediate: se gli organismi sono affatto più complessi degli orologi, e gli organismi sono di fatto più complessi degli orologi, così come per l'orologio è inevitabile implicare l'orologiaio, per gli organismi viventi, per l'uomo, non si può evitare di richiedere con ben maggior necessità un Creatore benevolo: Dio. Paley argomenta non solo come teologo, ma anche come scienziato, dove mette in comparazione l'occhio umano ed il telescopio. Entrambi rivelano principi simili di progettazione e di costruzione; entrambi sono formati secondo le stesse leggi ottiche; l'occhio differisce solo nell'essere più versatile e più delicato nelle sue operazioni. Come il telescopio è inconcepibile senza i suoi disegnatori, così anche l'occhio. L'occhio è un organo sorprendente, perché per funzionare devono esserci molte differenti parti convergenti che da sole non hanno funzioni, ma assumono valore solo in un complesso progettato. Solo

---

34. W. PALEY, *Natural Theology: or, Evidences of the Existence and Attributes and of the Deity, Collected from the Appearances of Nature*, Gould, Kendall and Lincoln, Boston 1849, p. 6.

35. Cf. *ibid.*, p. 6.

in un insieme organico ciascuna parte compie la sua funzione per il tutto, denotando il disegno e lo scopo.

L'opera di Paley è esposta alla critica poiché egli presentò una visione piuttosto meccanica del cosmo, di moda al suo tempo. Paley inoltre propose, errando, che Dio avesse rinunciato all'onnipotenza, così permettendo al processo creativo di procedere secondo leggi di natura chiaramente discernibili; attraverso le leggi di natura, Dio ha compiuto la creazione della vita. «Questo», conclude Paley, «è ciò che costituisce l'ordine e la bellezza dell'universo. Dio, perciò, è stato felice di prescrivere i limiti a questo suo potere, e di portare a termine i suoi fini entro questi limiti. Le leggi generali della materia hanno forse la natura di questi limiti».[36] Allo stesso tempo, la teologia naturale di Paley era uno stimolo per la scienza, perché la sua teologia naturale era imbevuta di un'interazione veramente concreta tra i fenomeni della natura e il suo Creatore: «Il mondo diviene da allora in poi un tempio, e la vita stessa un continuo atto di adorazione».[37]

La prospettiva evoluzionista, lungi dal diminuire il valore del disegno e dello scopo nel cosmo come indicazioni del suo Creatore, serve soltanto a rafforzare gli argomenti. La prova del disegno, che l'universo esplicita, è anche più imponente dal punto di vista evoluzionista. L'occhio, per esempio, come organo visivo è una chiara incarnazione dello scopo intelligente, in maniera ancor più evidente quando risulta come il prodotto della provvidenza di Dio in un processo evolutivo piuttosto che nell'immediata opera del Creatore. L'occhio è solo uno degli esempi innumerevoli di adattamento ai fini particolari discernibili in ogni angolo dell'universo, sia inorganico che organico; perché l'atomo come la cellula contribuisce alla prova a favore del disegno. Un ulteriore esempio sta nell'incredibile complessità del codice genetico umano. Il termine «codice» implica una Intelligenza che la progettò;

---

36. *Ibid.*, p. 26.
37. *Ibid.*, pp. 293–94.

Le prove dell'esistenza di Dio

l'intelligenza umana ha poi decifrato il genoma umano. La sola alternativa all'Intelligenza è il «caso»; comunque le probabilità che il genoma si sia formato per caso sono nulle, ancor meno della probabilità di buttare insieme tutte i componenti di un computer e sperare che, un giorno, tutte questi componenti si colleghino da soli nell'ordine giusto per comporre un nuovo computer. L'argomento non è indebolito dalla nostra inabilità, in molti casi, di spiegare lo scopo particolare di alcune strutture o organismi. Inoltre, nella ricerca di casi particolari di disegno, l'evidenza fornita dall'unità armoniosa della natura nel suo insieme non deve essere trascurata.

L'universo come lo conosciamo è un cosmo.[38] Questo è un sistema molto complesso di parti correlate ed interdipendenti, ciascuna soggetta a leggi particolari e tutte insieme soggette ad una legge comune o a una combinazione di leggi; cosicché il raggiungimento di fini particolari sia attuato per contribuire in maniera meravigliosa alla realizzazione di uno scopo comune. È semplicemente inconcepibile che questa unità cosmica debba essere il prodotto del caso o sia fortuita. Se si contestasse l'esistenza di un altro lato della prospettiva, che l'universo abbondi di imperfezioni, così come in disfunzioni, errori, apparente spreco inutile, almeno una risposta è possibile. Il mondo esistente non è il migliore fra tutti quelli possibili, ed è solo sulla supposizione del suo essere tale che le imperfezioni riferite potrebbero essere escluse. Ammettendo l'esistenza del male fisico, ma senza esagerare la sua realtà, la bilancia pende ancora dalla parte dell'ordine e dell'armonia, e per giustificare questo è richiesta non soltanto una mente intelligente, ma una che è buona e benevola. L'economia intera del disegno cosmico non può essere compresa, perché non è in questione un universo statico, ma un universo che è progressivamente in sviluppo e si muove attraverso il compimento di un ultimo fine sotto la guida di una Mente direttiva. L'imperfetto così come il perfetto, il male

---

38. Si veda la definizione di S.L. Jaki del cosmo nel capitolo 6, p. 179 sopra.

apparente e discorde così come l'ordine buono e chiaro, potrebbero contribuire a quello scopo in un modo che può essere compreso solo vagamente. L'investigatore umile ed equilibrato della natura è consapevole dei suoi limiti alla presenza del Disegnatore dell'universo, non richiedendo che ciascun dettaglio del piano di quel Disegnatore dovrebbe essere evidente, ma piuttosto è felice di attendere la soluzione finale degli enigmi che l'aldilà promette di fornire.

7.7 L'argomento estetico

Legato all'argomento del disegno e alla quarta via dell'Aquinate, è l'argomento della bellezza nel cosmo, anche definito come *argomento estetico* per l'esistenza di Dio. S. Agostino fu forse uno dei primi esponenti di quest'approccio:

> Interroga la bellezza della terra, interroga la bellezza del mare, dell'aria rarefatta e dovunque espansa; interroga la bellezza del cielo... Interroga tutte queste cose. Tutte risponderanno: «Guardaci pure e osserva come siamo belle». La loro bellezza è come un loro inno di lode. Ora, queste creature, così belle ma pur mutevoli, chi le ha fatte se non uno che è bello in modo immutabile?[39]

S. Tommaso d'Aquino definì la bellezza in termini ancora più chiari: «la bellezza richiede tre condizioni: integrità o perfezione; debita proporzione o armonia; e, in ultimo, la chiarezza o lo splendore.»[40] L'uomo è capace di vedere che la creazione è buona, nonostante il peccato originale. Inoltre può anche percepire come ci sia unità nella creazione. Notando le diverse forme di verità, di bontà, e di unità del cosmo, l'uomo apprezza la bellezza interna all'universo nelle varie meraviglie della natura. L'uomo non crea tutta questa bellezza, ma piuttosto la riceve e la svela e perciò coopera alla sua rivelazione. Comunque, oltre questo,

---

39. S. Agostino, *Discorso 241*, capitolo 2, 2 in *PL* 38, 1134. Si veda anche l'approccio di S. Ilario a p. 65 sopra.
40. S. Tommaso d'Aquino, *Summa Theologiae*, I, q.39, a.8.

l'uomo può arrivare, mediante una riflessione sulla creazione, al fatto che la bellezza non è in grado di spiegare la propria esistenza, essa non è qui per caso, non è caotica, ma piuttosto è creata. Inoltre, la persona umana gode della capacità di apprezzare la bellezza che non può essere un semplice legame fortuito con il cosmo, ma la percezione di questa connessione connaturale tra l'armonia dell'universo e l'uomo che la percepisce deve risultare da un disegno supremo. Invece Kant fece della bellezza una qualità soggettiva (soltanto negli occhi di chi la guarda) dacché l'ha resa non concettuale: «Bello è ciò che piace universalmente senza concetto.»[41] Chiaramente questo è falso, perché ci devono essere dei criteri obiettivi di bellezza. Altrimenti come si potrebbe spiegare che la bellezza di Piazza S. Pietro a Roma attrae molti non-cristiani, che la bellezza della campagna richiami molte persone nella fine settimana, e che molte modelle, attrici ed attori riescono ad avere fama e successo? Ci rendiamo conto che c'è sempre qualcosa di più bello di ciò che abbiamo sperimentato o scoperto, e così, passo per passo, camminiamo verso la Bellezza Increata. È come se Dio avesse lasciato una sorta di marchio di fabbrica metafisico sulla creazione che è riconducibile al suo Creatore. Quindi, l'uomo scopre completamente ed ammira la bellezza solo quando la riferisce alla sua fonte, la bellezza trascendentale di Dio.

S. Giovanni della Croce offre un ricordo severo dell'inadeguatezza della bellezza delle creature, una ripida *via negativa* nell'itinerario verso Dio:

> Tutto l'essere delle creature, paragonato con quello infinito di Dio, è niente e quindi l'anima che ripone in esso il suo affetto è, agli occhi dell'Altissimo, niente, anzi meno di niente, perché, come ho detto, l'amore ha la proprietà non solo di rendere simili ed uguali, ma di collocare chi ama in condizioni di inferiorità rispetto all'amato... Discendendo in particolare a qualche esempio affermo che: «Ogni

---

41. I. Kant, *Critica del Giudizio* §9, tradotto da A. Gargiulo, Laterza, Bari 1987.

beltà creata messa a confronto con quella infinita di Dio, è somma deformità, come afferma Salomone nel Libro dei Proverbi: *fallace è la grazia e vana è la bellezza*» (*Pr* 31,30). Pertanto l'anima che si lascia ammaliare dalla bellezza di qualche creatura diventa molto brutta agli occhi del Creatore e non potrà trasformarsi in lui, beltà incommensurabile, perché ciò che è brutto non potrà mai stare insieme a quello che è bello. Ogni gentilezza e grazia delle creature, paragonate con quelle di Dio, sono somma scortesia e goffaggine.[42]

Allo stesso tempo, in altri scritti, questo grande santo e mistico sfuma la sua posizione riferendosi al boschetto del Cantico dei Cantici:

> Con boschetto, in quanto produce in sé molte piante e animali, intende qui Dio, perché crea e dà l'essere a tutte le creature che in lui hanno la loro vita e la loro radice: e questo significa che Dio le si mostrerà e si farà conoscere in quanto Creatore. Con l'incanto di questo boschetto, che ora l'anima domanda allo Sposo per quel momento, chiede di conoscere non solo la grazia, la sapienza e la bellezza che di Dio ha ciascuna delle creature, sia terrestri sia celesti, ma anche quella che deriva dalla relazione tra di loro, nella corrispondenza saggia, ordinata, graziosa e amichevole delle une verso le altre, sia delle creature inferiori fra di loro, sia delle creature superiori fra di loro, e reciprocamente tra quelle superiori e quelle inferiori: conoscenza che suscita nell'anima grande incanto e diletto.[43]

7.8 L'argomento antropologico

Molti degli argomenti sopra trattavano le dimostrazioni dell'esistenza di Dio basate su una riflessione sul mondo fisico. È anche possibile adottare argomenti colti dalla

---

42. S. Giovanni della Croce, *Salita al Monte Carmelo*, libro I, Capitolo 4, 4.
43. S. Giovanni della Croce, *Cantico Spirituale dell'Anima*, Stanza XXXIX, 14.

natura e dalla dignità della persona umana, che possono essere definiti argomenti antropologici per l'esistenza di Dio. Molti di questi argomenti si esplicano nella maniera seguente. L'essere umano è aperto alla verità e alla bellezza, possiede un senso di bontà morale, sperimenta la libertà e la voce della propria coscienza. L'uomo e la donna provano i desideri per l'infinito e per la felicità, e si informano sull'esistenza di Dio. In ciascun uomo e in ciascuna donna si discernono i segni delle loro anime spirituali. L'anima, il «germe dell'eternità che porta in sé, irriducibile alla sola materia»[44] può avere la sua origine solo in Dio.[45] Alcuni di questi argomenti possono essere ora esaminati in ulteriore dettaglio.

7.9 L'argomento dalla coscienza

Il primo tipo di prova morale per l'esistenza di Dio si definisce argomento *eudemonologico* (dal termine greco che significa felicità), e trae le sue origini dall'espressione famosa di S. Agostino: «Eppure l'uomo, una particella del tuo creato, vuole lodarti. Sei tu che lo stimoli a dilettarsi delle tue lodi, perché ci hai fatti per te, e il nostro cuore non ha posa finché non riposa in te.»[46] L'uomo sente un desiderio naturale di felicità che i beni finiti non possono saziare: il desiderio di un sommo bene, senza limiti, puro, senza mescolanza di mali e capace di soddisfare tutti i nostri bisogni. È un fatto di esperienza che è facile constatare. Ma questo desiderio non può essere vano, perché se—al contrario di tutte le altre tendenze naturali, che possono raggiungere il loro fine—questo desiderio dell'uomo fosse frustrato, l'uomo, re del creato, sarebbe l'essere più infelice della terra. Dunque esiste questo bene puro, infinito, capace di saziare il desiderio naturale dell'uomo: esiste Dio.

---

44. VATICANO II, *Gaudium et Spes* 18.1; cfr. 14.2.
45. Si veda *CCC* 33.
46. S. AGOSTINO, *Confessioni*, Libro I, Capitolo 1, n.1 in *PL* 32, 661.

L'altro tipo di prova è l'argomento *deontologico* (dal termine greco che significa dovere), secondo il quale dall'esistenza della legge morale possiamo risalire fino a Dio. A Newman e ad altri, l'argomento della coscienza, il senso della responsabilità morale, è sembrato il più profondamente persuasivo di tutti gli argomenti per l'esistenza di Dio. Newman riteneva che mentre alcune persone pensano che ci sia un'obbligazione morale perché Dio esiste, sia vero piuttosto il contrario, vale a dire che Dio esiste perché possiamo percepire una legge morale.[47] L'esistenza in noi di un senso che è chiamato coscienza, indica il concetto di un Padre o di un Giudice, di un Assoluto che scruta il mio cuore. Per Newman, la coscienza permette all'uomo di fare le scelte giuste. In un senso essa trascende la persona; l'uomo non l'ha fatta, né può distruggerla. Perché la coscienza è una voce autorevole, necessariamente nasce nella nostra mente l'idea di un Essere che ci trascende del tutto come fonte dell'obbligazione morale. La voce della coscienza ci costringe ad evitare il male e a fare il bene. Ora la qualità assoluta del compimento del bene non è solo fondata nell'uomo, ma piuttosto al suo esterno sul Dio assoluto, che è il Fine dell'uomo.[48] Non è che la coscienza, come tale, contenga una diretta rivelazione o intuizione di

---

47. Si veda J.H. NEWMAN, *Grammatica dell'Assenso*, Jaca Book-Morcelliana, Milano 1980, pp. 63–64: «Come dalle molte percezioni istintive, formate in vari momenti, di cose che vanno al di là dei sensi, noi ricaviamo per generalizzazione la nozione di mondo esterno, dopo di che ci raffiguriamo il mondo nei particolari fenomeni da cui siamo partiti e secondo tali fenomeni: così dalla facoltà percettiva che identifica i segnali della coscienza coi riverberi d'un monito esterno, procediamo a riconoscere la presenza d'un supremo Capo e Giudice e successivamente proiettiamo Lui ed i Suoi attributi in quei segnali che, in quanto fatti della nostra mente, ci hanno permesso dapprima di riconoscere la sua esistenza. Ora se l'aver percepito la presenza delle Sue creature attraverso i sensi ci impone di considerarle come entità *sui generis*, non sorprende che la segnalazione fatta da Lui, attraverso la nostra coscienza, della sua natura, sia tale da informarci anche del fatto che Egli è simile a Se stesso e a nient'altro che a Se stesso.»

48. Si veda NEWMAN, *Grammatica dell'Assenso*, pp. 69–70.

Dio come autore della legge morale, ma che, considerando il senso della responsabilità morale dell'uomo come un fenomeno da spiegare, nessun'altra spiegazione decisiva può essere data eccetto la supposizione dell'esistenza di un Superiore e Legislatore al quale l'uomo è costretto ad obbedire. Proprio come l'argomento dal disegno evoca in maniera prevalente l'attributo di un'intelligenza, così l'argomento dalla coscienza afferma l'attributo della santità nella Causa Prima e l'auto-esistenza dell'Essere Personale con il quale dobbiamo alla fine identificare il Disegnatore e il Legislatore. «La coscienza è dunque il principio che collega la creatura al suo Creatore».[49]

7.10 L'argomento del consenso universale

Un esempio di questo argomento fu fornito da William Rees-Mogg:

> Mi sforzo a dimostrare che l'esperienza religiosa sia molto largamente distribuita, in modo quasi universale per quanto riguarda la storia, la geografia, la fede e la cultura. Vorrei arguire che la maggioranza delle persone riporta qualche tipo di esperienza religiosa, ma che così si arriva ad un gruppo di alti mistici che hanno conosciuto qualcosa vicino alla diretta percezione di Dio. Essi ora costituiscono per noi ciò che S. Paolo definì «una nuvola di testimoni». Potrei continuare a dimostrare che quei testimoni non potrebbero essere tralasciati come deficienti o mentalmente disturbati; al contrario, includono molti tra i più saggi, i più eroici ed i più ammirati degli esseri umani. In un mondo che spesso sembra essere folle, sembrano sani in maniera eccezionale. Tali persone sono state commemorate in ogni epoca, e non hanno cessato di esistere.[50]

L'argomento di conferma basato sul consenso dell'umanità potrebbe essere impostato in questo modo: tutti i popoli della terra hanno sempre ed ovunque ammesso, e

---

49. NEWMAN, *Grammatica dell'Assenso*, p. 71.
50. W. REES-MOGG, «Opinion» in *The Times*, 28 Agosto 2000.

tuttora ammettono, l'esistenza di qualche essere supremo dal quale il mondo materiale e l'uomo stesso dipendono, e questo fatto non può essere spiegato se non dall'ammissione che questa credenza sia vera o almeno che contenga un briciolo di verità. È vero che l'idea razionale dell'essere supremo è spesso alterata per i miti che l'immaginazione vi ha aggiunto, ma sotto questa veste talora stravagante del sentimento e della fantasia, vi è un substrato costante, razionale, universale, che testimonia a favore della divinità, anzi di una Divinità suprema e unica. Si ammette di certo che il politeismo, il dualismo, il panteismo, ed altre forme di errore e superstizione abbiano mescolato e sfigurato questa credenza universale dell'umanità, ma questo non distrugge la forza dell'argomento in considerazione. Poiché alla fine la verità originaria, che consiste nella ricognizione di qualche tipo di divinità, è comune ad ogni forma di religione e può perciò pretendere il consenso universale dell'umanità. Questo consenso sembra essere meglio spiegato come il risultato della percezione dell'essere umano, dell'evidenza dell'esistenza della divinità. Questo consenso dell'umanità infine testimonia a favore del teismo. È chiaro dalla storia che la religione è esposta alla degenerazione, e è degenerata in molti casi invece di progredire; nonostante ciò, ci sono molte prove positive che sostengono l'idea che il monoteismo fosse la religione storica primitiva. Se questa sia l'interpretazione giusta della storia, sarebbe corretto interpretare l'universalità della religione come una testimonianza implicita ad una verità originaria che mai poté essere del tutto estinta. Anche se la storia della religione è da leggere come un resoconto di sviluppi progressivi si dovrebbe, a dire il vero, cercare il suo vero significato e la sua importanza non al più basso, ma al più alto punto di sviluppo; e non può essere negato il fatto che il teismo, nel senso stretto, sia la forma suprema che la religione, in modo naturale, tende ad assumere.

7.11 L'argomento dall'inquietudine umana

Secondo Avery Dulles, la persona umana ha una grande capacità di amare, di adorare, e di servire. La natura dello spirito umano è tale che inizia dalla doppia esperienza della conoscenza e della volontà. Da una parte, sperimentiamo un forte desiderio di felicità e di soddisfazione; dall'altro sappiamo che nessuna realtà finita può soddisfare tale desiderio. Da questo contrasto, è nata l'aspirazione all'Infinito. La base per questa ispirazione sta nel fatto che l'intelligenza e la volontà umane non possono essere soddisfatte negli esseri finiti, quindi esse si volgono verso l'Infinito. In effetti, l'intelligenza umana non è mai soddisfatta con ciò che conosce, ma sempre vuole andare oltre, e la volontà umana non è mai veramente gratificata da un bene parziale, ma tende verso il Bene Infinito. Questo dinamismo dell'intelletto e della volontà umana è un'indicazione dell'esistenza di Dio in cui sono fondati la somma Verità e il sommo Bene. L'uomo e la donna sono costantemente proiettati verso qualche realtà, qualche Persona, alla quale possono dedicare tutte le loro energie e che esige la loro piena devozione. Se non troviamo Dio, siamo portati a idolatrare le creature e, alla fine, ad essere disillusi. O dobbiamo vivere con un vuoto di significati, che ci lascia spiritualmente affamati, o dobbiamo tornare a Dio come oggetto supremo del nostro amore.[51]

7.12 La scommessa di Pascal

Nel XVII secolo, Blaise Pascal affermò che è essenzialmente dalla fede che conosciamo l'esistenza di Dio.[52] Perciò sviluppò un argomento non tanto per l'*esistenza* di Dio, ma per il valore della *fede* in Dio. Affermava che, anche se non ci fosse stata una prova soddisfacente per credere che Dio esista, è ancor meglio per noi credere in Dio piuttosto che non farlo. L'argomento di Pascal fu proposto nella forma di una sfida o di una scommessa. La gente ha più da perdere

---

51. DULLES, *The New World of Faith*, p. 34.
52. Si veda B. PASCAL, *Pensées* # 233.

nel non credere in Dio che nel credere in Lui. Se noi, «scommettiamo» sull'esistenza di Dio (teismo), anche se quando moriamo Dio non ci fosse, non avremmo perso nulla, eccetto forse poche ore alla settimana in chiesa ed in altre attività religiose. Se «puntiamo» sul fatto che Dio non esista (ateismo), avremo perso tutto.[53] Perciò per Pascal è meglio essere un teista piuttosto che un ateo. Oltre le difficoltà filosofiche nell'assegnare la probabilità ad una faccenda tanto importante come l'esistenza di Dio, l'argomento ha il sapore di un approccio pragmatico o utilitaristico. Sarebbe più lodevole valutare con attenzione le prove e compiere una ricerca onesta e sincera di Dio.

---

53. Si veda *Ibid*. La prova si sviluppa come segue: «O Dio esiste o non esiste; ma da che parte staremo? La ragione non può decidere niente. C'è un abisso infinito che ci separa. In capo a questa infinita distanza si gioca un gioco in cui uscirà testa o croce... Cosa scegliete dunque? Vediamo, dal momento che bisogna scegliere, vediamo ciò che vi interessa meno. Avete due cose da perdere, il vero e il bene, e due cose da impegnare, la vostra ragione e la vostra volontà, la vostra conoscenza e la vostra beatitudine, mentre la vostra natura ha due cose da fuggire, l'errore e la miseria. La ragione, poiché è necessario scegliere, non viene maggiormente offesa scegliendo uno piuttosto che l'altro... Ma la vostra beatitudine? Pesiamo il guadagno e la perdita puntando su croce, cioè che Dio esiste... se vincete, vincete tutto, ma se perdete, non perdete niente. Scommettete dunque che Dio esiste senza esitare... Vediamo, poiché vi è un rischio reciproco di guadagno e di perdita, se non aveste che due vite da guadagnare contro una, potreste ancora scommettere, ma se ce ne fossero tre da guadagnare, bisognerebbe giocare (dal momento che è necessario giocare) e, se foste costretto a giocare, sarebbe imprudente non scommettere la vostra vita per guadagnarne tre a un gioco dove c'è uguale possibilità di perdita e di guadagno. Ma c'è un'eternità di vita e di felicità. Stando così le cose, anche se ci fosse un'infinità di casi di cui uno solo a vostro favore, avreste ancora ragione a scommettere uno per avere due, e sarebbe illogico, essendo obbligati a giocare, rifiutare di giocare una vita contro tre a un gioco dove, su un'infinità di casi, ce n'è uno per voi, qualora ci fosse da vincere una vita infinita e infinitamente felice. Ma qui abbiamo una vita infinita e infinitamente felice da vincere, una probabilità di vincita contro un numero finito di probabilità di perdere, e ciò che scommettete è finito. Dove c'è l'infinito e non ci sono infinite probabilità di perdere contro una sola di vincere, non c'è discussione. Non si deve esitare, bisogna impegnare tutto.»

Le prove dell'esistenza di Dio

Sarebbe sbagliato perciò ritenere che la fede alla fine si appoggia su un accumulo di probabilità.[54] Newman adottò l'espressione «*cumulo* delle probabilità» e notò che dalle possibilità possiamo costruire una prova legittima.[55] Qui, Newman si riferisce solamente alla prova della fede fornita dai motivi della credibilità, e correttamente conclude che, dacché non ci sono dimostrazioni, questa linea di prove potrebbe essere definita «un cumulo delle probabilità». Dunque, Newman non basò l'assenso finale della fede su quest'accumulazione, perché qui non stava esaminando l'atto della fede, ma solo le fondamenta della fede. La sua analisi dell'accumulazione delle possibilità non indebolisce l'autorità.

7.13 I motivi della credibilità

Un ulteriore tipo di prova dell'esistenza di Dio sta nella dimostrazione della forza di persuasione del Cristianesimo in una prospettiva storica. Un approccio cerca di indicare come la Chiesa sia fiorita nelle avversità, un altro che le Scritture sono documenti storici credibili, un altro ancora cerca l'esistenza storica di Cristo in fonti non cristiane, ed un quarto dimostra l'impatto positivo della Cristianità sulla società umana.

7.13.1 La sopravvivenza della Chiesa

Nonostante gli alti e bassi delle sue vicende considerati da una prospettiva umana, la Chiesa Cattolica non è solo sopravvissuta, ma fiorita. Questo argomento si trova, per esempio, nel noto passaggio dello storico non-cattolico, Macaulay:

---

54. La proposizione, «L'assenso di fede sovrannaturale... è coerente con una conoscenza meramente probabile della rivelazione» fu un errore lassista condannato da Papa Innocenzo XI nel 1679, come notato in DS 2121. Il Decreto *Lamentabili sane* nel 1907 condannò la proposizione (si veda DS 3425) «l'assenso della fede resta in ultima istanza su un'accumulazione di probabilità.»
55. NEWMAN, *Grammatica dell'Assenso*, p. 255.

Non c'è, e non vi fu mai su questa terra, opera di umana abilità politica che risulti alla prova eguagliabile alla Chiesa cattolico-romana. La storia di quella Chiesa riannoda le due grandi epoche della civiltà umana. Non sopravvive ormai più alcuna istituzione che abbia mutuato lo spirito dai tempi che videro elevarsi dal Pantheon il fumo delle vittime ed azzuffarsi nell'anfiteatro di Vespasiano tigri e pantere. La serie dei Papi oscura le più superbe genealogie regie di ieri, quando vengono paragonate con la linea dei Sommi Pontefici. Codesta serie si lascia ricondurre in successione ininterrotta dal Papa che coronò nel XIX secolo Napoleone al Papa che consacrò Pipino nel secolo VIII; e ancora indietro, oltre l'epoca di Pipino, l'augusta dinastia si estende.... Il Papato esiste ancora, non in decadenza, non con mera antichità, bensì in pienezza di vita e giovanile vigore. Ancor oggi la Chiesa Cattolica manda sino agli estremi confini del mondo missionari animati dallo stesso zelo di quelli che approdarono nel Kent con Agostino; ancor oggi i Papi affrontano coraggiosamente i potenti come già Leone I ha fatto con Attila. Non si presenta alcun segno che faccia prevedere la fine vicina del suo lungo dominio. La Chiesa di Roma vide l'inizio di ogni regime e di ogni chiesa che il mondo attuale vede e noi non potremmo garantire ch'essa non ne vede anche la fine. Essa era grande e rispettata prima che i Sassoni ponessero piede in Inghilterra, prima che i Franchi varcassero il Reno, quando l'eloquenza greca fioriva ancora in Antiochia, e nel santuario della Mecca si adoravano ancora gli idoli. Ed essa potrà durare ancora non sminuita di forza quando un giorno un turista della Nuova Zelanda in mezzo ad uno sconfinato deserto sceglierà un pilastro in rovina del ponte di Londra per designare le rovine della cattedrale di San Paolo.[56]

Karl Adam notò che la fioritura della Chiesa Cattolica da un seme minuscolo piantato da Cristo, suo fondatore, dipende

56. T.B. MACAULAY, Essay on L. von Ranke's *History of the Popes* in *Edinburgh Review* 72 (1840), pp. 227–228.

Le prove dell'esistenza di Dio

in modo particolare dal potere divino dello Spirito Santo, che la guida attraverso gli alti e bassi della storia:

L'annunzio di Cristo non sarebbe un messaggio vivente, né il seme che esso gettò alle glebe sarebbe un seme vivente, se fosse rimasto eternamente il piccolo seme dell'anno 33 e non avesse messo radici ed assimilato materia estranea; se, anche con l'aiuto di questa materia, non fosse cresciuto ad albero sui rami del quale nidificano gli uccelli del cielo.

Lungi da noi l'intenzione di amareggiare allo storico delle religione la gioia di cogliere l'interiore sviluppo del cattolicesimo nei secoli, e di rendere visibili tutti gli elementi che la sua forza vitale si assimilò da terreno estraneo. Noi ci rifiutiamo però di riconoscere in tali elementi la forma essenziale del cattolicesimo od anche solo di dire che essi costituiscono i suoi «elementi strutturali», nel senso che soprattutto per mezzo di essi il cattolicesimo sia divenuto una realtà perfettamente spiegabile storicamente. Il cattolicesimo mantiene saldissima la coscienza d'essere sempre il medesimo, ieri ed oggi, poiché la sua essenza gli era già fissata da Cristo in modo ben visibile, quando iniziò la sua marcia per il mondo; poiché Cristo in persona gli ha ispirato l'alito della vita, comunicando al giovane organismo quelle tendenze che si sono dispiegate nel corso dei secoli adattandosi in modo autonomo ai bisogni ed alle esigenze ambientali. Nulla riconosce in sé il cattolicesimo che sia estraneo alla sua più intima natura, nulla che non sia derivato dal suo fondo originario.[57]

Anche Newman nota come la crescita del Cristianesimo, secondo le parole che Cristo ha pronunciato prima dell'evento, avrebbe riempito la terra; ma tale destino non lo avrebbe ottenuto con le armi o con altri mezzi terreni, bensì «col nuovissimo strumento della santità e del dolore».[58] Newman conclude che questa crescita deve derivare da un

---

57. K. ADAM, *L'essenza del Cattolicesimo*, Morcelliana, Brescia 1962, pp. 8–9.
58. NEWMAN, *Grammatica dell'Assenso*, p. 283.

potere divino e non può essere ridotta semplicemente al «risultato ordinario di agenti morali, sociali o politici.»[59]

7.13.2 La credibilità delle Scritture

L'unicità della Bibbia è dovuta al fatto che non è solo semplicemente una grande opera di letteratura umana, ma che la sua composizione fu guidata da Dio. Reca testimonianza di una grande continuità, dato che nonostante la presenza di molti e vari autori, lingue, e culture, si riscontra un messaggio chiaro e basilare, cioè che Dio rivela Se stesso nella creazione, nella storia e soprattutto nel suo unico Figlio. Lo scrittore agli Ebrei lo espresse in questo modo: «Dio, che aveva già parlato nei tempi antichi molte volte e in diversi modi ai padri per mezzo dei profeti, ultimamente, in questi giorni, ha parlato a noi per mezzo del Figlio» (Eb 1,1–2). Le Scritture possiedono una massiccia circolazione. La Bibbia fu il primo libro stampato dalla tipografia Gutenberg, nel 1450, nella forma della vulgata. Da allora, è stata letta da molte più persone che qualsiasi altro testo mai scritto. È notevole che finora la Bibbia sia stata tradotta in più di quattromila lingue. È sopravvissuta a molte persecuzioni inclusa quella di Diocleziano, che nell'anno 303 decretò che ogni Bibbia fosse distrutta.

Dato che gli scritti originali biblici non esistono più, sorge la questione dell'esattezza delle copie. La certezza che al presente possediamo copie attendibili degli originali, giunge da quattro aree principali. La prima, c'è un numero massiccio di *copie* dei manoscritti originali, cinquemila copie complete del Nuovo Testamento, molte di più di qualsiasi altro testo antico, religioso e profano. Queste copie, tramite il confronto fra loro, mostrano grazie alla loro uniformità come con chiarezza ed accuratezza debbano essere state trascritte dagli originali. Secondo, il periodo di tempo tra la stesura dell'originale e la loro trascrizione è estremamente breve. Per le opere di Platone, il tempo trascorso tra gli originali e le copie è stimato a 1000 anni; con i libri del Nuovo Testamento, il periodo corrispondente potrebbe

---

59. Ibid.

Le prove dell'esistenza di Dio

essere di circa 30 anni al massimo. Questo significa che le opere di Platone sono di dubbia attendibilità? Certamente no. Comunque, se uno scegliesse di non credere alla Bibbia a causa del tempo trascorso tra la stesura dei suoi manoscritti originali e le sue copie, si dovrebbe, sulle stesse basi, non badare alla precisione e alla veridicità di qualsiasi altra opera letteraria del mondo antico. Tanto più breve è questo periodo, tanto più piccola sarà la possibilità di qualsiasi manomissione. I libri del Nuovo Testamento furono copiati in massa e con rapidità e distribuiti nell'espansione rapida del Cristianesimo. Terzo, i documenti del Nuovo Testamento furono tradotti in molte altre lingue sin dai primi tempi; la traduzione era infrequente nel mondo antico, così che questa è, per il Nuovo Testamento, una prova ulteriore di autenticità. Durante il I secolo, il Nuovo Testamento greco fu tradotto in siriaco, egizio, copto, latino ed in altre lingue. Inoltre, la traduzione in una nuova lingua assicura gli originali dall'essere manomessi. Quarto, oltre all'evidenza che proviene dai manoscritti, abbiamo anche le citazioni in testi e lettere dei Padri della Chiesa del I e del II secolo che citano brani del Nuovo Testamento. Questa fonte esterna garantisce ulteriore sostegno all'affidabilità storica del Nuovo Testamento. Perciò, per manomettere il Nuovo Testamento, si sarebbe dovuto sopprimere o aggiungere agli originali prima che qualsiasi copia venisse prodotta, originali che i Padri della Chiesa avrebbero protetto con la loro vita. Oppure, sarebbe stato necessario procurarsi tutte le copie, e correggerle, incluse tutte quelle tradotte in nuove lingue, così come qualsiasi opera che avesse citato un libro del Nuovo Testamento. La conclusione è che la Bibbia gode di sostegni più forti che qualsiasi altro testo di letteratura antica, incluse le opere di Platone, Aristotele, Cesare e Tacito.

L'attendibilità delle Scritture è confermata anche dalle testimonianze oculari degli autori. Mosè, per esempio, partecipò e fu un testimone oculare di alcuni eventi notevoli: la cattura degli Ebrei in Egitto, l'Esodo, i Quaranta Anni nel deserto, ed l'accampamento finale di Israele prima di entrare nella Terra Promessa: tutti questi episodi sono accuratamente descritti nell'Antico Testamento. Anche le autorità scettiche concordano con riluttanza che l'Antico Testamento è un documento storico notevolmente accurato. Il Nuovo Testamento possiede lo stesso tipo di autenticità oculare, ma in una forma ancora più pregnante. Matteo e Giovanni erano con Gesù durante il suo ministero, essendo due dei dodici Apostoli originali chiamati da Gesù. Marco, secondo i primi Padri della Chiesa, scrisse il suo vangelo, come riferitogli da un altro testimone oculare, l'Apostolo Pietro. Luca, sebbene non fosse un testimone oculare di Cristo, raccolse le testimonianze di numerosi testimoni oculari e tutti i documenti disponibili, poi esaminò minuziosamente le informazioni, «ricercando diligentemente ogni cosa» riguardo alla vita di Gesù (*Lc* 1,1–3). Anche le Lettere del Nuovo Testamento furono scritte da testimoni oculari come Paolo, Pietro, Giovanni e Giacomo. Questa testimonianza dette una fiducia incrollabile a coloro che udirono e scrissero, essendo il loro insegnamento attendibile. Pietro, per esempio, ricorda ai suoi lettori che i discepoli non sono andati dietro a «favole artificiosamente inventate» ma erano «testimoni oculari della Sua grandezza» (*2 Pt* 1,16). In seguito, molti autori del Nuovo Testamento preferirono morire invece di negare la loro testimonianza, mostrando con certezza che quello che avevano scritto era la Verità.

A differenza di qualsiasi altro libro al mondo, la Bibbia è il solo ad offrire predizioni specifiche centinaia di anni in anticipo del loro compimento letterale. La Bibbia contiene circa duemila profezie individuali. La Bibbia consiste in circa il trenta per cento di profezie, e solo per questa ragione è assolutamente unica. Non ci sono profezie realizzate nel Corano, nei Veda Indù o nel Bhagavad-Gita, nei detti di Budda o di Confucio, nel libro dei Mormoni o in qualsiasi altro eccetto che nella Bibbia. Non ci sono profezie che concernono la venuta di Budda, del Krishna, di Maometto, di Zoroastro, di Confucio o di qualsiasi altro fondatore o capo spirituale di una religione mondiale. Il Messia è unico in modo assoluto rispetto a questo. La sua venuta fu predetta

Le prove dell'esistenza di Dio

in molte profezie specifiche che si realizzarono nei minimi dettagli nella Vita, Morte e Resurrezione di Gesù Cristo.[60] Molte caratteristiche di queste profezie sono uniche, in contrasto con tutti gli altri esempi di predizioni oggi tentate. Primo, a differenza delle predizioni di Nostradamus, quelle profezie furono molto specifiche e dettagliate. Per esempio, forniscono il vero nome della tribù, della città, e di altre circostanze sulla venuta di Cristo. Secondo, nessuno di queste predizioni fallì, a differenza di quelle dei testimoni di Geova, e di altre sette, sulla data della fine del mondo. Terzo, quelle profezie sono state scritte centinaia di anni prima che Cristo nascesse. Non fu una sola questione di interpretare le tendenze contemporanee o semplicemente di fare congetture intelligenti. Quarto, era al di là della capacità umana di arrangiare gli adempimenti di queste predizioni. Per esempio, qualora Gesù fosse stato un semplice essere umano, non avrebbe avuto assolutamente nessun controllo su quando, dove o come sarebbe nato, come sarebbe morto (specialmente dal momento

---

60. Ci sono molte profezie del Messia che si realizzarono in Gesù Cristo. Dato che la venuta del Messia è il tema dell'Antico Testamento, le predizioni realizzate in Gesù Cristo superano numericamente tutte le altre. Le Profezie dell'Antico Testamento, e il loro realizzarsi come ricordato nel Nuovo Testamento, includono le seguenti predizioni su Cristo il Messia. In primo luogo, c'è la profezia che Egli sarebbe appartenuto alla casa di Davide (2 Samuele 7,12→Matteo 1,1). Secondo, che il Messia sarebbe nato da una Vergine (Isaia 7,14→Matteo 1,21). Terzo, che Egli sarebbe nato a Betlemme (Michea 5,1–2→Matteo 2,1, Luca 2,4–7). Quarto, che il suo ministero sarebbe iniziato in Galilea (Isaia 8,23–9,1→Matteo 4,13–16). Quinto, che Egli sarebbe stato respinto dai capi israeliti (Salmi 118,22→1 Pietro 2,7). Sesto, che Egli sarebbe entrato in Gerusalemme sul dorso di un asino (Zaccaria 9,9→Giovanni 12,14–15). Settimo, che il Messia sarebbe stato tradito per trenta pezzi d'argento (Zaccaria 11,12–13 →Matteo 26,14–15). Ottavo, che la sua schiena sarebbe stata flagellata (Isaia 50,6→Marco 15,15). Nono, che il Messia sarebbe stato crocifisso, e gli effetti furono descritti nell'Antico Testamento ancora secoli prima che i Romani adottassero questo metodo di esecuzione (Salmi 22,13–15→Matteo 27,32–44; Giovanni 19,28–30). Decimo, che Egli sarebbe risuscitato dalla morte nel terzo giorno (Osea 6,1–3; Isaia 26,19; Salmi 16,10–11; Giona 2,1→Luca 24,46; Matteo 12,40).

che un potere straniero, Roma, sarebbe stato lo strumento della sua morte), o se sarebbe risuscitato dalla morte. La migliore spiegazione per l'adempimento di tali predizioni, fatte centinaia di anni prima, è l'esistenza di un Dio trascendente che conosce ogni cosa, incluso «il principio e la fine» (*Is* 46:10). Sacerdoti pagani, stregoni, indovini, e astrologi hanno affermato di essere in grado di predire il futuro, ma sovente le loro profezie non si avverano o sono errate (non va però dimenticato che Satana e i suoi angeli hanno una certa conoscenza, seppur limitata, degli avvenimenti, ed essa, rivelata al momento opportuno, può apparire come una forma di preveggenza).

7.13.3 La corroborazione non-cristiana

Nonostante il fatto che l'Incarnazione del Figlio di Dio fosse avvenuta nella più grande umiltà, tuttavia gli storici secolari, presi da fatti più clamorosi e da personaggi maggiormente in vista, gli dedicarono cenni fuggevoli anche se significativi.[61] Tali riferimenti a Cristo si trovano ad esempio nelle *Antichità Giudaiche*, un'opera redatta a Roma, tra l'anno 93 ed il 94 dallo storico ebreo Flavio Giuseppe (37–110 d.C.), che fu prima legato del Sinedrio, governatore della Galilea e comandante dell'esercito giudaico nella rivolta anti-romana, ed in seguito consigliere al servizio dell'imperatore Vespasiano e di suo figlio Tito. Scrisse varie opere storiche in greco, incluse le *Antichità Giudaiche*, che descrivono la storia ebraica da Abramo fino al tempo di Flavio stesso. Un passo significativo si trova nel libro XVIII, che è citato anche da S. Eusebio di Cesarea:

> Ci fu verso questo tempo Gesù, uomo saggio, se pure bisogna chiamarlo uomo: era infatti autore di opere straordinarie, maestro di uomini che accolgono con piacere la verità, ed attirò a sé molti Giudei, e anche molti dei greci. Questi era il Cristo. E quando Pilato, per denunzia degli uomini notabili fra noi, lo punì di croce, non cessarono coloro che da principio lo avevano amato. Egli infatti apparve

---

61. Si veda Papa GIOVANNI PAOLO II, *Tertio Millenio Adveniente*, 5.

Le prove dell'esistenza di Dio

loro al terzo giorno nuovamente vivo, avendo già annunziato i divini profeti queste e migliaia d'altre meraviglie riguardo a lui. Ancor oggi non è venuta meno la tribù di quelli che, da costui, sono chiamati Cristiani.[62]

Il grande storico romano Tacito (54–119), pretore, oratore, *consul suffectus* e proconsole in Asia, scrisse attorno al 112 i suoi 16 libri di Annali, che narrano la storia romana dalla fine del principato di Augusto (14 d.C.) alla morte dell'imperatore Nerone (68). Nei suoi *Annali*, Tacito riporta l'incendio di Roma del 64, falsamente attribuito da Nerone ai Cristiani, e fa esplicito riferimento a Cristo:

> Perciò, per far cessare tale diceria, Nerone si inventò dei colpevoli e sottomise a pene raffinatissime coloro che la plebaglia, detestandoli a causa delle loro nefandezze, denominava cristiani. Origine di questo nome era Cristo, il quale sotto l'impero di Tiberio era stato condannato al supplizio dal procuratore Ponzio Pilato; e, momentaneamente sopita, questa esiziale superstizione di nuovo si diffondeva, non solo per la Giudea, focolare di quel morbo, ma anche a Roma.[63]

La descrizione di Tacito ci informa innanzitutto che a quell'epoca la comunità cristiana di Roma disponeva di un considerevole numero di membri.

Gaio Svetonio Tranquillo (70–126 circa), amico di Plinio e forse suo compagno in Bitinia, ricoprì l'incarico importante di archivista, segretario e bibliotecario dell'imperatore Adriano, fino all'anno 122, quando assieme al prefetto del pretorio Setticio Claro, venne destituito ed allontanato dalla corte imperiale. Svetonio, nella sua biografia dell'imperatore Claudio, scritta intorno al 121 d.C., ci informa anche che gli Ebrei furono espulsi da Roma perché «per

---

62. Flavio Giuseppe, *Antichità Giudaiche* Libro 18, 63–64. Si veda inoltre S. Eusebio di Cesarea, *Storia Ecclesiastica* Libro 1, capitolo 11 in *PG* 20, 115–118 e il *De demonstratione evangelica* Libro 3, n. 5 in *PG* 22, 221–222.

63. Tacito, *Annali* 15, 44.

istigazione di *Cresto* erano continua causa di disordine».[64] Questo passaggio si interpreta generalmente come riferito a Gesù Cristo, che divenne un motivo di contesa nei circoli ebraici di Roma. Per comprendere perché fu usata la forma *Chrestus*, è necessario sapere che nel primo secolo le parole greche *Christòs* (che significa consacrato) e *Chrestòs* (che significa il migliore) erano pronunciate nella stessa maniera. Quindi Svetonio probabilmente fece un errore e pensò che il capo di questa «nuova setta» fosse chiamato «il migliore» piuttosto che «il consacrato». Peraltro, la notizia di Svetonio concorda perfettamente con quanto è riportato negli Atti degli Apostoli riguardo all'arrivo di Paolo a Corinto: «Dopo questi fatti Paolo lasciò Atene e si recò a Corinto. Qui trovò un Giudeo chiamato Aquila, oriundo del Ponto, arrivato poco prima dall'Italia con la moglie Priscilla, in seguito all'ordine di Claudio che allontanava da Roma tutti i Giudei.» (*At* 18,1–2).

Gaio Cecilio Plinio Secondo (61–112/113), nipote dello storiografo Plinio il Vecchio, fu allievo del famoso retore Quintiliano, avvocato, *consul suffectus* e governatore della Bitinia e del Ponto. Egli ci ha lasciato una raccolta di epistole contenute in 10 libri, l'ultimo dei quali contiene il carteggio ufficiale tra lui e l'imperatore Traiano. In una di queste lettere (tra l'anno 111 ed il 113), importante come prova per la rapida diffusione del Cristianesimo, si legge: «Specialmente a causa del numero di coloro che sono in pericolo; perché c'è ne sono molti di ogni età, di ogni grado, e di entrambi i sessi, che sono ora chiamati, e lo saranno dopo probabilmente, a fare un resoconto, e ad essere in pericolo; perché questa superstizione si è diffusa come un contagio, non solo nelle città e nei paesi, ma anche nei villaggi di campagna, per i quali ancora c'è ragione di sperare che possano essere fermati e corretti». Plinio il Giovane disse che i Cristiani stessi affermavano che la loro colpa o errore «consisteva nell'esser soliti riunirsi prima dell'alba e intonare a cori alterni un inno a Cristo come se fosse un

---

64. SVETONIO, *Vita Claudii*, 25, 4. L'espulsione avvenne nell'anno 49 d.C. Si veda anche *At* 18,42.

Le prove dell'esistenza di Dio

dio, e obbligarsi con giuramento non a perpetrare qualche delitto, ma a non commettere né furti, né frodi, né adulteri, a non mancare alla parola data e a non rifiutare la restituzione di un deposito, qualora venisse loro richiesto. Fatto ciò, avevano la consuetudine di ritirarsi e riunirsi poi nuovamente per prendere un cibo, ad ogni modo comune e innocente».[65]

Claudio Galeno (129–200 circa), il noto medico-filosofo di Pergamo, fu medico personale degli imperatori Marco Aurelio e Commodo. A differenza di altri pagani, egli ha un'opinione piuttosto positiva sulla tenuta morale dei Cristiani:

> I più tra gli uomini non sono in grado di comprendere con la mente un discorso dimostrativo consequenziale, per cui hanno bisogno, per essere educati, di parabole. Così vediamo nel nostro tempo quegli uomini chiamati Cristiani trarre la propria fede dalle parabole. Essi, tuttavia, compiono le medesime azioni dei veri filosofi. Infatti, che disprezzino la morte e che, spinti da una sorta di ritegno, aborriscano i piaceri carnali, lo abbiamo tutti davanti agli occhi.[66]

7.13.4 L'impatto positivo del cristianesimo

L'argomento finale si basa sull'impatto positivo del Cristianesimo sull'umanità riguardo allo sviluppo delle arti e della scienza, del progresso politico e della giustizia sociale. La nascita della scienza dalle conseguenze filosofiche di una visione cristiana del mondo è un indizio particolare dell'impatto positivo del Cristianesimo.[67] Il Concilio Vaticano II effettivamente afferma questo quando

---

65. PLINIO IL GIOVANE, *Epistola* X, 96.
66. *Commentary on Plato's Republic*, in R. WALZER, *Galen on Jews and Christians*, University Press, Oxford 1949, p. 15.
67. Per quanto concerne lo sviluppo della scienza da una matrice cristiana si veda la mia *Creation and Scientific Creativity. A Study in the Thought of S.L. Jaki*, Gracewing, Leominster 2009 ed in particolare pp. 54–68; 144–153.

dice: «Effettivamente nella storia umana, anche dal punto di vista temporale, il Vangelo ha sempre rappresentato un fermento di libertà e di progresso.»[68] Poiché l'esistenza di Dio è anche una verità di ragione, ne susseguono altre verità di ragione, così come la natura dell'uomo, la legge naturale, e la fondazione dell'ordine socio-politico. Newman spiegò che questo beneficio si realizzò nonostante la debolezza umana e i peccati dei singoli cristiani. Questo beneficio si basava su «una nozione intelligente del Dio Supremo» e gli effetti della religione cristiana hanno generato l'elevazione della coscienza morale. Il messaggio cristiano «ha abolito le grandi anomalie sociali e le miserie, ha elevato il sesso femminile alla sua propria dignità, ha protetto le classi più povere, ha distrutto la schiavitù, ha incoraggiato la letteratura e la filosofia, ed ha giocato un ruolo da protagonista nella civilizzazione del genere umano». Per Newman, l'impatto del Cristianesimo è «una di quelle coincidenze che, vedute nel loro cumulo, ci portano vicini all'ammissione del miracolo, perché non si potrebbero verificare senza l'azione diretta ed immediata della mano di Dio».[69] Infine, la convergenza di tutte le dimostrazioni dell'esistenza di Dio è in se stessa un prova ulteriore. Tutte le singole prove si presentano come tanti indizi portati a dimostrare l'esistenza di Dio, che è la Verità Suprema sufficiente a spiegare ciò che altrimenti sarebbe inspiegabile. Le varie prove dell'esistenza di Dio possono disporre alla fede ed aiutare a constatare che questa non si oppone alla ragione umana.[70] La natura ragionevole della fede cristiana sarà esaminata con più dettagli nel prossimo capitolo.

---

68. Vaticano II, *Ad Gentes Divinitus*, 8.
69. Newman, *Grammatica dell'Assenso*, p. 276.
70. Si veda CCC 35.

8
La Fede è ragionevole

Mi guardi Dio da una Fede come assenso cieco,
Afferrando quello che gli altri conoscono;
Altrimenti la Fede sarebbe
Solo apprendere, come di alcuni continenti lontani
Che altri hanno cercato,
E da cui hanno portato ciottoli e conchiglie,
Poveri frammenti della spiaggia, ma meglio di qualsiasi racconto.

Robert Hugh Benson, *«Christian Evidences»*

La Rivelazione cristiana è la vera stella di orientamento per l'uomo che avanza tra i condizionamenti della mentalità immanentistica e le strettoie di una logica tecnocratica; è l'ultima possibilità che viene offerta da Dio per ritrovare in pienezza il progetto originario di amore, iniziato con la creazione. All'uomo desideroso di conoscere il vero, se ancora è capace di guardare oltre se stesso e di innalzare lo sguardo al di là dei propri progetti, è data la possibilità di recuperare il genuino rapporto con la sua vita, seguendo la strada della verità.

Papa Giovanni Paolo II, Fides et Ratio, 15

8.1 Impatto reciproco

Il fatto che la fede sia ragionevole è esemplificato nelle relazioni reciproche e fruttuose tra la fede e la ragione. Questi effetti della fede e della ragione l'uno sull'altro furono sommati in un assioma conciso da Ugo di S. Vittore (morto nel 1141): «la fede è aiutata dalla ragione e la ragione è perfezionata dalla fede.»[1] Ora, ci sono due dimensioni basilari

---

1. Ugo di S. Vittore, *De sacramentis* I, III, 30 in *PL* 176, 232. L'espressione latina è «fides ratione adiuvetur et ratio fide perficitur».

della fede, la verità nella quale crediamo e l'atto di fede per mezzo del quale crediamo.² L'elemento dottrinale fonda l'atto vivente della fede. Mentre, qui, il credere include ovviamente il senso di una risposta di obbedienza, tuttavia la fede come contenuto è più oggettiva e più facile da inquadrare in una prospettiva storica e culturale. Nell'aspetto dottrinale della fede, come insegnato dal Magistero, meditato dai teologi e interiorizzato dall'intero popolo di Dio, si può tracciare sollecitamente l'effetto del contenuto oggettivo della fede sulla ragione e viceversa. È proprio l'aspetto dottrinale della fede cristiana in Dio che può al meglio essere visto in relazione alla ragione considerata come un contenuto oggettivo e un processo. Si deve, comunque, ricordare che la fede non si ferma alle proposizioni, ma alle realtà che esse esprimono.³ Nel Nuovo Testamento, talvolta la fede si riferisce ad un contenuto o deposito (si veda *1 Tm* 4,1; *2 Tm* 1,13); è una conoscenza di Gesù Cristo e della sua opera (*1 Pt* 1,12, 25; *2 Ts* 2,13). In altre parti del Nuovo Testamento, la fede si riferisce all'atto del credente che risponde a ciò che Dio ha rivelato, come si trova ad esempio nell'undicesimo capitolo della Lettera agli Ebrei. S. Tommaso d'Aquino definì l'atto della fede soprannaturale come «un atto dell'intelletto che aderisce alla verità sotto il comando del volere, guidato dalla grazia».⁴ L'atto della fede è l'assenso dell'intelletto a una verità che è al di là della sua comprensione, ma che accetta sotto l'influsso della volontà mossa dalla grazia e così la virtù della fede è un abito soprannaturale per mezzo del quale noi crediamo fermamente che quelle cose che Dio ha rivelato sono vere. Generalmente, ogni virtù è la perfezione di una facoltà, ma la fede risulta dall'azione combinata di due facoltà, cioè l'intelletto che suscita l'atto e la volontà che muove l'intelletto ad agire in tale maniera; di conseguenza, la perfezione della fede dipenderà dalla perfezione con la quale

2. Si veda capitolo 4, p. 98 sopra, dove illustriamo la dottrina di S. Tommaso d'Aquino su questo tema.
3. Si veda S. TOMMASO D'AQUINO, *Summa Theologiae*, II–II, q.1, a.2.
4. S. TOMMASO D'AQUINO, *Summa Theologiae*, II–II, q.4, a.4.

ciascuna di queste facoltà adempie il suo compito prestabilito; l'intelletto deve approvare senza esitazione, la volontà deve prontamente e velocemente muoverlo ad agire in tale maniera. Come la luce della fede è un dono conferito in modo soprannaturale sull'atto della comprensione, così anche la grazia divina, muovendo la volontà, è ugualmente, come implica il suo nome, un dono soprannaturale e totalmente gratuito. Nessun dei doni è dovuto ad uno studio precedente e nessuno di loro può essere acquisito per mezzo degli sforzi umani, ma sono doni gratuiti che possono essere richiesti.

L'assenso fermo dell'intelletto non è derivato semplicemente da una convinzione intellettuale della ragionevolezza della fede, sia riguardo alle basi sulle quali si sostiene sia riguardo alle verità attuali in cui crediamo, perché «solo la fede è il fondamento di ciò che speriamo e la prova delle cose che non vediamo» (*Eb* 11,1). La base per l'atto della fede è che queste verità sono rivelate sull'autorità e sulla testimonianza infallibile divina di Dio Stesso, che «né può ingannarsi, né può ingannare».[5] Sebbene la fede si occupi essenzialmente di ciò che non si vede, la funzione particolare del lume della fede non provvede alla visione, ma piuttosto ad un apprezzamento istintivo delle verità che sono rivelate. In ogni atto di fede questo fermo assenso dell'intelletto è dovuto alla mozione della volontà come sua causa efficiente, e lo stesso deve essere affermato della virtù teologale della fede quando la consideriamo come un abito o una virtù morale, perché, come insiste S. Tommaso, in quanto subordinato alla volontà, l'intelletto può essere sede o soggetto di virtù propriamente dette.[6] Perciò, la sollecitudine abituale della volontà che muove l'intelletto all'assenso delle verità della fede non è solo la causa efficiente dell'assenso dell'intelletto, ma è precisamente ciò che dà a questo assenso il suo carattere virtuoso e di conseguenza meritevole. Infine, questa disposizione della

---

5. Vaticano I, *Dei Filius*, capitolo III in DS 3008.
6. S. Tommaso d'Aquino, *Summa Theologiae*, I–II, q.56, a.3.

volontà può solo scaturire dalla sua tendenza costante al Bene Supremo.

Poiché la fede è una virtù, ne consegue che la prontezza dell'uomo nel credere lo stimolerà ad amare le verità in cui crede e dunque le studierà, non con uno spirito di indagine dubitativa, ma piuttosto cercando di afferrarle al meglio per quanto permetta la ragione umana. Questa indagine sarà meritoria e renderà la sua fede più robusta, perché talvolta egli dovrà lottare con le difficoltà intellettuali che sono implicite, e dovrà servirsi della sua fede più intensamente. Perciò nel caso di una persona che già crede, la ragione aiuta la fede ad approfondire la sua comprensione. Come affermò S. Agostino:

> Il nostro intelletto progredisce penetrando sempre meglio le verità credute; la fede similmente progredisce riuscendo a credere meglio ciò che [in qualche modo] capiva; la mente poi progredisce nell'atto stesso di capire, e ciò in quanto penetra ognor più le stesse cose proposte dalla fede. Tutto questo ovviamente non compie l'uomo con le sue risorse naturali, ma con l'aiuto di Dio e per suo dono.[7]

L'assenso della fede non è un «un cieco impulso dell'anima»,[8] perché Dio volle che la risposta della fede fosse in armonia con la ragione; quindi era volontà di Dio che, agli *aiuti interiori* dello Spirito Santo, si unissero gli *argomenti esterni* della sua Rivelazione, cioè gli interventi divini, come sono principalmente i miracoli e le profezie che dimostrano luminosamente l'onnipotenza e la scienza infinita di Dio e sono segni certissimi della divina Rivelazione e adatti

---

7. S. Agostino, *Enarratio in Ps 118, Sermone xviii*, 3 in PL 37, 1552. Il testo latino afferma: «proficit ergo noster intellectus ad intelligenda quae credat, et fides proficit ad credenda quae intelligat; et eadem ipsa ut magis magisque intelligantur, in ipso intellectu proficit mens. Sed hoc non fit propriis tanquam naturalibus viribus, sed Deo adjuvante atque donante; sicut medicina fit, non natura, ut vitiatus oculus vim cernendi recipiat».
8. Vaticano I, *Dei Filius* capitolo III in DS 3010.

La Fede è ragionevole 241

all'intelligenza di tutti.[9] S. Tommaso d'Aquino spiegò che i segni esteriori sono utili in questo contesto: «Un uomo non crederebbe se non vedesse che sono da credersi, o per l'evidenza dei segni, o per qualcos'altro di analogo».[10] Questi segni che Dio, nella sua provvidenza, offre per assistere la fede nella sua nascita e crescita, sono in certo senso la prova che gli argomenti asseriti sono verità rivelate. In altre parole, la credibilità delle dichiarazioni fatte è correlativa e proporzionata alle credenziali dell'autorità che le ha proposte. Ora le credenziali di Dio sono indubitabili, perché la stessa idea di Dio implica quella dell'onniscienza e della Verità Suprema. Di qui, ciò che Dio rivela è credibile in modo assoluto, sebbene non necessariamente intelligibile in modo assoluto da parte nostra. I motivi per la credibilità, menzionati nel capitolo precedente, sono convergenti, cioè si dirigono verso una sola direzione, quella di Dio che si rivela.[11]

L'Antico Testamento descrive i rapporti meravigliosi di Dio con il popolo di Israele al quale ripetutamente rivela Se Stesso; parla dei miracoli avvenuti in loro favore e delle prove della verità della rivelazione che Egli fa; offre il più sublime insegnamento e annuncia ripetutamente il desiderio di Dio di salvare il mondo dal peccato e dalle sue conseguenze. Inoltre, in tutte le pagine di questo Libro Sacro si trova una serie di allusioni, talvolta oscure, talvolta chiare, della Persona mirabile che verrà come Salvatore del mondo. Alcune volte si è affermato che Egli è uomo, altre che Egli è Dio Stesso. Il Nuovo Testamento rende immortale la nascita, la vita e la morte di Colui che, mentre era chiaramente uomo, sosteneva di essere Dio, e provò la verità della sua affermazione per mezzo della sua vita intera, dei miracoli, degli insegnamenti e della morte, e alla fine per mezzo della sua gloriosa resurrezione. Inoltre fondò la Chiesa che, secondo Lui, dovrebbe continuare fino

---

9. Vaticano I, *Dei Filius* capitolo III in DS 3009.
10. S. Tommaso d'Aquino, *Summa Theologiae*, II–II, q.1, a.4.
11. Si veda capitolo 7, p. 236 sopra.

al Suo ritorno alla fine dei tempi, che sarebbe il tesoriere dei Suoi insegnamenti, e sarebbe il mezzo affinché tutti i popoli godano dei frutti sacramentali della sua redenzione. Nella storia successiva, questa Chiesa si diffuse rapidamente dappertutto, nonostante la sua umile origine, il suo insegnamento celeste e la persecuzione crudele che provò ad opera dei principi di questo mondo. Con il passare dei secoli, la Chiesa lottò contro le eresie e gli scismi, e lo scandalo dei peccati del suo stesso popolo e dei suoi propri capi. Tuttavia continuò allo stesso modo, proclamando lo stesso Vangelo, e offrendo agli uomini e alle donne gli stessi misteri della vita, della morte e della resurrezione di Cristo, il quale è andato a preparare una casa per coloro che, mentre erano sulla terra, Lo hanno creduto e amato. Dato che la storia della Chiesa dal tempo del Nuovo Testamento conferma lo stesso Nuovo Testamento, e il Nuovo Testamento perfeziona l'Antico Testamento, questi libri devono contenere veramente quello che propongono, cioè la rivelazione divina. Soprattutto, la Persona la cui vita e morte furono predette in grande dettaglio nell'Antico Testamento, e la cui narrazione, come affermato nel Nuovo Testamento, corrisponde così perfettamente con il suo profetico ritratto nell'Antico Testamento, deve essere ciò che Egli sostiene di essere, cioè il Figlio di Dio. La sua opera, perciò, deve essere Divina.[12] La Chiesa, che Egli fondò, deve essere Divina e perciò deve essere la custode ed la depositaria del suo insegnamento. Quindi, Cristo Stesso è il nostro testimone per ogni verità cristiana in cui crediamo, e crediamo in Lui perché la Divinità, che Egli ha rivelato, si basa sulla testimonianza simultanea dei Suoi miracoli, delle Sue profezie, del suo carattere personale, sulla natura della sua dottrina, sulla meravigliosa propagazione del suo insegnamento nonostante il suo andare contro la carne e il sangue, sull'unitaria testimonianza di milioni di martiri, sulle storie di innumerevoli santi che per Lui hanno

---

12. Per alcuni esempi della realizzazione delle profezie dell'Antico Testamento nel Nuovo Testamento, si veda capitolo 7, p. 231, nota 60, sopra.

La Fede è ragionevole 243

condotto un'esistenza eroica, sulla storia della Chiesa stessa dalla Crocifissione e, forse più notevole che qualsiasi altra, sulla storia del papato da S. Pietro a Benedetto XVI. La Chiesa stessa «per la sua ammirevole *propagazione* nel mondo, per la sua esimia *santità* e per l'inesausta *fecondità* di tutti i suoi beni, per la sua *unità*, per l'invitta *solidità* è un grande e perenne *motivo di credibilità*, una testimonianza irrefragabile della sua istituzione divina».[13] Perciò dal credere nella Chiesa giungiamo a credere in Cristo, il suo divino Fondatore, e viceversa: «Gli Apostoli vedevano il Capo e credevano nel corpo; noi vediamo il corpo e dobbiamo credere nel Capo.»[14]

Comunque, il significato e la natura dei motivi della credibilità necessitano di essere chiariti. In primo luogo, forniscono una conoscenza definita e certa della Rivelazione divina. Questa conoscenza precede la fede, ma non è il motivo conclusivo per il nostro assenso alle verità della fede, dacché come afferma S. Tommaso: «La fede, che è considerata una virtù, questo non può averlo dalla stessa evidenza delle cose, essendo delle cose che non si vedono: è necessario dunque che lo abbia per il fatto che aderisce a qualche testimonianza nella quale si riscontra ineffabilmente la verità.»[15] Questa conoscenza della verità rivelata che precede la fede può solo generare la fede umana, e questa non è causa della fede divina, ma piuttosto la si deve considerare una remota disposizione ad essa. Dunque la fede non è considerata come una conseguenza necessaria di uno studio accurato dei motivi della credibilità, una via che il Concilio Vaticano I espressamente condanna: «Se qualcuno dice che l'assenso alla fede cristiana non è libero, ma che si produce necessariamente dagli argomenti della ragione umana; ovvero che la grazia di Dio è necessaria

---

13. Vaticano I, *Dei Filius* capitolo III.
14. S. Agostino, *Discorso* 242, capitolo 8, n.12 in *PL* 38, 1143. La versione latina è: «Illi videbant caput, et credebant de corpore: nos videmus corpus, credamus de capite.»
15. S. Tommaso d'Aquino, *De Veritate*, q.14, a.8.

alla sola fede viva che opera per la carità: sia anatema.»[16] Inoltre, i motivi di credibilità non possono rendere chiari per loro stessi i misteri della fede, perché i segni e gli argomenti che ci inducono a credere non provano la fede stessa, ma solo la veridicità di Colui che la dichiara a noi, e di conseguenza essi non generano la conoscenza dei misteri della fede, ma solo la fede.[17] D'altra parte, il potere probativo autentico dei motivi della credibilità all'interno del loro vero dominio non deve essere minato: «La ragione dichiara che la dottrina evangelica, fin dalla sua prima origine, sfolgorò per mirabili segni, per argomenti infallibili di sicura verità.»[18]

L'atto dell'assenso alla fede soprannaturale deve essere distinto dall'atto della mera fede umana. Tuttavia, la fede umana può essere un'analogia potente per la fede soprannaturale come R. H. Benson illustrò graficamente:

> Uno scienziato propose di fare osservazioni sulla struttura della zampa di una mosca. Egli prende la sua mosca, la viviseziona, la prepara, la posiziona nel suo microscopio, la osserva e prende appunti. Ora qui, potrebbe sembrare, che sia Scienza Pura al suo grado più alto e che la Ragione sia nel suo aspetto più razionale. Però, anche gli atti di fede sono semplicemente innumerevoli in questo processo molto semplice, se li consideriamo strettamente. Lo scienziato dovrebbe fare atti di fede, certamente atti razionali, ma tuttavia di fede, per questi motivi: primo, la sua mosca non è un capriccio della natura; poi, la sua lente è lustrata simmetricamente: quindi la sua osservazione è adeguata; poi la sua memoria non lo ha ingannato tra le osservazioni e le annotazioni di ciò che ha visto. Questi atti sono così razionali che dimentichiamo che sono atti di fede. Sono giustificati dalla ragione perché sono fatti e sono, di solito, sebbene non sempre, verificati

---

16. VATICANO I, *Dei Filius*, canone 5 nel capitolo III in DS 129.
17. Si veda S. TOMMASO D'AQUINO, *Commento al Libro 3 delle Sentenze*, d.24, q.1, a.2.
18. Papa LEONE XIII, *Aeterni Patris*, 5.

> in seguito dalla Ragione. Tuttavia sono, nella loro essenza, Fede e non Ragione.
>
> Così, anche, quando un ragazzo apprende una lingua straniera. La ragione lo giustifica nel fare un atto di fede per il fatto che il suo insegnante sia competente, un altro che la sua grammatica sia corretta, un terzo che ascolta, vede e comprende correttamente le informazioni che gli vengono date, un quarto che tale linguaggio davvero esiste. E quando visita la Francia in seguito può, entro dei limiti, di nuovo verificare per mezzo della sua ragione gli atti della fede che ha precedentemente fatto. Tuttavia erano atti di fede, sebbene fossero ragionevoli.[19]

Le verità soprannaturali della fede, per quanto possano trascendere la nostra ragione, non possono opporsi ad essa perché «la verità non può contraddire la verità»,[20] e lo stesso Dio che ci donò i poteri della ragione attraverso i quali diamo il nostro assenso alle verità naturali è Egli Stesso la causa di quelle verità, che sono anche un riflesso della sua propria verità Divina. Quando Egli scelse di rivelarci verità ulteriori che Lo concernano, il fatto che queste ultime siano al di là della luce naturale che Egli ci ha conferito, non significa che sono contro la nostra ragione.

Mentre è chiaro che Dio non può negare se stesso, né la verità contraddire la verità, talvolta sembra che ci sia contraddizione tra le verità della fede e quelle della ragione. Un esempio particolare di questo fu il caso Galileo, un problema riguardante le relazioni tra fede e scienza, sul quale il Concilio Vaticano II ebbe a notare:

> Infatti è dalla loro stessa condizione di creature che le cose tutte ricevono la loro propria consistenza, verità, bontà, le loro leggi proprie e il loro ordine; e tutto ciò l'uomo è tenuto a rispettare, riconoscendo le esigenze di metodo proprie di ogni singola scienza o arte. Perciò la ricerca metodica di ogni

---

19. R. H. BENSON, *Paradoxes of Catholicism*, Longmans, Green and Company, New York 1913, pp. 86–87.
20. Papa LEONE XIII, *Providentissus Deus*, 23.

disciplina, se procede in maniera veramente scientifica e secondo le norme morali, non sarà mai in reale contrasto con la fede, perché le realtà profane e le realtà della fede hanno origine dal medesimo Iddio. Anzi, chi si sforza con umiltà e con perseveranza di scandagliare i segreti della realtà, anche senza avvertirlo, viene come condotto dalla mano di Dio, il quale, mantenendo in esistenza tutte le cose, fa che siano quelle che sono. A questo punto, ci sia concesso di deplorare certi atteggiamenti mentali, che talvolta non mancano nemmeno tra i cristiani, derivati dal non avere sufficientemente percepito la legittima autonomia della scienza, e che, suscitando contese e controversie, trascinarono molti spiriti a tal punto da ritenere che scienza e fede si oppongano tra loro.[21]

La vana apparenza di queste contraddizioni nasce soprattutto o perché i dogmi della fede non sono stati compresi ed esposti secondo la mente della Chiesa, o perché false opinioni sono state considerate verità dettate dalla ragione. Non solo la fede e la ragione non sono mai di fondo contrarie l'una all'altra, ma piuttosto si sostengono reciprocamente. I cristiani, dunque, non si sognano nemmeno di contrapporre i prodotti dell'ingegno e del coraggio dell'uomo alla potenza di Dio, quasi che la creatura razionale sia rivale del Creatore; al contrario, sono persuasi piuttosto che le vittorie dell'umanità sono «segno della grandezza di Dio e frutto del suo ineffabile disegno».[22] La fede e la ragione non solo non possono essere mai in contrasto fra loro, ma anzi si aiutano vicendevolmente in modo che la retta ragione dimostri i fondamenti della fede e, illuminata da questa, coltivi la scienza delle cose divine, e la fede, dal canto suo, renda la ragione libera da errori, arricchendola di numerose cognizioni.[23] La stella guida della fede aiuta anche la ragione a discernere tra ciò che sta oltre la ragione

---

21. VATICANO II, *Gaudium et Spes*, 36.
22. VATICANO II, *Gaudium et Spes*, 34.
23. Si veda VATICANO I, *Dei Filius*, capitolo IV.

La Fede è ragionevole 247

nel presente, ma potrà essere conosciuto più tardi in questo modo, e ciò che sta assolutamente oltre i poteri della ragione e perciò deve essere rivelato da Dio affinché possa essere conosciuto dall'essere umano.[24] In alcune formulazioni di mistici e in espressioni particolari di alcuni maestri spirituali, la fede potrebbe addirittura apparire come paradossale. Questo, in ultimo, può essere detto di S. Ignazio di Loyola quando scrive:

> Per stare totalmente nel giusto, dobbiamo sempre ritenere che quello che vediamo bianco sia nero, se così stabilisce la Chiesa gerarchica. Perché crediamo che quello Spirito che ci governa e ci sorregge, per la salvezza delle nostre anime, sia lo stesso in Cristo nostro Signore, che è lo sposo, e nelle Chiesa, che è la sua sposa. Infatti la nostra santa madre Chiesa è retta e governata dallo stesso Spirito e Signore nostro, il quale dettò i dieci comandamenti.[25]

Tuttavia, Sant'Ignazio non è a favore di un universo irrazionale. Egli adotta il contrasto tra «essere» e «sembrare» per favorire la fede, perché ci sono limitazioni alla conoscenza umana. La testimonianza dell'intera Chiesa è preferita alla testimonianza dei sensi, che può essere ingannevole, e all'argomentazione della ragione, che può essere erronea. «Nero» e «bianco» sono categorie utilizzate come un'illustrazione del contrasto tra ciò che mi appare e ciò che esiste, come la Chiesa insegna. Ovviamente la Chiesa non sentenzia sul colore di oggetti materiali, il quale non cade tra le competenze del Magistero, il cui ambito sta piuttosto

---

24. Cfr. Papa GIOVANNI PAOLO II, *Fides et Ratio*, 15.2: «La Rivelazione cristiana è la vera stella di orientamento per l'uomo che avanza tra i condizionamenti della mentalità immanentistica e le strettoie di una logica tecnocratica; è l'ultima possibilità che viene offerta da Dio per ritrovare in pienezza il progetto originario di amore, iniziato con la creazione.»

25. S. IGNAZIO DI LOYOLA, *Esercizi spirituali*, n.365, Sono grato al Padre J. M. McDermott, SJ per il suo gentile aiuto per l'interpretazione di questo passo. Personalmente, io sento che potrebbe essere avventato spingere troppo oltre l'assioma di S. Ignazio, specialmente nelle materie di disciplina, come risulterebbe il volontarismo.

nella fede, nella morale e nei temi filosofici che sostengono la fede e la morale. Comunque, ciò che dice la Chiesa è vero, come la presenza reale e sostanziale di Cristo nell'Eucaristia, anche se non appare così attraverso i sensi o la ragione naturale. Le verità soprannaturali che la mente umana non può capire sono più alte delle verità naturali, e abbiamo una più grande certezza su di loro. Così se la Chiesa propone verità soprannaturali noi dobbiamo accettarle e crederle, anche quando tutte le ragioni naturali e le apparenze non possono raggiungerle, come nel caso della transustanziazione. Ciò nonostante la transustanziazione, anche se è una verità oltre la ragione, non è contro la ragione; contiene una sua logica divina. Quando il Verbo Eterno fattasi uomo ci lasciò e ascese al Padre, Egli ci donò Se Stesso nel suo sacrificio, velato sotto le apparenze del pane e del vino. Questo atto di amore chiaramente sta nel suo potere divino. Sarebbe stato meramente umano lasciarci solo simboli della sua presenza, ma dato che Egli è Divino ci ha dato Se Stesso. Quale essere umano che prova amore per un altro sceglierebbe un semplice contatto simbolico invece di una relazione di carne e di sangue, se sta in suo potere? Perciò, dacché sta nel potere di Dio di trasformare il pane ed il vino nel Corpo e nel Sangue di suo Figlio, e conscio della promessa di suo Figlio «Io sono sempre con voi tutti giorni sino alla fine del mondo» (*Mt* 28:20), ciò è in armonia con lo stesso potere di Dio, che Egli ha affidato alla sua Chiesa, di consacrare il Corpo ed il Sangue di suo Figlio. Nella *kenosis* dell'Incarnazione, il Verbo si fece carne e abitò fra noi. Questa auto-donazione continuò nella Redenzione, quando le sofferenze del Cristo nascosero la sua bellezza divina e infine nell'Eucaristia, dove Cristo velò ancora di più la sua gloria sotto le apparenze del pane e del vino.[26] Quindi quello che S. Ignazio affermò non contraddice l'idea di S. Tommaso d'Aquino, che quelle cose

---

26. Si veda la mia opera, *Il mistero sacramentale*, LEV, Città del Vaticano 2002, pp. 96–97.

La Fede è ragionevole 249

che sono ricevute per fede dalla rivelazione divina non possono essere contrarie alla nostra conoscenza naturale.[27] Nell'attuale condizione storica dell'umanità, comunque, gli uomini e le donne sperimentano molte difficoltà nel cammino verso la conoscenza di Dio attraverso la sola luce della ragione. La ragione umana è, strettamente parlando, veramente capace tramite il suo potere naturale e la sua propria luce di raggiungere la vera e reale conoscenza certa dell'unico Dio personale, che guarda dall'alto e guida il mondo nella sua provvidenza; la ragione è anche tecnicamente capace di percepire la legge naturale iscritta dal Creatore nei nostri cuori. Ci sono, comunque, molti ostacoli che impediscono alla ragione l'uso effettivo e fecondo di questa innata facoltà. Le verità che riguardano le relazioni tra Dio e l'uomo trascendono completamente l'ordine visibile delle cose, ed anche, quando se ne contemplano le conseguenze e l'impatto sulla scelta e sulle azioni umane, richiedono l'auto-abbandono e il sacrificio, qualità non sempre molto attraenti. La mente umana è ostacolata dal comprendere tali verità, non solo dall'impatto dei sensi e dell'immaginazione, ma anche dagli appetiti disordinati che sono le conseguenze del peccato originale. Così accade che, in tale contesto, l'essere umano si persuade facilmente che ciò che a lui non piace è falso, o almeno, dubbioso.[28] Talvolta l'intelligenza umana prova anche delle difficoltà nel formare dei giudizi sulla credibilità della Cristianesimo, nonostante i molti segni esteriori meravigliosi che Dio ha dato e continua a dare, che sono sufficienti a provare con certezza, tramite il solo lume naturale della ragione, l'origine divina della religione cristiana. L'essere umano è libero e così può, anche se a causa del pregiudizio o della confusione o anche delle cattive intenzioni, rifiutare, resistere e rigettare non solo l'evidenza delle prove

---

27. Si veda S. Tommaso d'Aquino, *Summa Contra Gentiles*, Libro 1, capitolo 7: «Ea igitur quae ex revelatione divina per fidem tenentur, non possunt naturali cognitioni esse contraria».
28. Si veda *CCC* 37. Si veda anche Papa Pio XII, *Humani Generis*, 2.

esteriori, ma anche gli impulsi della grazia attuale.[29] Perciò, la persona umana ha bisogno di essere illuminata dalla rivelazione di Dio, non solo su quelle cose che esulano la sua comprensione, ma anche sulle cose che concernono la religione e le verità morali che per se stesse possono essere afferrate dalla ragione umana, così che «anche nella presente condizione del genere umano possono facilmente essere conosciuti da tutti con certezza e senza alcun pericolo di errore.»[30] La ragione è come una coppa che è aperta e adatta a ricevere il vino della fede.

Per quanto concerne gli effetti della fede sulla ragione, questi possono essere riassunti nell'assioma tomistico: siccome infatti la grazia non distrugge la natura, ma la perfeziona, la ragione deve servire alla fede, come anche l'inclinazione naturale della volontà asseconda la carità.[31] La fede non è superba, non è signora che tiranneggia la ragione, né le contraddice: «il sigillo di verità non è diversamente da Dio impresso nella fede e nella ragione».[32] Come R. H. Benson notò, la fede non mette a tacere la ragione:

> D'ora innanzi la Ragione dovrebbe tacere? Di fatto, tutta la teologia dà la risposta. Newman ha smesso di pensare quando divenne cattolico? S. Tommaso rinunciò al suo intelletto quando si dedicò allo studio? La Ragione non si è taciuta neanche per un solo istante. Al contrario, è attiva come mai. Certamente non è più occupata nell'esaminare se la Chiesa è divina, ma invece è impegnata, con diligenza incredibile, nell'esaminare le conseguenze di quel fatto, nel mettere in ordine i nuovi tesori che si sono aperti ai suoi occhi con l'alba della Rivelazione, nell'ordi-

---

29. Si veda Papa Pio XII, *Humani Generis* 4. La grazia attuale denota le doti speciali che ci giungono da Dio che ci permettono di realizzare «atti» specifici, incluso il cammino di fede.
30. VATICANO I, *Dei Filius*, capitolo II in DS 3005.
31. Si veda S. TOMMASO D'AQUINO, *Summa Theologiae*, I, q.1, a.8: «cum enim gratia non tollat naturam sed perficiat». Si veda anche pp. 108–109 sopra.
32. Pio XII, *Discorso alla Pontificia Accademia delle Scienze*, 3 Dicembre 1939 in *DP*, p. 34.

nare, dedurre e comprendere i dettagli e la struttura della sorprendente visione della Verità. Ed ancora, è intatta come sempre. Non può esserle affatto presentato un articolo di Fede che smentisca la sua propria natura, poiché la Rivelazione e la Ragione non possono contraddirsi a vicenda. Ha imparato, dunque, che i misteri di Dio spesso trascendono i suoi poteri, che non può comprendere l'infinito con il finito; comunque neanche per un attimo è giunta ad abbandonare le sue posizioni o a credere che ciò che percepisce sia falso. Ha imparato i suoi limiti e con ciò, è giunta a comprendere i suoi diritti inviolabili.[33]

La fiaccola della fede irradia la sua luce, una luce che non umilia l'intelletto, e quando lo fa inginocchiare con reverenza, piuttosto «lo esalta davanti alla verità e veridicità di Dio».[34] Illuminata dalla fede, la ragione è liberata dalle cadute e dalle limitazioni dovute alla disobbedienza del peccato e trova la forza necessaria per risorgere alla conoscenza del Dio Trino. In un certo senso, l'atto della fede possiede una sua dimensione sacramentale, è un segno esteriore della grazia interiore. La Rivelazione guarisce, eleva e perfeziona la ragione.

Come è stato già affermato, la volontà ha anche un posto nell'atto di fede. La fede è un atto dell'intelletto che assentisce ad una verità che è oltre la sua comprensione, come il mistero della Santissima Trinità. L'intelletto, quindi, si accorda ad una proposizione solo per una di due ragioni: sia perché la proposizione è evidente, immediatamente o mediatamente, in se stessa, per esempio un primo principio o una conclusione da premesse, o perché la volontà lo muove ad agire così. La prova estrinseca chiaramente entra in gioco quando la prova intrinseca è mancante. Sebbene sarebbe irragionevole, senza evidenza convincente a suo sostegno, acconsentire ad una verità che non comprendiamo, tuttavia nessuna quantità di questa evidenza può

---

33. BENSON, *Paradoxes of Catholicism*, pp. 91–92.
34. Papa PIO XII, *Discorso ai giovani universitari*, 20 Aprile 1941.

esigere il nostro assenso. Potrebbe solamente dimostrare che la proposizione in questione fosse credibile, e così il nostro ultimo assenso attuale potrebbe essere dovuto solamente all'evidenza intrinseca che la proposizione stessa offre, o, se questo non è possibile, potrebbe essere dovuto alla sola volontà. Perciò S. Tommaso ripetutamente definisce l'atto di fede come l'assenso dell'intelletto determinato dalla volontà.[35] La ragione, poi, secondo cui una persona si aggrappa ad alcune credenze più tenacemente di quanto gli argomenti a loro favore lo giustificherebbero, deve essere cercata nella volontà piuttosto che nell'intelletto. Le autorità sono da trovarsi su entrambi le posizioni: l'evidenza intrinseca non è convincente, ma qualcosa deve essere considerato nell'assenso ad una visione piuttosto che all'altra e questo si appella alla volontà, che perciò determina l'intelletto a dare il suo assenso alla visione più promettente. Allo stesso modo, nella fede divina le credenziali dell'autorità che ci dice che Dio ha fatto alcune rivelazioni particolari sono forti, ma sono sempre estrinseche alla proposizione, «Dio ha rivelato questo o quello», e conseguentemente non possono costringere il nostro assenso; esse semplicemente ci mostrano che questa dichiarazione è credibile. Il libero assenso può essere solo offerto a qualsiasi dichiarazione particolare in primo luogo se ci fossero forti evidenze estrinseche a suo favore, perché credere ad una cosa semplicemente perché vogliamo fare così sarebbe assurdo. Secondo, la proposizione stessa non costringe il nostro assenso, dato che non è intrinsecamente evidente, ma rimane il fatto che solo alla condizione del nostro assenso avremo ciò che l'anima umana naturalmente desidera, vale a dire il possesso di Dio, che è, come sia la ragione che l'autorità dichiarano, il nostro Fine ultimo.

Come l'intelletto ha bisogno di una luce nuova e speciale per assentire alle verità soprannaturali della fede, così anche la volontà necessita di una grazia speciale da Dio affinché possa tendere a quel bene soprannaturale che è la

---

35. Si veda S. TOMMASO D'AQUINO, *De Veritate*, q.14, a.1; *Summa Theologiae*, II–II, q.2, a.1; *ibid.*, q.4, a.1.

La Fede è ragionevole

vita eterna. La luce della fede, poi, illumina la comprensione, sebbene la verità rimanga ancora oscura, dato che è oltre la comprensione intellettuale; ma la grazia soprannaturale muove la volontà, che, avendo di fronte un bene soprannaturale, muove l'intelletto ad approvare ciò che non comprende. Dunque, la fede è descritta come colei che rende «ogni intelligenza soggetta all'obbedienza al Cristo» (2 *Co* 10,5). In tal modo, la grazia guarisce l'intelletto e la volontà nell'atto soprannaturale della fede. Come insegnò il Concilio Vaticano I, la fede «è una virtù soprannaturale, con la quale, sotto l'ispirazione e la grazia di Dio, crediamo che le cose da Lui rivelate sono vere, non per la loro intrinseca verità individuata col lume naturale della ragione, ma per l'autorità dello stesso Dio rivelante, il quale né può ingannarsi, né può ingannare.»[36] La fede divina è soprannaturale sia nel principio da cui derivano le azioni sia negli oggetti o verità che le appartengono. Il principio che suscita l'assenso ad una verità, che è al di là della comprensione della mente umana, deve essere quella stessa mente illuminata da una luce superiore alla luce della ragione, cioè la luce della fede. Anche con questa luce della fede, l'intelletto rimane umano, e la verità che deve essere creduta rimane ancora oscura, così che l'assenso finale dell'intelletto deve giungere dalla volontà assistita dalla grazia Divina. Comunque, sia questa luce divina sia questa grazia divina sono puramente doni gratuiti di Dio. È a questo punto che inizia l'avventura della fede; il potere della ragione condurrà all'anticamera della fede, ma lì ci lascia. Proprio qui dobbiamo fare eco alle parole «Credo, aiutami nella mia incredulità!» (*Mc* 9,24). O, come lo espresse S. Agostino: «Dove vien meno la ragione lì costruisce la fede.»[37]

Hilaire Belloc affermò che la Chiesa Cattolica offre lo zoccolo duro della filosofia al pensiero contemporaneo:

---

36. Vaticano I, *Dei Filius* capitolo III in DS 3008. Si veda anche H. Pope, «Faith» in *The Catholic Encyclopedia* 5, Robert Appleton Co., New York 1909, pp. 752–759.
37. S. Agostino, *Sermo* 247, 2 in *PL* 38, 1157. L'espressione latina è: «Ubi deficit ratio, ibi est fidei aedificatio».

Oggi, l'Europa intellettuale è di nuovo consapevole dell'unica filosofia coerente su questa terra che spieghi il nostro piccolo viaggio attraverso la luce del giorno; che dà uno scopo alle cose e che presenta non una semplice accozzaglia di storie e di asserzioni infondate, ma un'intera catena e un corpo di causa ed effetto nel mondo morale. Inoltre, sembra sempre più evidente, come non ci sia, al momento, alcun rivale in questo alla Chiesa Cattolica. Non esiste alcun altro sistema alternativo.[38]

Nel sostenere la capacità che la ragione umana ha di conoscere Dio, la Chiesa esprime la sua fiducia nella possibilità di parlare di Dio a tutti gli uomini e con tutti gli uomini. Questa convinzione sta alla base del suo dialogo con le altre religioni, con la filosofia e le scienze, come pure con i non credenti e gli atei.[39] In questo caso, un approccio sintetico deve essere veramente incoraggiato.

8.2 Ragione e Sintesi

S. Tommaso, seguendo lo Pseudo-Dionigi e S. Alberto Magno, applicò la teoria dell'analogia alla fede.[40] Questo forma la base della cosiddetta analogia della fede. Il Concilio Vaticano I affermò che la ragione, quando è illuminata dalla fede e cerca diligentemente, piamente e con amore, ottiene, con l'aiuto di Dio, una certa comprensione dei misteri, sia per l'analogia con le cose che già conosce naturalmente, sia per la connessione degli stessi misteri fra loro in relazione al fine ultimo dell'uomo.[41] Prima che la Rivelazione fosse avvenuta, l'analogia era incapace di scoprire i misteri della fede, dato che la ragione può conoscere di Dio solo ciò che è manifestato da Lui ed è in relazione necessaria causale con Lui nelle cose create. Nel processo

---

38. H. BELLOC, *Survivals and New Arrivals*, Sheed and Ward, London 1939, pp. 283–284.
39. Si veda *CCC* 39.
40. Cf. S. TOMMASO, *Summa Theologiae*, I, q.1, a.9; q.22, a.1; *Commento al De Trinitate di Boezio*, Parte 1, q.1, a.1.
41. Si veda VATICANO I, *Dei Filius*, capitolo IV in DS 3016.

di Rivelazione, l'analogia è necessaria, dato che Dio non può rivelare i misteri agli uomini se non attraverso le concezioni intelligibili alla mente umana e perciò analogiche. Dopo l'evento della Rivelazione, l'analogia è utile a darci conoscenze certe di quei misteri, o tramite il confronto con le cose naturali e le verità, o tramite la considerazione dei misteri in relazione fra loro e al destino dell'uomo. Questo getta la base per formare una sintesi in teologia, uno dei più grandi servigi che la ragione può rendere alla fede.

Come il cosmo, nell'ordine della natura, è un *tutto*, così anche, nel regno della grazia, i molteplici aspetti della fede Cristiana formano un singolo inno di preghiera in risposta a Dio il Creatore che rivela Se Stesso in Cristo. La fede è una risposta al contenuto di ciò che Dio rivela, ne è un esempio il fatto che Dio creò il cosmo intero dal nulla. Senza la ragione e la fede insieme nei vari aspetti, non è possibile plasmare la teologia cristiana in una comprensione globale o sintetica. In questa visione, la teologia è come un grande castello nel quale ciascuna pietra ha un valore nell'intero edificio: dunque se un mattone viene rimosso, reca un danno all'edificio intero. La teologia è anche simile ad un indumento variopinto senza cuciture formante un *tutto*. In un mondo dove l'intensa specializzazione cede alla frammentazione in molte discipline, inclusa la teologia, è più che mai necessario vedere la natura unitaria di questa scienza sacra. Sebbene qui siano esaminati i misteri teologici sotto molteplici aspetti, rimane un tutto privo di cuciture. Noi sempre analizziamo per sintetizzare. Come dalla scomposizione di un aeroplano, un meccanico potrebbe meglio comprendere come questo funziona, così anche il processo analitico in teologia fornisce una più chiara prospettiva del *tutto*.

Il punto di partenza per un approccio unitario alla teologia, secondo l'analogia della fede, è che tutte le verità o i dogmi siano intimamente uniti l'uno all'altro e con l'intera economia del deposito della rivelazione. Inoltre, la dottrina della creazione è la base logica ed ontologica di tutte le altre dottrine: «Senza la Creazione e una Creazione da

Dio che è il Padre, non c'è possibilità di un discorso sull'Incarnazione, sulla Redenzione e sulla consumazione finale nei cieli nuovi e terra nuova.»[42] Possono essere specificati tre tipi di sintesi. Il primo è il genere che appartiene ad una specifica scienza naturale o alle relazioni interdisciplinari tra un gruppo di tali scienze. Qui, lo scopo è di ottenere una visione unificata di una scienza particolare, e anche se questo è difficile, tale è l'oggetto della ragione. Il secondo tipo di sintesi è quello esistente tra i misteri che sono accessibili alla sola fede, dove la sintesi è un dono di Dio, e lo scopo di questo processo è la contemplazione di Dio Stesso. Questo è il privilegiato dominio del mistico. La terza sintesi è quella che relaziona le verità che sono oggetto della fede con quelle che sono oggetto della ragione. Questa opera è teologica, nella quale la fede e la grazia guidano la ragione.

Una immagine teologica sintetica ha il chiaro vantaggio di assistere la percezione dell'unità organica di tutta la teologia, indicando così l'unico mistero rivelato da Cristo: «Le singole discipline teologiche devono essere insegnate in modo tale che, dalle ragioni interne dell'oggetto proprio di ciascuna ed in connessione con le altre discipline, anche filosofiche, nonché con le scienze antropologiche, risulti ben chiara l'unità dell'intero insegnamento teologico, e tutte le discipline convergano verso la conoscenza intima del mistero di Cristo, perché sia così annunciato con maggiore efficacia al Popolo di Dio ed a tutte le genti.»[43]

---

42. S.L. Jaki, *Cosmos and Creator*, Scottish Academic Press, Edinburgh 1980, p. 56. Il Cardinale Ratzinger fa la stessa osservazione quando afferma: «Non è accidentale che il Credo degli Apostoli inizi con la confessione: «Io credo in Dio Padre Onnipotente, Creatore del cielo e della terra». Questa fede primordiale nel Dio Creatore (un Dio che è Dio veramente) forma il perno, per così dire, sul quale ruotano tutte le altre verità cristiane. Se c'è esitazione in questo punto, tutto il resto crolla.» Da J. Cardinale Ratzinger e V. Messori, *The Ratzinger Report*, Fowler Wright Books, Leominister 1985, p. 78.

43. Papa Giovanni Paolo II, *Sapientia Christiana* (1979), 67.2. Si veda Vaticano I, Costituzione Dogmatica *Dei Filius* Capitolo IV «Fede e Ragione» in cui descrive «la connessione degli stessi misteri fra di loro».

Inoltre un approccio unificato ha il vantaggio di stimolare lo studente e lo studioso allo stesso modo, fornendo loro un senso della relazionalità di tutta la verità. Una sintesi differisce da un semplice sistema, dove le verità teologiche sono organizzate per convenienza o per ragioni pragmatiche e pedagogiche; rispetta la natura delle verità teologiche in se stesse e mai forza *a priori* le relazioni tra loro laddove non sono indicate. Il *sincretismo* è marcatamente diverso dalla sintesi, in quanto combina insieme con la teologia cristiana elementi che potrebbero essere alieni ed anche opposti ad essa. Dunque molti tipi di filosofia sono incompatibili con la fede cristiana e perciò non possono essere usati in una sintesi della teologia cattolica.[44] Alla Chiesa spetta di indicare, anzitutto, quali presupposti e conclusioni filosofiche sarebbero incompatibili con la verità rivelata, formulando con ciò stesso le esigenze che si impongono alla filosofia dal punto di vista della fede. In particolare è importante notare quali presupposizioni e conclusioni filosofiche sono incompatibili con la verità rivelata, formulando perciò le esigenze che si impongono alla filosofia dal punto di vista della fede.[45] Infatti, è precisamente quella filosofia realistica, menzionata in precedenza, che costituisce la metafisica e l'epistemologia riguardanti la costruzione di una visione organica della teologia cattolica.

Queste osservazioni sono pertinenti allo studio delle relazioni tra la fede e la ragione, dove è facile anche mescolare insieme diversi elementi delle varie religioni, dei sistemi filosofici e delle opinioni scientifiche e per ciò stesso sfociare nella confusione. «È importante sottolineare che l'utilizzazione da parte della teologia di elementi e strumenti concettuali provenienti dalla filosofia o da altre

---

44. Si veda, per esempio, Papa Giovanni Paolo II, *Discorso ai vescovi americani*, 15 Ottobre 1988 in OR 248/128 (16 Ottobre 1988), p. 4: «Non ogni filosofia è in grado di dare quella comprensione solida e coerente della persona umana, del mondo e di Dio, necessaria per qualsiasi sistema teologico che cerca di porre la sua conoscenza in continuità con la conoscenza della fede.»
45. Si veda Papa Giovanni Paolo II, *Fides et Ratio*, 50.

discipline esige un discernimento che ha il suo principio normativo ultimo nella dottrina rivelata. È essa che deve fornire i criteri per il discernimento di questi elementi e strumenti concettuali e non viceversa».[46] Diverse filosofie erronee in voga al tempo presente rappresentano un ostacolo ad una via sintetica. Il primo approccio inadeguato va sotto il nome di *eclettismo*, termine col quale si designa l'atteggiamento di chi, nella ricerca, nell'insegnamento e nell'argomentazione, anche teologica, è solito assumere singole idee derivate da differenti filosofie, senza badare né alla loro coerenza e connessione sistematica né al loro inserimento storico. In questo modo, egli si pone in condizione di non poter discernere la parte di verità di un pensiero da quello che vi può essere di erroneo o di inadeguato.[47]

Un errore ulteriore è quello dello *storicismo*, il quale afferma che la verità della filosofia è determinata sulla base della sua adeguatezza ad un certo periodo ed ad un determinato compito storico. In questo modo, almeno implicitamente, si nega la validità perenne del vero. Perciò la storia viene concepita talvolta come la successione fortuita di molteplici paradigmi. Questo corrompe la base ontologica della storia, nello stesso modo in cui i positivisti logici negano la base ontologica al linguaggio. Ciò che era vero in un'epoca, sostiene lo storicista, può non esserlo più in un'altra. La storia del pensiero, insomma, diventa per lui poco più di un reperto archeologico a cui attingere per evidenziare posizioni del passato ormai in gran parte superate e prive di significato per il presente. L'approccio storicista tende a dimenticare che, «anche se la formulazione è in certo modo legata al tempo e alla cultura, la verità o l'errore in esse espressi si possono in ogni caso, nonostante la distanza spazio-temporale, riconoscere e come tali valutare.»[48] Nel pensiero filosofico e

---

46. CONGREGAZIONE PER LA DOTTRINA DELLA FEDE, *Istruzioni sulla Vocazione Ecclesiastica del Teologo*, 1990, 10.4.
47. Si veda Papa GIOVANNI PAOLO II, *Fides et Ratio*, 86.
48. *Ibid.*, 87.

teologico, lo storicismo tende a presentarsi per lo più sotto forma di *modernismo*. I modernisti basano il loro pensiero sul soggettivismo kantiano e su un concetto evolutivo della verità. La tendenza modernista legata ad un soggettivismo ed un concetto evoluzionista della verità promuovendo un approccio liberale alla critica biblica, si spinse fino ad erodere la dottrina dell'istituzione divina e degli aspetti divini e soprannaturali della Chiesa. Uno dei fondamentali principi del modernismo era una nozione erronea dello sviluppo storico; infatti questo sistema propose uno sviluppo basato su fattori puramente umani e sociali.

Un'altra minaccia ad un approccio sintetico della realtà filosofica e teologica si trova nello *scientismo*. Questa è l'atteggiamento ostinato che vuole che ogni sfera dell'esperienza e della riflessione umana sia interpretata dal metodo quantitativo, sperimentale della scienza fisica. Lo scientismo viene anche definito come *fisicalismo*, ovvero la convinzione che il metodo ed i concetti della fisica forniscano il modello per ogni scienza che si definisce «esatta».[49] Lo scientismo si rifiuta di ammettere come valide, forme di conoscenza diverse da quelle che sono proprie delle scienze positive, relegando nei confini della mera immaginazione sia la conoscenza religiosa e teologica, sia il sapere etico ed estetico.[50] Il positivismo ed il neo-positivismo, che consideravano le proposizioni metafisiche prive di senso, possono essere considerati sotto l'ombrello dello scientismo.

Foriero di non minori pericoli è il *pragmatismo*, atteggiamento mentale che è proprio di chi, nel fare le sue scelte, esclude il ricorso a riflessioni teoretiche o a valutazioni fondate su principi etici. Notevoli sono le conseguenze pratiche derivanti da questa linea di pensiero. In particolare, si è venuta affermando una concezione della democrazia che non contempla il riferimento a fondamenti di ordine assiologico e perciò immutabili: la ammissibilità o meno

---

49. S. L. JAKI, *The Absolute Beneath the Relative and Other Essays*, University Press of America, Lanham, MD 1988, p. 211, nota 3.
50. Si veda Papa GIOVANNI PAOLO II, *Fides et Ratio*, 88. Si veda inoltre p. 18 sopra.

di un determinato comportamento si decide sulla base del voto della maggioranza parlamentare. È chiara la conseguenza di una simile impostazione: le grandi decisioni morali dell'uomo vengono di fatto subordinate alle deliberazioni via via assunte dagli organi istituzionali.[51] Tutti questi errori minano la vera razionalità e ragionevolezza dell'esperienza umana e la sostituiscono con sistemi basati sul vortice dell'anarchia o sulla trappola del totalitarismo.

8.3 La Fede e l'Irrazionale

È stato già visto come dopo il Medioevo ci fu una tendenza crescente verso l'irrazionalismo nella filosofia, che culminò nel nichilismo.[52] Questa tendenza lasciava la fede piuttosto nuda, come un salto nel buio, privando l'atto di fede di quella umanità confacente all'elevazione della mente e del cuore a Dio. Si potrebbe, quindi, dire che mentre la fede è ragionevole, essa non è semplicemente razionale, poiché non può essere ridotta alla ragione e alla logica. Perciò si ritiene che la fede sia soprannaturale o sopra la ragione, ma chiaramente non è irrazionale o contro la ragione.

L'ateismo[53] è la forma peggiore di irrazionalismo, perché deruba la ragione del suo più alto «Punto di Riferimento».

---

51. Si veda Papa GIOVANNI PAOLO II, *Fides et Ratio*, 89.
52. Si vedano pp. 21–22, 153–154 sopra.
53. Una buona analisi dell'ateismo si trova nel CONCILIO VATICANO II, *Gaudium et Spes*, 19: «Con il termine «ateismo» vengono designati fenomeni assai diversi tra loro. Alcuni atei, infatti, negano esplicitamente Dio; altri ritengono che l'uomo non possa dir niente di lui; altri poi prendono in esame i problemi relativi a Dio con un metodo tale che questi sembrano non aver senso. Molti, oltrepassando indebitamente i confini delle scienze positive, o pretendono di spiegare tutto solo da questo punto di vista scientifico, oppure al contrario non ammettono ormai più alcuna verità assoluta. Alcuni tanto esaltano l'uomo, che la fede in Dio ne risulta quasi snervata, inclini come sono, a quanto sembra, ad affermare l'uomo più che a negare Dio. Altri si creano una tale rappresentazione di Dio che, respingendolo, rifiutano un Dio che non è affatto quello del Vangelo. Altri nemmeno si pongono il problema di Dio: non sembrano sentire alcuna inquietudine religiosa, né riescono a capire perché dovrebbero interessarsi di religione. L'ateismo inoltre ha origine sovente, o dalla

La Fede è ragionevole 261

Esso strappa alla ragione il suo compito più grande e più nobile, l'affermazione di Dio. Se l'affermazione di Dio è il supremo atto razionale che l'intelletto può fare, quindi la negazione di Dio è la ferita più grande che l'intelletto può infliggere a se stesso, l'azione più irragionevole ed irrazionale di cui è capace. L'ateismo è irrazionale perché una negazione di Dio danneggia anche la causa della ragione. L'ateismo, o non-teismo, distrugge la base della ragione come quella della fede. Questo accade perché l'affermazione di Dio è un compito anche della ragione, e non soltanto della fede, e perciò se la ragione è privata di questo compito, viene limitata e menomata. Questo atto prettamente irrazionale porta con sé un male indicibile, perché la negazione di Dio porta nella sua scia la distruzione dell'essere umano, anche su larga scala come avvenne nell'Unione Sovietica comunista. Gli uomini e le donne del presente sono state vittime di un nuovo tipo di ateismo: l'ateismo dell'indifferenza che distanzia l'umanità da Dio così come l'ateismo radicale e militante che si oppone alla religione. Oggi l'uomo fa a meno di Dio e gli intellettuali si definiscono come agnostici perché non si sono neanche interrogati sulla scelta che devono fare di fronte a Dio. La diffidenza protestante della ragione, e la negazione generale delle prove sull'esistenza di Dio, che rende l'affermazione di Dio un puro atto di fede, in molti casi lasciano la porta aperta all'ateismo. Come il Concilio Vaticano II aggiunge, l'ateismo è una dottrina funesta che contrasta con la ragione e con l'esperienza comune degli uomini e che degrada l'uomo dalla sua innata grandezza.[54] L'oblio di Dio rende opaca la creatura stessa.[55] Accanto all'ateismo, l'agnosticismo è l'altra forma peggiore di comportamento

---

    protesta violenta contro il male nel mondo, o dall'aver attribuito indebitamente i caratteri propri dell'assoluto a qualche valore umano, così che questo prende il posto di Dio. Perfino la civiltà moderna, non per sua essenza, ma in quanto troppo irretita nella realtà terrena, può rendere spesso più difficile l'accesso a Dio.»

54. Cf. Vaticano II, *Gaudium et Spes* 21.
55. Si veda *ibid.* 36.

irrazionale, in quanto nega alla ragione il potere di affermare l'esistenza di Dio. Spesso questo deriva da un'enfasi esagerata su un tipo di conoscenza a scapito di un'altra. L'odierno progresso delle scienze e della tecnica, che in forza del loro metodo non possono penetrare nelle intime ragioni delle cose, può favorire indubbiamente un certo agnosticismo, in special modo quando il metodo di investigazione di cui fanno uso queste scienze viene, a torto, innalzato a norma suprema di ricerca della verità totale.[56] La nozione dell'irrazionale è collegata con il problema del male. Spesso la questione è articolata nei termini seguenti: «Se Dio Padre onnipotente, Creatore del mondo ordinato e buono, si prende cura di tutte le sue creature, perché esiste il male?» Questa questione è urgente, siccome molti se la pongono, ed è perciò inevitabile. È doloroso come essa sfidi sia la fede che la ragione. Alla fine è un mistero e nessuna rapida risposta potrà bastare per risolvere il problema del male.[57] Un'ulteriore questione è «Ma perché Dio non ha creato un mondo a tal punto perfetto da non potervi essere alcun male?» Nella sua infinita potenza, Dio potrebbe sempre creare qualcosa di migliore.[58] Tuttavia, nella sua sapienza e nella sua bontà infinite, Dio ha liberamente voluto creare un mondo «in pellegrinaggio» verso la sua perfezione ultima. Questo divenire, nel disegno di Dio, implica— insieme alla comparsa di certi esseri—la scomparsa di altri, insieme al più perfetto anche il meno perfetto, insieme alle costruzioni della natura anche le distruzioni. Quindi, insieme con il bene fisico esiste anche il *male fisico*, finché la creazione non avrà raggiunto la sua perfezione.[59] Gli angeli e gli uomini, creature intelligenti e libere, devono camminare verso il loro destino ultimo per una libera scelta e un amore di preferenza. Essi possono,

---

56. Si veda *ibid*. 57.
57. Si veda *CCC* 309.
58. Cf. S. Tommaso d'Aquino, *Summa Theologiae*, I, q.25, a.6. Si veda anche il mio *Il mistero della creazione*, LEV, Città del Vaticano 1999, p. 82.
59. Cf. S. Tommaso d'Aquino, *Summa Contra Gentiles* III, 71.

quindi, deviare; in realtà, hanno peccato. È così che nel mondo è entrato il *male morale*, incommensurabilmente più grave del male fisico. Dio non è in alcun modo, né direttamente né indirettamente, la causa del male morale.[60] Però, rispettando la libertà della sua creatura, lo permette e, misteriosamente, sa trarne il bene. Infatti Dio onnipotente, essendo supremamente buono, non permetterebbe mai che un qualsiasi male esistesse nelle sue opere, se non fosse sufficientemente potente e buono da trarre dal male stesso il bene.[61] È possibile che il male fisico, come i terremoti, gli tsunami ed altri disastri naturali, potesse, come è stato proposto altrove, essere anche una conseguenza secondaria del peccato originale.[62] Anche l'azione diabolica contro la creazione di Dio non è da escludersi. Perciò l'irrazionalità del peccato potrebbe anche giacere infondo all'apparente male fisico.

Ora il male è una privazione del bene; «non vi è natura cattiva in se stessa, perché ogni natura, in quanto tale è buona.»[63] S. Agostino fu uno dei primi pensatori Cristiani a sottolineare questo punto fondamentale, che il male è la privazione del bene:

> Anche quel che viene chiamato male..., fa apprezzare in modo ancora più eccelso le cose buone, perché dal confronto con le cattive piacciano maggiormente e meritino maggiore ammirazione. Del resto Dio, nella sua onnipotenza, Egli che ha il sommo potere sulle cose, come riconoscono anche i non credenti, essendo sommamente buono, non lascerebbe assolutamente sussistere alcunché di male nelle sue opere, se non fosse onnipotente e buono fino al punto da ricavare il bene persino dal

---

60. Cf. S. Agostino, *De libero arbitrio*, Libro 1, capitolo 1, n. 1 in *PL* 32, 1221–1223; S. Tommaso d'Aquino, *Summa Theologiae*, I–II, q.79, a.1.
61. Si veda S. Agostino, *Enchiridion*, capitolo 11 in *PL* 40, 236.
62. Si veda il mio opuscolo, *Il mistero della creazione*, pp. 160–161, 231–232.
63. Concilio di Firenze, *Decreto per i Copti* in DS 1333. Si veda anche S. Tommaso d'Aquino, *Summa Theologiae*, I, q.48, a.1.

male. Allora cos'altro è quello che viene chiamato male, se non privazione di bene? Per i corpi viventi, infatti, essere ammalati o feriti non è altro che perdere la salute. Del resto, quando si presta una cura, non ci si adopera perché quei mali esistenti, vale a dire malattie e ferite, si ritirino da una parte per sussistere da un'altra, ma perché scompaiano del tutto. E in effetti una ferita o una malattia sono in sé non certo una sostanza, ma il difetto di una sostanza carnale, mentre la carne è una sostanza in sé e senza dubbio un bene determinato, cui capitano quei mali, vale a dire privazioni di quel bene che è chiamato salute. Così, allo stesso modo tutti i difetti delle anime sono privazioni di beni naturali.[64]

Il male, perciò, ha le sue origini non nella natura, ma nella volontà. Il peccato è un'azione che è contro l'uso retto della ragione. L'accumulo di peccati, che causa grandi mali, produce anche delle difficoltà per quanto riguarda l'affermazione di Dio. Talvolta l'esistenza del male è utilizzata come un argomento indicativo contro le prove dell'esistenza di Dio. Tuttavia, il male è legato alle scelte libere delle creature razionali e senza la libertà è impossibile amare. A volte, per contrastare l'argomento di coloro che ritengono che il male rappresenti un ostacolo all'affermazione di Dio, si potrebbe rispondere che quello che vediamo è solo una parte del mosaico e che nell'immagine intera Dio può far scaturire dal male un bene finale; ne è supremo esempio la crocifissione di suo Figlio come fonte della salvezza umana. Dal più grande male morale che mai sia stato commesso, il rifiuto e l'uccisione del Figlio di Dio, causato dai peccati di tutti gli uomini, Dio, con la sovrabbondanza della sua grazia (cf. *Rm* 5,20), ha tratto i più grandi beni: la glorificazione di Cristo e la nostra Redenzione. Tuttavia, il male non è semplicemente immaginario né si trasforma in bene.[65] La vera capacità umana di identificare razionalmente il male per ciò che è, di rigettarlo, e

---

64. S. Agostino, *Enchiridion*, 3, 11 in *PL* 40, 236.
65. Si veda *CCC* 312.

di percepire la sua incongruenza in un mondo buono creato da Dio, è in se stessa una prova dell'esistenza di Dio. Come Josef Pieper sottolineò: «L'incomprensibilità del male nel mondo diviene pienamente apparente solo contro lo sfondo della felicità indistruttibile di Dio».[66] Il fatto che tutto il male è in qualche modo inquietante e sconcertante genera un argomento a favore della reale esistenza di Dio.[67] O, in altre parole, se l'universo fosse caotico e assurdo, non saremmo in grado di identificare il male come male.

Il problema del male, quindi, rimane un tema dove la ragione può dare solo una soluzione parziale. È l'insieme della fede cristiana che costituisce la risposta a tale questione: la bontà della creazione, il dramma del peccato, l'amore paziente di Dio che viene incontro all'uomo con le sue Alleanze, con l'Incarnazione redentrice del suo Figlio, con il dono dello Spirito, con il radunare la Chiesa, con la forza dei sacramenti, con la vocazione ad una vita felice, alla quale le creature libere sono invitate a dare il loro consenso, ma alla quale, per un mistero terribile, possono anche sottrarsi.[68]

La relazione tra la ragione e la fede può costituire un distintivo tra la vera religione e le false. Il Cristianesimo, almeno nella sua espressione cattolica, insiste su una base razionale alla fede. Le maggiori religioni mondiali, eccetto il Giudaismo ed il Cristianesimo, contengono molti elementi irrazionali; di qui la difficoltà del dialogo interreligioso. Laddove una religione è irrazionale, si riscontra anche il pericolo che la visione della creazione sia irrazionale e viceversa. Questo problema è più evidente che mai

---

66. J. PIEPER, *Happiness and Contemplation* (tradotta da R. & C. Winston), Pantheon Books, New York 1958, p. 31.

67. Si veda S. TOMMASO D'AQUINO, *Summa Contra Gentiles*, Libro 3, capitolo 71: «Un certo filosofo...dice: «Se Dio esiste, da dove proviene il male?» Comunque, si potrebbe arguire il contrario «Se il male esiste, Dio esiste.» Perché, non ci potrebbe essere il male se l'ordine del bene non ci fosse, dato che la sua privazione è il male. Ma questo ordine non esisterebbe se non ci fosse Dio.»

68. Si veda *CCC* 309.

nel problema delle sette, o delle false religioni che si basano sull'indottrinamento. La caratteristica di una setta o di un culto potrebbero essere riassunte come segue. Essa adopera una coercizione psicologica per reclutare, indottrinare e trattenere i membri, perché il suo insegnamento non possiede una coerenza razionale propria. La setta forma una società elitaria, perché è destinata a divenire un interesse minoritario in quanto va contro ciò che è umano. Spesso appare un capo autoeletto che ha il carattere messianico, dogmatico e assoluto. In alcuni casi «i fini giustificano i mezzi» nel metodo di reclutamento ed finanziamento, rilegando la religione fuori dal suo campo, e molto spesso i membri non partecipano alla ricchezza di questa organizzazione criminale. Le sette hanno un percorso di avvicinamento alla conoscenza che è frequentemente di tipo iniziatico o esoterico in cui l'adepto percorre successivi livelli di indottrinamento; esercitano un controllo ossessivo sul singolo adepto volto a asservirne la volontà ai loro scopi controllandone azioni, emozioni, scelte morali, lavorative ed economiche. Le tecniche tipiche utilizzate da questi culti includono l'ipnosi, la pressione sociale, la privazione di cibi e bevande, e il «love bombing», creando un senso di appartenenza attraverso un continuo legame ed una continua adulazione.[69] I capi bombardano le nuove reclute con complesse letture di dottrine incomprensibili, che possono distruggere il pensiero razionale, e impiantare messaggi subliminali per mezzo di slogan ripetitivi. È quindi molto chiaro che ciò che un culto o una setta concepisce da termini quali «Dio» è radicalmente differente dal concetto cristiano. Di qui la necessità per i cristiani di fornire un discorso razionale sulla fede in Dio, affinché venga preso seriamente in considerazione il pericolo delle sette.

La superstizione è definita da S. Tommaso come «un vizio che è contrario alla religione per eccesso: non per-

---

69. Il «love bombing» è uno sforzo coordinato, generalmente su ordine della dirigenza, per sommergere reclute e neofiti di lusinghe, seduzione verbale, contatti corporei non sessuali, ma carichi di affetto e molta attenzione verso qualsiasi osservazione venga fatta.

ché nel culto divino offra più di quanto non faccia la vera religione, ma perché offre tale culto o a chi non deve, o come non deve». La superstizione pecca per eccesso di religione, e questo differisce dal vizio dell'irreligione, che pecca per difetto. La virtù teologica della religione sta nella via di mezzo tra i due.[70] La superstizione si presenta sotto molteplici forme differenti, ognuna delle quali è contro la fede, perché implicano la fiducia in una verità senza alcuna base, negli esseri inferiori, sminuendo anche la ragione e la scienza naturale. Un esempio è la divinazione che consiste nel tentativo di estrarre dalle creature, attraverso i riti superstiziosi, una conoscenza degli eventi futuri o di cose note solo a Dio; l'astrologia, la lettura dalle stelle del futuro e del destino degli uomini; i ciondoli e gli amuleti, oggetti indossati come protezione o rimedio contro i mali; la cartomanzia, la divinazione tramite l'interpretazione delle carte; la necromanzia, l'evocazione dei morti, antica come la storia e perpetuata nello spiritismo moderno; l'uso di pozioni o ciondoli con l'intenzione di suscitare l'amore; l'oniromanzia, ossia l'interpretazione superstiziosa dei sogni; i giorni, i numeri, le persone, le cose e le azioni fortunate o sfortunate; l'uso di portafortuna e gli oroscopi per divinizzare il futuro. Ancora più gravi in termini di falsa religione sono il culto del diavolo, la stregoneria e la magia in tutte le loro ramificazioni. La superstizione estesa fu eliminata in gran parte dalla predicazione del cristianesimo e dal sorgere della scienza. Tuttavia, è ritornata sotto forme nuove nell'epoca post-cristiana.

Il paradosso è che nell'epoca scientifica e tecnologica altamente sviluppata, moltissime persone sembrano essere tornate alle sette ed alla superstizione. È strano, ma vero, che in un ambiente culturale dove la gente non crede in nulla, si è inclini a credere in qualsiasi cosa. Forse la ragione è che, sperimentando un bisogno fondamentale per ciò che è spirituale, e avendo voltato le spalle alla vera fede, gli uomini e le donne di oggi si accostano alle religioni false,

---

70. Cf. S. TOMMASO D'AQUINO, *Summa Theologiae*, II–II, q.92, a.1.

ai culti esoterici e alle scienze occulte per soddisfare la loro fame di Dio. In un senso, il mondo dell'esperienza religiosa è divenuto un supermercato dove l'interesse commerciale conta sopra ogni cosa. Le sette possono fiorire con facilità in un mondo nel quale il nuovo modello culturale propone il rifiuto della ragione a favore delle emozioni. In una società in cui si è esposti ad un eccesso di informazioni e la gente riceve una valanga di stimoli dai media, molti prendono la via facile di lasciarsi trasportare senza maggiori preoccupazioni, passando da idea ad idea senza alcun problema. In questo vortice sono facile preda delle sette.

Perciò, in questa epoca odierna, la prodezza scientifica e tecnologica coabita guancia a guancia con la superstizione e l'astrologia, le due vecchie nemiche sia della ragione che della fede. Sin dall'era Patristica, come testimonia San Giovanni Damasceno, esse hanno impedito il progresso umano e sono antagoniste della riflessione cristiana:

> Dunque, in questo modo il sole produce le stagioni e attraverso di esse l'anno, e determina anche i giorni e le notti, gli uni quando sorge e sta al di sopra della terra, le altre quando tramonta e cede lo splendore agli altri luminari, ossia la luna e gli astri. Dicono anche che nel cielo vi sono dodici figure formate da stelle, che hanno un movimento contrario al sole, alla luna e agli altri cinque pianeti, e che i sette pianeti passano attraverso le dodici figure. Il sole compie un mese per ciascuna figura, e attraverso i dodici mesi passa attraverso le dodici figure... Anche la luna passa attraverso le dodici figure secondo ciascun mese, stando più in basso e percorrendole più velocemente; e come, se tu facessi un cerchio entro un altro cerchio, quello interno sarebbe trovato più piccolo, così anche il corso della luna, che è più basso, è più breve ed è compiuto più presto. Gli Elleni dicono che tutto ciò che ci riguarda è governato dal sorgere, dal tramontare e dall'incontro di questi astri, del sole e della luna (infatti l'astrologia si occupa di queste cose). Invece diciamo che da essi provengono i segnali

La Fede è ragionevole

della pioggia e della siccità, del freddo e del caldo, dell'umidità e dell'aridità, dei venti e di simili cose: ma delle nostre cose, proprio per nulla. Infatti dal Creatore noi siamo stati fatti di libera volontà, e siamo signori delle nostre cose. Se facessimo tutte le cose secondo il movimento degli astri, faremmo per necessità ciò che facciamo: ma ciò che avviene per necessità non è né virtù né malvagità. E se noi non avessimo né virtù né malvagità, allora non saremmo degni né di lodi né di punizioni, e perciò sarebbe trovato ingiusto Dio che assegna agli uni il bene, agli altri la pena. E se tutte le cose fossero guidate e portate dalla necessità, Dio non eserciterebbe neanche il governo né la provvidenza delle sue creature. E sarebbe anche inutile in noi l'elemento razionale poiché, non essendo signori di nessuna cosa, prenderemmo delle decisioni inutilmente; invece l'elemento razionale è stato dato a noi proprio al fine della deliberazione, e perciò tutto ciò che è razionale è anche libero.[71]

Il neo-paganesimo moderno include anche una rinnovata attrazione all'irrazionalità dei cicli eterni e della reincarnazione, nozioni false contro le quali ci avvertono gli scrittori del Nuovo Testamento.[72] Il grande rimedio alla superstizione irrazionale è una fede informata dalla ragione e dall'amore, che sarà esaminata nel prossimo capitolo conclusivo.

---

71. S. Giovanni Damasceno, *De fide orthodoxa*, Libro 2, Capitolo 7, in *PG* 94, 891–894.
72. Si veda *Eb* 9,27–28 e *Rm* 6,10.

9
La mente ed il cuore della Fede

Se l'uomo pensa con un po' di attenzione alla divinità, immediatamente sente una qual dolce emozione al cuore, il che prova che Dio è il Dio del cuore umano… Questo piacere e questa fiducia che il cuore umano trova naturalmente in Dio, possono derivare soltanto dalla convenienza che c'è tra la divina bontà e la nostra anima: convenienza grande, ma misteriosa; convenienza di cui ciascuno conosce l'esistenza, ma che pochi apprezzano; convenienza che non può essere negata, ma che nessuno riesce a comprendere pienamente. Siamo creati ad immagine e somiglianza di Dio.

S. Francesco di Sales, *Trattato sull'Amore di Dio*, I, 15.

Dio tiene i Suoi santi misteri
Appena al di fuori dei sogni umani;
Lentamente nel diapason, noi pensiamo
Di ascoltare i loro pignoni alzarsi ed abbassarsi,
Mentre essi fluttuano puri sotto i Suoi occhi,
Come cigni in un ruscello.

Elizabeth Barrett Browning, «*Human Life's Mystery*»

9.1 Amore e Ragione

Nella mentalità ebraica delle Scritture, il cuore (*lēb*) non rappresenta, come si potrebbe pensare a prima vista, il centro dell'amore e delle emozioni, ma piuttosto il centro della mente e della volontà. Perciò il cuore è l'organo del pensiero piuttosto che del sentimento. La mentalità semitica considerò l'essere umano come un'unità, un corpo animato, mentre i Greci tendevano all'idea di uno spirito incarnato.¹ Dunque, nella visione biblica, l'intera persona risponde a Dio che rivela Se Stesso nella creazione, nella storia e nel suo Verbo incarnato. Prima è stato osservato che S. Tommaso spesso definisce l'atto di fede come l'assenso dell'intelletto determinato dalla volontà.² Dunque, sia la mente che il cuore hanno un ruolo da giocare nell'avventura della fede. La genialità della sintesi medievale consisteva anche nel fatto che la mente e il cuore erano insieme in un'unità armonica ed organica, ma nei tempi moderni sono stati separati con risultati disastrosi. Per esempio, quando l'amore è esagerato a scapito della ragione, lì si sviluppa un fondamentalismo inebriante ed incoerente. D'altra parte, quando la ragione è esagerata a scapito dell'amore, si ottiene un razionalismo secco e poco avvincente. La sola ragione è insufficiente ad accompagnare la fede, che sarebbe poco attraente e sterile senza l'amore; S. Giacomo sottolineò questo in maniera molto chiara con la sua affermazione che la fede priva delle opere è morta: «Tu credi che Dio è uno solo? Benissimo! Ma anche i demoni lo credono, eppure fremono» (Gc 2:19). Ora il motivo per le opere o le azioni è l'amore, dunque la fede senza l'amore è morta. Comunque, allo stesso tempo, la fede basata puramente sulla volontà senza la ragione sarebbe una fede senza solide fondamenta.

Secondo Kant, l'unico oggetto della ragione teoretica è il mondo fenomenico; la validità del principio della causalità è ristretta a ciò che può essere percepito attraverso i sensi. Perciò Kant rifiutò tutte le prove dell'esistenza di Dio, salvo l'argomento ontologico. L'esistenza di Dio, poi, diviene un postulato della ragione pratica. La filosofia kantiana influenzò la teologia protestante del XIX secolo, che respingeva la teologia naturale e la base razionale della

---

1. Si veda J.L. McKenzie, «Aspects of Old Testament Thought» in R. E. Brown, J.A. Fitzmeyer, R.E. Murphy (eds.) *The New Jerome Biblical Commentary*, Geoffrey Chapman, London 2000, p. 1295.
2. Si veda S. Tommaso d'Aquino, *De Veritate*, q.14, a.1; *Summa Theologiae*, II–II, q.2, a.1; ibid., q.4, a.1. Si vedano pp. 104–106, 238–240 sopra.

La mente ed il cuore della Fede 273

religione. Per F. Schleiermacher (1768–1834), nella prospettiva romantica tedesca, i concetti religiosi in generale e l'idea di Dio in particolare, sono derivati dal sentimento. Questa idea fornì molti temi alla teologia moderna basata sull'esperienza religiosa personale ed individuale, con una netta separazione della conoscenza dalla fede. Comunque, l'esperienza di Dio senza la verità obiettiva può divenire semplicemente un'esperienza personale. Oggi giorno, il lato affettivo della fede è forse eccessivamente sollecitato a scapito della sua base razionale.

Questo approccio in cui la fede si basa puramente sul sentimento fu criticato da Pio XII:

> Infine alla filosofia delle nostre scuole essi fanno questo rimprovero: che essa nel processo del pensiero bada solo all'intelletto e trascura la funzione della volontà e del sentimento. Ciò non corrisponde a verità. La filosofia cristiana non ha mai negato l'utilità e l'efficacia che hanno le buone disposizioni di tutta l'anima per conoscere ed abbracciare le verità religiose e morali; anzi, ha sempre insegnato che la mancanza di tali disposizioni può essere la causa per cui l'intelletto, sotto l'influsso delle passioni e della cattiva volontà, venga così oscurato da non poter rettamente vedere. Di più, S. Tommaso ritiene che l'intelletto possa in qualche modo percepire i beni di grado superiore dell'ordine morale sia naturale che soprannaturale, in quanto esso sperimenta nell'ultimo una certa «connaturalità» sia essa naturale, sia frutto della grazia, con i medesimi beni; ed è chiaro quanto questa, sia pur subcosciente, conoscenza possa essere di aiuto alla ragione nelle sue ricerche. Ma altro è riconoscere il potere che hanno la volontà e le disposizioni dell'animo di aiutare la ragione a raggiungere una conoscenza più certa e più salda delle verità morali e altro in quanto vanno sostenendo quei tali innovatori: cioè che la volontà e il sentimento hanno un certo potere intuitivo e che l'uomo, non potendo col ragionamento discernere con certezza ciò che dovrebbe abbracciare come vero, si volge alla volontà, per cui egli possa com-

piere una libera risoluzione ed elezione fra opposte opinioni, mescolando malamente così la conoscenza e l'atto della volontà.[3]

C. S. Lewis (1898–1963) suggerì anche che fosse imprudente basare la religione sul puro sentimento:

> Le dottrine non sono Dio: loro sono soltanto una parte della mappa. Ma la mappa stessa è basata sull'esperienza di centinaia di persone che sono state veramente in contatto con Dio—esperienze in confronto con cui ogni brivido o sentimento pio, che tu ed io siamo in grado di avere a modo nostro, sono ad un stato elementare e confuso. E in secondo luogo, se si vuole andare oltre, si deve usare tale mappa... [Questo] accade perché una vaga religiosità—sentire Dio nella natura e così via—è molto attraente. Sono soltanto brividi e nient'altro; come quando osserviamo le onde del mare. Ma non si arriverà a Newfoundland studiando l'Atlantico in questo modo e non si otterrà la vita eterna soltanto percependo la presenza di Dio nei fiori o nella musica. Non si arriverà da nessuna parte guardando la mappa senza andare al mare. Ma non si sarà al sicuro se si andrà in mare senza mappa.[4]

In alcuni casi, la ragione corrisponde all'aspetto concettuale della fede e l'amore corrisponde all'impegno della fede. È necessario tenere entrambi gli aspetti affinché sia la fede che la ragione siano sane ed equilibrate.

Per quanto riguarda la relazione tra conoscenza e amore, S. Tommaso d'Aquino, seguendo S. Agostino, suggerì che nulla può essere amato senza che sia stato prima conosciuto.[5] S. Agostino concesse una sfumatura nella sua

---

3. Papa Pio XII, Lettera Enciclica *Humani Generis*, 1950, 33.
4. C. S. Lewis, *Mere Christianity*, MacMillan, New York 1958, p. 120.
5. Si veda S. Tommaso d'Aquino, *Summa Theologiae* I, q.60, a.1: «nihil amatur nisi cognitum». Si veda S. Agostino, *De Trinitate*, Libro 8, capitolo 4 in *PL* 42, 951; libro 10, capitolo 1 in *PL* 42, 971–974; Libro 10, capitolo 2 in *PL* 42, 974–975. Si veda specialmente Libro 10, capitolo 2, 4 dove S. Agostino scrisse: «Dunque nessun uomo che si dedica allo studio, nessun uomo animato dalla curiosità ama ciò che

La mente ed il cuore della Fede

propria formulazione, e per quanto concerne l'amore di
Dio ammise: «Si ama dunque anche ciò che si ignora ma
che tuttavia si crede.»[6] Partendo da qui, le relazioni inter-

---

è sconosciuto, anche quando si sforza di conoscere con insistenza
e con molto ardore ciò che non conosce. Perché vi può essere un
primo caso in cui lo spirito ha una conoscenza generica di ciò che
ama ed intende averne anche una conoscenza particolareggiata in
qualche singola cosa, o nelle cose singole che non conosce ancora,
ma che forse ha sentito esaltare e se ne fa una rappresentazione immaginaria
che eccita il suo amore. Ma come se ne fa una rappresentazione,
se non a partire dalle cose che già conosceva? Ma se troverà
la cosa reale, che ha sentito esaltare, non corrispondente alla forma
ideale che se ne era fatta nella sua anima e che è molto familiare
al suo pensiero, forse non proverà per essa alcun amore. Ma se la
amerà, incomincerà ad amarla a partire dal momento in cui l'ha
conosciuta. Perché, poco prima, amava un'altra cosa, l'idea che la
sua anima si era formata. Se troverà la cosa, che egli aveva sentito
esaltare, simile a questa idea tanto da poter dirle in tutta verità: «già
ti amavo», nemmeno in questo caso amava una cosa sconosciuta,
ma una cosa che conosceva in quella somiglianza. Oppure vediamo
ed amiamo qualcosa nell'esemplare ideale che ci presenta l'eterna
ragione – realtà che quando si trova espressa in qualche realtà temporale
che ne è l'immagine e che ci elogiano coloro che la conoscono
per esperienza, noi li crediamo e l'amiamo –, non amiamo
qualcosa di sconosciuto, come abbiamo sufficientemente spiegato
prima. O ancora amiamo qualcosa di conosciuto e questo ci spinge
a cercare qualcosa di sconosciuto; in tal caso non è l'amore della
cosa sconosciuta che è in noi, ma quello della cosa conosciuta, la
cui conoscenza ci condurrà a quella di ciò che, ancora sconosciuto,
cerchiamo. È il caso della parola sconosciuta di cui ho parlato poco
fa. O, infine, è lo stesso conoscere che si ama, ciò che a nessuno che
desideri conoscere qualcosa può essere sconosciuto. È per queste
ragioni che sembrano amare ciò che è sconosciuto coloro che vogliono
sapere qualcosa che ignorano e che pongono troppo ardore
nella ricerca perché si possa dire che sono senza amore. Ma credo
di aver persuaso coloro che si preoccupano di vedere con diligenza
la verità, che le cose stanno in modo del tutto diverso e che non
si ama mai una cosa sconosciuta. Ma, poiché gli esempi addotti si
riferiscono solo a coloro che desiderano conoscere cose diverse da
loro stessi, occorre vedere se, per caso, si manifesti un altro genere
di conoscenza, quando lo spirito desidera conoscere se stesso.» L'espressione
più tardi diviene *Nihil volitum nisi precognitum*. Si veda
G. O'COLLINS, *Fundamental Theology*, Darton, Longman and Todd,
London 1981, p. 148.

6. S. AGOSTINO, *De Trinitate*, Libro 8, capitolo 4, n. 6 in *PL* 42, 951.

personali ed altre sfere dell'esperienza umana indicano che l'assioma «nulla può essere conosciuto senza che sia stato prima amato» può anche essere vero.[7] Quindi l'amore è un grande stimolo per conoscere le persone. Questo è l'approccio francescano che tende a dare il primato all'amore. Agostino anche mette quest'enfasi nella sua espressione: «Il mio peso è il mio amore; esso mi porta dovunque mi porto.»[8] Anche S. Tommaso d'Aquino sottolineò come l'amore sia un modo per vedere la verità, nel suo adagio: «dov'è l'amore, lì ci sarà anche la visione».[9] Perciò nella dinamica relazione tra la mente ed il cuore, sia la ragione che l'amore hanno i loro rispettivi ruoli.

La fede ha dunque un cuore ed una mente, perché le persone umane, in quanto si distinguono dagli animali, possiedono due specifiche caratteristiche, che sono i segni distintivi dell'essere spirituale. Queste sono la conoscenza, attraverso l'intelletto, e l'amore, specialmente attraverso il potere della volontà. È attraverso queste facoltà che gli umani si relazionano all'essere, tra loro e in definitiva con Dio. La sapienza, ossia la comprensione dei principi ultimi dell'essere, può essere compresa nella differenziazione logica tra *sophia* e *phronesis*. La *sophia* è la comprensione speculativa esercitata dall'intelletto, legata a ciò che è vero. La *phronesis* è la saggezza pratica o giudizio con cui la volontà ordina la vita al suo proprio fine; questo aspetto è connesso con ciò che è buono. La *sophia* e la *phronesis* sono unite, e alla fine la verità e la bontà giungono insieme nella sapienza. La relazione di una persona con l'essere si basa sulla verità, sulla bontà e sulla sapienza. La relazione dell'intelletto con l'essere, cioè la conoscenza, cerca la verità. La relazione della volontà con l'essere, vale a dire

---

7. Si veda O'COLLINS, *Fundamental Theology*, p. 148. L'espressione latina diviene *Nihil cognitum nisi prevolitum*.
8. S. AGOSTINO, *Confessioni*, Libro 13, capitolo 9, in *PL* 32, 849. L'espressione latina è «Pondus meum, amor meus; eo feror, quocumque feror».
9. S. TOMMASO D'AQUINO, *Commento al Libro 3 delle Sentenze*, d.35, q.1, a.2. L'espressione latina è «Ubi amor, ibi oculus».

l'amore, è in cerca del bene. La verità e la bontà sono essenzialmente legate con l'essere e sono unite dalla sapienza. Perciò, l'amore e la conoscenza sono fondamentalmente uniti. La conoscenza senza l'amore non può agire e l'amore senza la conoscenza non può conoscere che cosa sia veramente buono, proprio come la *sophia* e la *phronesis* possono solamente procedere correttamente quando sono unite. Ne consegue che l'intelletto e la volontà sono facoltà connesse. Questo corrisponde all'attributo di unità, che denota un'integrità ed interezza intima. Questa unità è dinamica e manifesta se stessa in una vita saggia ed ordinata.

Alla fine, la conoscenza e l'amore, la *sophia* e la *phronesis*, condividono la stessa Fonte e lo stesso Destino. La conoscenza, nella sua ricerca della verità, alla fine raggiungerà Dio come Verità ultima. L'amore, nella sua ricerca del bene, alla fine arriverà a Dio come Bene infinito. Dio è la pura attualizzazione della verità e della bontà, che è, l'Essere Stesso. Da questa conclusione, possiamo vedere che deve esserci un Dio; altrimenti, non ci sarebbe un fine ultimo e la vita sarebbe del tutto senza senso. L'amore e la conoscenza sono dunque inesplicabilmente legati insieme nella vera natura dell'uomo e se viviamo secondo la nostra natura, ci guideranno diritto alla nostra Fonte e Fine Ultimo. Questa unione è realizzata attraverso una vita vissuta nella coltivazione della virtù da parte nostra poiché proprio grazie al Suo amore perfetto nei nostri confronti Egli ci attira costantemente verso di Lui. Se non seguissimo questo sentiero naturale di amore e conoscenza, troveremo soltanto vacuità e disperazione, dal momento che la nostra natura non sarà mai realizzata.

In ogni modo, sia la ragione che l'amore sono veri doni di Dio. S. Agostino lo espresse in questo modo: «Che significa dunque credere in lui? Credendo amarlo e diventare suoi amici, credendo entrare nella sua intimità e incorporarsi alle sue membra. Questa è la fede che Dio vuole da noi; ma che non può trovare in noi se egli stesso non ce la dà.»[10] Questo è ciò che significa la fede «vivente»: la fede che è «informata» dalla carità o dall'amore di Dio. Se la fede viene vista solo come un assenso ottenuto dall'intelletto, questa fede nuda non ha la vera caratteristica di una virtù morale e non è una fonte di merito. Solo quando è infiammata dalla carità questa fede diviene infuocata con la grazia abituale santificante di Dio che sola dà alla volontà quella giusta predisposizione a Dio come fine soprannaturale dell'uomo e che è indispensabile per le azioni soprannaturali e meritorie.

Seguendo S. Agostino, Guglielmo di Saint Thierry vide la mente ed il cuore della persona umana come una riflessione e un'immagine del mistero della Santissima Trinità. Questa immagine fu impressa sull'uomo e la donna alla creazione. Guglielmo rappresentò tre facoltà che riflettono la Santissima Trinità: la memoria, la ragione e la volontà. In particolare, la memoria è importante dato che, attraverso questa facoltà, l'essere umano può sempre ricordare la potenza e la bontà del suo Creatore. La memoria genera da se stessa la ragione, e poi la memoria e la ragione a loro volta generano la volontà. Queste tre facoltà formano un'unità, anche se esercitano un'azione triplice, così come nella Santa Trinità ci sono tre Persone ed una sola sostanza. Per Guglielmo, come il Padre genera, il Figlio è generato e lo Spirito Santo procede dal Padre e dal Figlio, così per l'essere umano, la ragione è generata dalla memoria e dalla memoria e dalla ragione procede la volontà. Perciò il Padre è associato con la memoria, il Figlio con la ragione e lo Spirito Santo con la volontà.[11] Per Guglielmo, i due occhi per vedere Dio sono l'amore e la ragione, che palpitano

---

10. S. AGOSTINO, *Tractatus xxix in Joannem*, 6 in PL 35, 1631: «Quid est ergo credere in eum? Credendo amare, credendo diligere, credendo in eum ire, et ejus membris incorporari. Ipsa est ergo fides quam de nobis exigit Deus: et non invenit quod exigat, nisi donaverit quod inveniat.»

11. Si veda GUGLIELMO DI SAINT-THIERRY, *De natura et dignitate amoris*, 5 in GUGLIELMO DI SAINT-THIERRY, *Opere 3*, Città Nuova, Roma 1998, pp. 69–70. Si veda inoltre S. AGOSTINO, *De Trinitate* Libro X, capitolo 2, 17–19 in PL 42, 982–984.

continuamente, con una sorta di tensione naturale. Se uno di questi occhi si sforza senza l'altro, non registra grandi progressi. Se, invece, essi collaborano fra loro sono molto potenti, perché diventano un unico occhio. Comunque, il processo non è facile, perché uno degli occhi, vale a dire la ragione, non può vedere Dio se non in ciò che Egli non è, mentre l'amore non accetta di riposarsi se non in ciò che Dio è. Guglielmo, perciò, traccia una connessione percettiva della ragione con una via negativa a Dio e dell'amore con una via positiva a Dio.[12] La base per questa affermazione è che la ragione dispone di certi suoi itinerari sicuri; d'altra parte, l'amore va più avanti con le sue insufficienze e intende maggiormente con la sua ignoranza. Perciò sembra che la ragione proceda attraverso quello che non è verso quello che è, mentre l'amore, trascurando quello che non è, si compiace d'immergersi in quello che è. La ragione si trova in una maggiore sobrietà, l'amore in una maggiore beatitudine. Quando queste due facoltà cooperano l'una con l'altra, la ragione istruisce l'amore e l'amore illumina la ragione. In questa felice collaborazione, la ragione lascia spazio al sentimento di amore, e l'amore accetta di contenersi entro i limiti della ragione.[13]

Nella sua teologia mistica, S. Bonaventura sottolineò i limiti della ragione in un discorso su Dio, allo stesso tempo indicando Cristo come fonte di saggezza, e lo Spirito Santo come fonte d'amore:

> Cristo è la via e la porta. Cristo è la scala e il veicolo. È il propiziatorio collocato sopra l'arca di Dio. È «il mistero nascosto da secoli». Chi si rivolge a questo propiziatorio con dedizione assoluta e fissa lo sguardo sul Signore crocifisso mediante la fede, la speranza, la carità, la devozione, l'ammirazione, l'esultanza, la stima, la lode e il giubilo del cuore

---

12. Si veda GUGLIELMO DI SAINT-THIERRY, *De natura et dignitate amoris*, 25 in GUGLIELMO DI SAINT-THIERRY, *Opere 3*, p. 90. I concetti di via positiva e negativa sono stati trattati nel capitolo 1, pp. 26–27 sopra.
13. Si veda GUGLIELMO DI SAINT-THIERRY, *De natura et dignitate amoris*, 25 in GUGLIELMO DI SAINT-THIERRY, *Opere 3*, pp. 90–91.

fa con lui la Pasqua, cioè il passaggio; attraversa con la verga della croce il Mare Rosso, uscendo dall'Egitto per inoltrarsi nel deserto. Qui gusta la manna nascosta, riposa con Cristo nella tomba come morto esteriormente, ma sente, tuttavia, per quanto lo consenta la condizione di viatori, ciò che in croce fu detto al buon ladrone, tanto vicino a Cristo con l'amore: «Oggi sarai con me nel paradiso!» (*Lc* 23, 43). Ma perché questo passaggio sia perfetto, è necessario che, sospesa l'attività intellettuale, ogni affetto del cuore sia integralmente trasformato e trasferito in Dio. È questo un fatto mistico e straordinario che nessuno conosce se non chi lo riceve. Lo riceve solo chi lo desidera, non lo desidera se non colui che viene infiammato dal fuoco dello Spirito Santo, che Cristo ha portato in terra.... Se poi vuoi sapere come avvenga tutto ciò, interroga la grazia, non la scienza, il desiderio non l'intelletto, il sospiro della preghiera non la brama del leggere, lo sposo non il maestro, Dio non l'uomo, la caligine non la chiarezza, non la luce ma il fuoco che infiamma tutto l'essere e lo inabissa in Dio con la sua soavissima unzione e con gli affetti più ardenti.[14]

Un'ulteriore domanda è se esiste un amore naturale o un desiderio di Dio, così come esiste una conoscenza naturale di Dio. S. Francesco di Sales (1567–1622) discusse questa questione in dettaglio. Egli propose, dunque, che abbiamo un'inclinazione naturale ad amare Dio sopra ogni cosa:

> Infatti come il divino Signore e Autore della natura coopera e presta aiuto al fuoco perché salga sempre in alto, alle acque perché scorrano verso il mare, alla terra perché discenda in basso e ci rimanga; così, avendo Egli stesso posto nel cuore dell'uomo una particolare inclinazione naturale ad amare non solo il bene in generale, ma anche ad amare in particolare e sopra tutte le cose la sua divina bontà—che è quanto di meglio ed amabile esista—così la dol-

---

14. S. Bonaventura, *Itinerario della mente verso Dio*, capitolo 7, nn. 1, 2, 4, 6 in S. Bonaventura, *Opera Omnia*, vol. 5, Collegio San Bonaventura, Quaracchi 1891, pp. 312–313.

cezza della sua ineguagliabile provvidenza avrebbe richiesto a quegli uomini felici di tutto, l'aiuto necessario perché tale inclinazione venisse realizzata.[15] Dio concedette all'uomo doni sia naturali che soprannaturali per amarlo. L'aiuto naturale, essendo consono alla natura, tende all'amore di Dio come Autore e Capo sovrano della natura, e l'aiuto soprannaturale corrisponde non già alla semplice natura dell'uomo, ma alla natura adornata, arricchita e abbellita dalla giustizia originale, che è una qualità soprannaturale che procede da un dono gratuito molto speciale di Dio. In particolare, riguardo all'amore al di sopra di tutte le cose, che sarebbe stato praticato in forza di tali aiuti, sarebbe stato chiamato naturale perché le azioni virtuose prendono il nome dai loro oggetti e dalle motivazioni, e l'amore di cui parliamo tende soltanto a Dio in quanto riconosciuto Autore, Signore e Sovrano di ogni creatura anche alla sola luce naturale e, di conseguenza, amabile e stimabile sopra tutte le cose per inclinazione e tendenza naturale. Se l'uomo e la donna non fossero caduti nel peccato originale, non solo avrebbero potuto possedere questa inclinazione naturale ad amare Dio, ma sarebbero stati capaci naturalmente di mettere in pratica questa inclinazione. La natura umana non è più dotata di quella santità e rettitudine originale che il primo uomo possedeva nella sua creazione, ma al contrario è fortemente corrotta dal peccato. Tuttavia, «ci è rimasta la santa inclinazione ad amar Dio sopra tutte le cose, come pure il lume naturale per conoscere che la sua somma bontà è amabile sopra tutte le cose». Perciò S. Francesco di Sales indica l'amore naturale di Dio accanto alla naturale luce della ragione, e afferma infatti che «è impossibile che un uomo, che pensa intensamente a Dio, anche soltanto per riflessione naturale, non provi uno slancio d'amore».[16] Per cui, alla prima

---

15. S. Francesco di Sales, *Trattato sull'amore di Dio*, Libro 1, capitolo 16.
16. *Ibid.*

conoscenza di Dio la volontà si muove e si sente spinta a compiacersi in Lui.[17] Nonostante il fatto che l'essere umano abbia un'inclinazione naturale ad amare Dio sopra ogni cosa, dopo la Caduta non possiede il potere per portare a termine questa inclinazione. San Francesco di Sales applica un'analogia per illustrare il suo punto. Le aquile hanno grande slancio e forza per volare; hanno però vista molto maggiore del volo, e il loro sguardo va molto più veloce e più lontano delle ali. Così i nostri spiriti, animati da una santa inclinazione naturale verso Dio, posseggono molta più luce nell'intelletto per comprendere quanto Dio sia amabile, che forza nella volontà di amarlo. Il peccato ha molto più indebolito la volontà dell'uomo di quanto non abbia offuscato l'intelletto, e la ribellione dell'appetito sensuale, che definiamo concupiscenza, intorbida veramente l'intelletto, ma contro la volontà in special modo suscita la sedizione e la rivolta. Perciò «la povera volontà, già tutta inferma, agitata ancora dai continui assalti mossile dalla concupiscenza, non può fare nell'amor divino il gran progresso

---

17. Si veda *ibid.*, dove S. Francesco di Sales adopera una graziosa immagine dalla natura per illustrare la sua affermazione: «Fra le pernici accade spesso che le une alle altre s'involino le uova al fine di covarle, o per la smania di essere madri o per naturale stupidità che non lasci loro distinguere le uova proprie. Or ecco una cosa strana, ma pure ben attestata: il perniciotto, uscito dall'uovo e allevato sotto le ali di una pernice estranea, all'udire per la prima volta la voce della vera madre che ha fatto l'uovo da cui è nato, abbandona la pernice del furto, corre dalla madre primiera e le va dietro per l'attinenza che ha con la prima sua origine: attinenza tuttavia non appariscente, anzi segreta, occulta e come dormiente in fondo alla natura, finché, dall'incontro del suo oggetto subito eccitata e quasi svegliata, scatta e spinge l'appetito del perniciotto al suo primo dovere. Altrettanto avviene del nostro cuore: benché covato, nutrito e allevato fra le basse e caduche cose corporee e, per così dire, sotto le ali della natura, tuttavia al gettare il primo sguardo in Dio, al riceverne la prima notizia, la naturale e primitiva inclinazione ad amare Dio, come assopita e impercettibile, in un attimo si risveglia e improvvisamente viene fuori, quale favilla che spunta di sotto le ceneri, e toccando la nostra volontà le dà un impulso di quel supremo amore che è dovuto al sommo e primo Principio di tutte le cose.»

che la ragione e l'inclinazione naturale le suggeriscono di dover fare».[18]

Diversi filosofi possono essere schierati come testimoni non solo di una grande conoscenza di Dio, ma anche di una forte inclinazione verso di lui. Tra quei grandi filosofi includiamo Socrate, Platone, Aristotele, Ippocrate e Seneca. Socrate, il più elogiato tra loro, giunse alla chiara conoscenza dell'unità di Dio e sentì in se stesso una tale inclinazione ad amarlo, che molti furono dell'opinione che egli non avesse qualche altro scopo, nell'insegnamento della filosofia morale, oltre quello di purificare gli spiriti, affinché potessero meglio contemplare il bene supremo, che è l'unica Divinità. Platone dichiarò, nella sua celebre definizione della filosofia e del filosofo, che filosofare non è altro che amare Dio e che il filosofo non è altro che colui chi ama Dio. Aristotele tentò di provare l'unicità di Dio e ne ha parlato tanto bene in tante occasioni. Tuttavia, questi antichi pensatori che sperimentavano una forte tendenza ad amare Dio, hanno poi mancato di forza e di coraggio per amarlo davvero. Lo hanno glorificato in qualche modo, attribuendogli alcuni supremi titoli d'onore, ma non l'hanno glorificato come dovevano, cioè non gli hanno tributato gloria al di sopra di ogni cosa. Non ebbero il coraggio di abbattere l'idolatria, ma anzi compromettendosi con gli idolatri, tennero la verità prigioniera nei loro cuori, e preferirono l'onore e l'inutile conforto della loro vita sopra l'onore dovuto a Dio. Un esempio di questa mancanza si vede in Socrate che, come riporta Platone, parlò sul suo letto di morte sulle divinità come se ce ne fossero state molte, ma già sapeva bene che ce n'era Una solamente. Anche Platone, che comprese così chiaramente la verità di un solo Dio, decretò che il sacrificio dovesse essere offerto a molti dei.

S. Francesco di Sales anche paragona la natura umana ferita e misera con la palma che cresce in un clima molto freddo. Questo albero ha uno sviluppo imperfetto e pro-

---

18. *Ibid.*, Libro 1, capitolo 17.

duce frutti immaturi e deformi, ma affinché produca interamente frutti maturi e buoni, è necessario un clima molto caldo. Similmente, il cuore umano, per sua natura, produce certi inizi di amore verso Dio. Ma «giungere ad amarlo sopra ogni cosa, che è la maturità dell'amore dovuto alla suprema bontà, è proprio solo a coloro che sono animati e assistiti dalla grazia celeste e che si trovano nello stato di santa carità».[19] Quel piccolo amore imperfetto, del quale la natura sente in se stessa gli slanci, è come un volere sterile che non produce veri effetti, «un volere paralitico che vede la piscina della salvezza del santo amore, ma non ha la forza di gettarvisi».[20]

Mentre quest'inclinazione naturale ad amare Dio è parziale ed incompleta, non è inutile. Quando l'uomo e la donna caddero nel peccato originale, Dio fu veramente misericordioso e non tolse tutta la somiglianza al Creatore che l'essere umano possedeva. Dio lasciò la luce naturale della ragione nelle nostre menti così da poterlo cercare e trovare ed impartì ai nostri cuori la naturale inclinazione ad amarlo. Poiché, per questa semplice inclinazione naturale, non possiamo essere così felici da amare Dio come dovremmo, ma se l'utilizzassimo fedelmente, la dolcezza della divina pietà fornirebbe tanta assistenza, per mezzo della quale potremmo progredire. Se noi cooperassimo con questa prima assistenza, la paterna bontà di Dio ci offrirebbe un altro dono più grande e ci guiderebbe dal bene al meglio in tutta dolcezza, fino a portarci al bene supremo, al quale la nostra naturale inclinazione ci spinge: poiché è certo che a colui che è fedele e a colui che fa ciò che è in suo potere, la divina bontà mai nega la sua assistenza per farlo progredire sempre di più.

Questa inclinazione naturale nel cuore umano ad amare Dio sopra ogni cosa ha uno scopo. Dio se ne serve come di un appiglio per poterci prendere più soavemente e attirarci a Sé, e così sembra che la divina bontà tenga, in qualche

---

19. *Ibid.*
20. *Ibid.*

modo, i nostri cuori legati a Sé, come uccellini, con una rete per mezzo della quale ci cattura quando piace alla sua misericordia avere pietà di noi. Quanto a noi, ci serve quale indizio e memoria del nostro primo principio e Creatore, al cui amore ci esorta, rammentandoci che apparteniamo alla sua divina bontà. Questa bella inclinazione che, Dio ha lasciato impressa nei nostri cuori, testimonia che abbiamo un senso naturale di appartenenza al nostro Creatore, ed inoltre, benché Egli ci abbia lasciato andare alla mercé della nostra libera volontà, testimonia che ancora apparteniamo a Lui e che si è riservato il diritto di riprenderci per salvarci quando la sua santa e dolce provvidenza lo deciderà. Di qui, questa inclinazione non è soltanto una luce, perché ci fa vedere verso che cosa dobbiamo tendere, ma anche gioia e allegria, perché ci consola nello smarrimento dandoci la speranza che Colui che ci ha lasciato l'impronta e il segno della nostra origine, voglia ancora e desideri ricondurci e riprenderci, se siamo veramente tanto avveduti da lasciarci conquistare di nuovo dalla sua divina bontà.[21]

Un'ulteriore figura che tentò di relazionare la mente e il cuore della religione fu Blaise Pascal, quando delineò i ruoli rispettivi giocati dalla ragione e dall'amore nella ricerca della verità. Per Pascal, conosciamo la verità non solo con la ragione, ma anche con il cuore. È in quest'ultimo modo che conosciamo i primi princìpi, e invano il ragionamento, che non vi svolge alcun ruolo, cerca di opporvisi. Gli scettici, che non hanno altro scopo, ci provano inutilmente. Sappiamo di non sognare, per quanto ci sia impossibile dimostrarlo con la ragione; questa impossibilità significa che la nostra ragione è debole, non che tutte le nostre conoscenze sono incerte, come essi pretendono. Perché la conoscenza dei primi princìpi, come l'esistenza dello spazio, del tempo, del movimento, dei numeri, è salda come nessuna di quelle che ci danno i ragionamenti, ed è su queste conoscenze del cuore e dell'istinto che la

---

21. *Ibid.*, Libro 1, capitolo 18.

ragione deve appoggiarsi, fondandovi ogni suo ragionamento. Il cuore sente che lo spazio ha tre dimensioni e che i numeri sono infiniti, la ragione dimostra in seguito che non esistono due numeri quadrati uno dei quali sia doppio dell'altro. I princìpi si sentono, le preposizioni si deducono, e in entrambi i casi con certezza, sebbene per vie diverse. Da qui, per Pascal «è inutile e ridicolo che la ragione domandi al cuore le prove di quei primi princìpi per voler dare il suo assenso, così come sarebbe ridicolo che il cuore domandasse alla ragione un sentimento di tutte le proposizioni che dimostra di volerle accettare».[22]

S. Giovanni della Croce trattò la purificazione che la mente ed il cuore devono subire affinché arrivino ad una più profonda unione con Dio. Secondo lui, la fede purifica radicalmente la comprensione, la carità purifica la volontà, e, in un modo molto interessante, è la virtù della speranza che purifica la memoria:

> Ecco dunque il travestimento di cui l'anima dice di servirsi nella notte della fede passando per la scala segreta, ed ecco i tre colori che costituiscono un'ottima disposizione affinché l'anima si unisca con Dio con le sue tre potenze intelletto, memoria e volontà. Infatti la fede rende oscuro e vuoto l'intelletto da ogni sua intellezione naturale disponendolo così ad unirsi con la Sapienza divina. E la speranza vuota e allontana la memoria da ogni possesso di creatura, poiché, come dice San Paolo, la speranza è di ciò che non si possiede e quindi distacca la memoria da quanto poteva possedere per riporla in ciò che spera. Perciò la sola speranza di Dio dispone con purezza la memoria alla sua unione con Lui. La carità, ugualmente, annichilisce gli affetti e gli appetiti della volontà e li vuota di qualsiasi cosa che non sia Dio per volgerli a Lui solo. Proprio perché queste virtù hanno la funzione di distaccare l'anima da tutto ciò che è meno di Dio e hanno il potere di congiungerla con Dio.[23]

---

22. B. Pascal, *Pensées* # 282.
23. S. Giovanni della Croce, *Notte Oscura dell'Anima*, Libro II, capitolo

L'amore consente alla ragione di essere umile nella sua ricerca di Dio, ma allo stesso tempo non la umilia. C'è perciò un mondo di differenza tra la purificazione, che l'amore di Dio offre alla mente e al cuore nella loro ricerca di Dio, e l'annichilimento delle facoltà umane proposto dalle religioni orientali come il Buddismo. L'amore divino provvede ad una conversione ed a una guarigione della ragione umana. Anche l'amore necessita di essere guidato dalla ragione affinché non sia cieco.

9.2 La Razionalità Divina

La struttura globale delle nostre considerazioni sul mistero della ragione e il suo risanamento per mezzo dell'amore divino deve centrarsi in Cristo. Egli è il Medico divino che guarisce tutte le malattie della mente e del cuore. Egli è Colui che riporta l'unità tra la mente e il cuore, che si perse a causa della Caduta e che è danneggiata dai peccati personali. In un particolare momento della storia della Chiesa, si sviluppò la devozione al Sacro Cuore di Gesù. La devozione giustamente rende adorazione al suo Cuore di carne, così come esso simboleggia e richiama l'amore di Gesù. Perciò, sebbene giustamente diretto al Cuore materiale, l'adorazione non si ferma qui: include anche l'amore, quell'amore che è il suo oggetto principale, ma che si raggiunge soltanto attraverso il Cuore di carne, segno e simbolo di questo amore. La devozione al Sacro Cuore già esisteva nei secoli XI e XII: la ferita nel Cuore di Cristo simboleggiava la ferita dell'amore. S. Bonaventura fu uno degli scrittori medievali che si è occupato della teologia del sacro Cuore.[24] Fu durante il periodo in cui il Giansenismo raggelò il senso dell'amore di Dio che la devozion si sviluppò davvero come un antidoto a questa eresia e ai suoi effetti, proponendo il Cuore di Gesù come il simbolo universale dell'amore. La devozione al Cuore di Gesù è un riconosci-

---

21, 11.

24. Si veda S. BONAVENTURA, *Lignum vitae*, 29–30, 47 in S. BONAVENTURA, *Opera Omnia* vol. 8, Collegio San Bonaventura, Quaracchi 1898, pp. 79–80, 85.

288   *Il fascino della ragione*

mento a quell'amore che è centrale nella fede Cristiana. «Il Sacro Cuore è...considerato il segno e simbolo principale di quell'infinito amore, col quale il Redentore divino incessantemente ama l'eterno Padre e tutti gli uomini».[25] Ora ci si potrebbe giustamente chiedere se la mente umana necessita di una simile guarigione dalla freddezza del razionalismo per mezzo della devozione parallela al Sacro Capo di Gesù, che potrebbe essere visto come un completamento alla devozione al Sacro Cuore. La devozione al Sacro Capo di Nostro Signore già esisteva nell'inno medievale, attribuito a S. Bernardo:

O Capo insanguinato di Cristo mio Signor,
di spine coronato, colpito per amor.
Perché sono spietati gli uomini con te?
Tu porti i miei peccati: Gesù, pietà di me
Signore, dolce volto di pena e di dolor,
o volto pien di luce, colpito per amor.
Avvolto nella morte, perduto sei per noi.
Accogli il nostro pianto, O nostro Salvator.[26]

Nel primo testo probabile che forgia questo legame, S. Brigida di Svezia (1303–1373) associò strettamente una devozione al Sacro Cuore di Gesù con una venerazione del suo Sacro Capo. Lei pregò Cristo come Capo di tutti gli uomini ed angeli, e Re universale, il cui Capo fu coronato con spine e il cui Cuore è lodato da tutte le creature in cielo ed in terra.[27]

---

25. CCC 478.
26. Il testo originale latino afferma:

    Salve, caput cruentatum, Totum Spinis coronatum,
    Conquassatum, vulneratum, Arundine verberatum,
    Facies sputis illita.

    Salve, cuius dulcis vultus, Immutatus et incultus,
    Immutavit suum florem, Totus versus in pallorem
    Quem coeli tremit curia.

27. Si veda la seguente preghiera in un testo attribuito a S. Brigida, in BRIGIDA DI SVEZIA, *Revelaciones* ed. B. BERGH and S. EKLUND, Almqvist and Wiksells, Uppsala 1977–1992, Libro 12, «Four Prayers» Pra-

La mente ed il cuore della Fede 289

La devozione era presente in una parte dell'Austria nel XIX e XX secolo.[28] Si diffuse inoltre in Inghilterra, più o meno nello stesso periodo, grazie alla Venerabile Teresa Higginson (1844–1905), un'insegnante cattolica. Ella ricevette una rivelazione privata da Cristo per annunciare che il suo Sacro Capo venisse venerato come Sede della Sapienza Divina, per espiare un periodo di terribile orgoglio intellettuale e di apostasia, e, allo stesso tempo, come antidoto salutare per l'orgoglio intellettuale.[29] Il contenuto essenziale di questa devozione può essere riassunto con le stesse parole di Teresa:

> yer 3, linea 66: «Domine mi Ihesu Christe, tu vere es caput omnium hominum et angelorum et dignitas rex regum et dominus dominancium, qui omnia opera facis ex vera et ineffabili caritate. Et quia caput tuum benedictum corona spinea coronari humiliter permisisti, idcirco caput et capilli tui benedcti sint et honorentur gloriose dyatemate imperiali celumque terra et mare et omnia, que creata sunt, in eternum tue subiaceant et obediant potestati. Amen.» Anche *ibid.*, linea 77: «Domine mi Ihesu Christe, quia benedictum cor tuum regale et magnificum numquam tormentis nec terroribus seu blandiciis flecti potuit a defensione regni tui veritatis et iusticie nec tuo sanguini dignissimo in aliquo pepercisti sed magnifico corde pro iustitia et lege fideliter decertasti legisque precepta et perfeccionis consilia amicis et inimicis tuis intrepide predicasti et pro defensione ipsorum cum tuis sanctis sequacibus moriendo in prelio victoriam obtinuisti, idcirco dignum est, vt inuictum cor tuum in celo et in terra semper magnificetur et a cunctis creaturis et militibus triumphali honore incessanter laudetur. Amen.»

28. In particolare, la devozione esisteste nel Klagenfurt, Austria, dove un'immagine del Sacro Capo di Cristo fu venerata dopo un miracolo. Si veda J. Maier, *Des heiliges Hauptes Mahnung und Trost*, Konrad Walcher, Klagenfurt 1917 e G. Baumann, «Iconographische Betrachtung zum «Heiligen Haupt zu Klagenfurt». Ein volksbarockes Andachtsbild als Erbe alter europäischer Bildtraditionen». In *Unvergängliches Kärnten. Beitrage zur Haitmatkundige Kärntens. Die Kärntner Landsmannschaft* (10/1976), pp. 57–71.

29. Dovrebbe essere notato che la devozione al Sacro Capo di Nostro Signore non ancora si giova della piena approvazione delle autorità della Chiesa. Tuttavia, almeno un Arcivescovo di Liverpool ha dato l'imprimatur alla litania del Sacro Capo. La causa per la beatificazione della Venerabile Teresa Higginson fu inviata a Roma nel 1935, ma il caso fu accantonato nel 1938, apparentemente a causa della sua promozione di tale devozione non autorizzata dalla Chiesa.

Io stavo considerando il meraviglioso amore del Sacro Cuore e offrendo al mio Divino Sposo questo stesso amore per espiare la nostra freddezza, e la sua costanza ed infinita ricchezza per compensare la nostra povertà e miseria, quando il nostro divino Signore all'improvviso mi presentò la divinità come una grande pietra di cristallo lucente nella quale tutte le cose sono riflesse o sono—sia passate, presenti che future—in tale modo tutte presenti a Lui. Questa immensa pietra preziosa emanava flussi di luci riccamente colorati, più brillanti di ogni comparazione con diecimila soli, che compresi essere la rappresentazione degli attributi infiniti di Dio. Inoltre questo grande gioiello sembrava essere coperto da innumerevoli occhi che compresi rappresentassero la Sapienza e la Conoscenza di Dio... Il nostro Signore benedetto mi mostrò questa Divina Sapienza come il potere che guidava i moti e gli affetti del Sacro Cuore, mostrandomi che esso aveva lo stesso effetto e potere sopra la sua più piccola azione, e la sollevava, come il sole attrae i vapori dall'oceano. Mi diede ad intendere che una devozione e venerazione speciale doveva essere attribuita al Sacro Capo di Nostro Signore come Sede della divina Sapienza e potere guida del Sacro Cuore, portando così a compimento questa devozione celeste.[30]

Teresa spiegò chiaramente come questa devozione sarebbe il completamento alla devozione del Sacro Cuore. La devozione al Sacro Capo di Cristo è un'espressione dell'adorazione verso la Sapienza del Padre e dell'Amore di Dio rivelato, nella Luce che sorge nelle tenebre e illumina ogni persona in questo mondo. L'adorazione del Sacro Capo di Nostro Signore è particolarmente diretta alla Sede della Divina Sapienza, perché il Capo di Cristo è il santuario dei poteri della sua Anima e delle facoltà della sua Mente ed in queste vi è la Sapienza che guidò ogni sollecitudine del Sacro Cuore e le azioni dell'intero

30. C. KERR, *Teresa Helena Higginson*, Sands and Company, London 1927, p. 104.

La mente ed il cuore della Fede 291

Essere di Gesù nostro Signore e Dio. Questa devozione non separa gli attributi della sua Anima o Mente, o della divina Sapienza che guidò, governò e diresse ogni cosa in Cristo, vero Dio e vero Uomo, ma li raccoglie tutti insieme per essere onorati in modo speciale, con il suo sacro Capo adorato come il loro Tempio. Come il capo è anche il centro di tutti i sensi del corpo, così anche questa devozione è il completamento non solo della devozione al Sacro Cuore, ma il coronamento e la perfezione di tutte le devozioni.[31]

La devozione al Sacro Capo di Gesù, inoltre, costituirebbe un'espiazione ed un antidoto all'orgoglio intellettuale dell'uomo in questa era moderna. L'uomo offende la divina Sapienza per mezzo dell'abuso dei poteri della sua mente e per mezzo dei suoi peccati, tendendo, perciò, a cancellare l'immagine di Dio Trino in lui impressa. Inoltre, a causa di questa esagerata follia, l'uomo tenta persino di rubare la creazione del suo Dio. Se il sole fosse tolto, noi non potremmo avere la luce o il calore. Se la fede, la luce dell'anima, fosse portata via, l'umanità soffrirebbe la decadenza e la desolazione. La saggezza di questo mondo, che è in effetti follia, dal periodo dell'Illuminismo ha portato l'uomo nell'abisso delle tenebre che è l'Inferno. Nel passato, quando il cuore dell'uomo si oppose a Dio, il Sacro Cuore di Gesù davvero umano ma già divino, perché unito alla Persona di Dio nel Figlio, fu oggetto di espiazione. Gesù rivelò l'ardente amore del suo Sacro Cuore e, addolorato per la freddezza dell'uomo, chiese una riparazione, e le anime furono scaldate in quella fornace d'amore divino e bruciarono di nuovo nella carità verso il Dio dell'Amore. In questo periodo attuale della storia, in cui l'orgoglio dell'intelletto e la ribellione aperta contro Dio e la sua legge rivelata stanno perfidamente riempiendo la mente dell'uomo, allontanandolo dal dolce giogo di Gesù e vincolandolo alle catene fredde e pesanti della ricerca autonoma di un giudizio soggettivo, ogni desiderio di essere governato viene abbandonato e ognuno aspira a governarsi da

---

31. Cf. *ibid.*, pp. 105–106.

solo nella disobbedienza a Dio e alla sua santa Chiesa. Nei confronti di questa necessità di una guarigione spirituale, Gesù il Verbo incarnato, la Sapienza del Padre che divenne obbediente anche nella morte sulla Croce, di nuovo ci offre un antidoto, un oggetto che può e fa, e in ogni caso farà e pagherà cento volte il debito che è contratto con la giustizia infinita di Dio.[32]

Cristo conferisce un senso unitario a tutte le sillabe, le parole, le opere della creazione e della storia, perché nell'Incarnazione annoda in sé tutta la storia della salvezza, l'umanità e l'intera creazione.[33] Egli, da re eterno, tutto ricapitola in sé.[34] È attraverso Cristo che il fascino della ragione trova il suo vero significato e il più profondo scopo, perché Egli prese l'uomo a Sé e Lui «da invisibile divenne visibile, da incomprensibile comprensibile, da impassibile passibile, da Verbo divenne uomo. Egli ha ricapitolato tutto in se stesso, affinché come il Verbo di Dio ha il primato sugli esseri sopracelesti, spirituali e invisibili, allo stesso modo egli l'abbia sugli esseri visibili e corporei. Assumendo in sé questo primato e donandosi come Capo

---

32. Cf. *ibid.*, pp. 131–132. La teologia della devozione è meravigliosamente espressa anche nella Litania al Sacro Capo di Gesù, che si riferisce al Sacro Capo di Gesù, formato dallo Spirito Santo nel grembo della Beata Vergine Maria, sostanzialmente unito alla Parola di Dio, Tempio della Divina Sapienza, Cuore dell'eterna chiarezza, Santuario d'infinita intelligenza, Provvidenza contro l'errore, Sole del cielo e della terra, Tesoro di scienza e pegno di fede, raggiante di bellezza, giustizia e amore, pieno di grazia e di verità, Lezione vivente di umiltà, Riflesso dell'infinita grandezza di Dio, Oggetto di delizia per il Padre celeste, che riceve le carezze della Beata Vergine Maria, sul Quale riposa lo Spirito Santo, che ha permesso a un riflesso della gloria divina di brillare sul Tabor, coronato di spine, consolato dall'amabile gesto della Veronica, che dirige i movimenti del Divino Cuore, che governa il mondo, che giudicherà tutte le nostre azioni e che speriamo di contemplare un giorno, svelato.

33. Si veda Papa GIOVANNI PAOLO II, *Discorso all'Udienza Generale* (14 Febbraio 2001), 1.

34. Si veda *Ef* 1,10 e S. IRENEO, *Adversus haereses*, Libro III, capitolo 21, n. 9 in *PG* 7, 954.

La mente ed il cuore della Fede 293

alla Chiesa, egli attira tutto in sé».[35] Questo confluire di tutto l'essere in Cristo, centro del tempo e dello spazio, si compie progressivamente nella storia superando gli ostaoli, le resistenze del peccato e del Maligno.[36] Cristo rivelò Dio all'uomo, e presenta l'uomo a Dio. Allo stesso tempo, Egli preservò l'invisibilità del Padre, nel timore che l'uomo disprezzasse Dio per un'eccessiva familiarità, cosicché esso sempre dovesse conquistarsi qualcosa e impegnarsi per questo. D'altra parte, Cristo davvero manifestò Dio agli uomini, nel timore che l'uomo, allontanandosi del tutto da Dio, smettesse di esistere. Perché la gloria di Dio è la persona vivente; e la vita dell'uomo e della donna consiste nel contemplare Dio. Quindi se la manifestazione di Dio attraverso la creazione dà vita in terra a tutti i viventi, a maggior ragione la manifestazione del Padre mediante il Verbo dà vita a quelli che lo contemplano.[37]

Perciò, in Cristo, qualsiasi frammentazione tra la fede e la ragione è superata e qualsiasi opposizione tra la conoscenza e l'amore è sanata e trasfigurata. Dio è in assoluto la sorgente originaria di ogni essere; ma questo principio creativo di tutte le cose—il Logos, la ragione primordiale— è al contempo un amante con tutta la passione di un vero amore. In questo modo l'*eros* è nobilitato al massimo, ma contemporaneamente così purificato da fondersi con l'*agape*.[38] Se il mondo antico aveva sognato che, in fondo, vero cibo dell'uomo—ciò di cui egli come uomo vive—fosse il Logos, la sapienza eterna, adesso questo Logos è diventato veramente per noi nutrimento—come amore. L'Eucaristia ci attira nell'atto oblativo di Gesù. Noi non riceviamo soltanto in modo statico il Logos incarnato, ma veniamo

---

35. S. Ireneo, *Adversus haereses*, Libro III, capitolo 16, n. 6 in *PG 7*, 925–926.
36. Si veda Papa Giovanni Paolo II, *Discorso all'Udienza Generale*, 14 Febbraio 2001, 2.
37. Si veda S. Ireneo, *Adversus haereses*, Libro IV, capitolo 20, n. 7 in *PG 7*, 1037.
38. Papa Benedetto XVI, *Deus caritas est*, 10.

coinvolti nella dinamica della sua donazione.[39] In questa vita terrena, la guarigione della mente e del cuore ci è data attraverso Cristo nella Santissima Eucaristia,[40] nel dono del suo Corpo e Sangue, che ci ricrea prima di vedere il Padre, il Figlio e lo Spirito Santo faccia a faccia nella pienezza della Visione Beatifica, che perfeziona ogni conoscenza naturale e soprannaturale e l'amore che noi abbiamo come pellegrini in questo mondo passeggero.

---

39. Papa BENEDETTO XVI, *Deus caritas est*, 13.
40. Una delle prime descrizioni di questo effetto dell'Eucaristia si trova in S. IRENEO, *Adversus haereses*, Libro V, Capitolo 2, n.2 in *PG 7*, 1125–1128: «E poiché siamo sue membra e siamo nutriti mediante la creazione—egli stesso ci procura la creazione, facendo sorgere il suo sole e mandando la pioggia come vuole—dichiarò che il calice proveniente dalla creazione è il suo proprio sangue e proclamò che il pane proveniente dalla creazione è il suo proprio corpo, con il quale si fortificano i nostri corpi.»

Bibliografia

Papa Giovanni Paolo II, Lettera Enciclica *Fides et ratio* (1998).

Papa Benedetto XVI, Lettera Enciclica *Deus caritas est* (2005).

Artigas M., *La intelegibilidad de la naturaleza*, Eunsa, Pamplona 1992.

Behe M. J., Dembski W. A., & Meyer S. C., *Science and Evidence for Design in the Universe*, Ignatius Press, San Francisco 2000.

Chenu M. D., *La teologia come scienza nel XIII secolo*, Jaca Book, Milano 1995.

Ciancio C., Ferretti G. (a cura di), *In lotta con l'Angelo. La filosofia degli ultimi due secoli di fronte al Cristianesimo*, SEI, Torino 1989.

D'Arcy M. C., *The Mind and Heart of Love*, Faber and Faber, London 1946.

Dawson C., *Il cristianesimo e la formazione della civiltà occidentale*, Rizzoli, Milano 1997.

Dreyer M., *Razionalità scientifica e teologia nei secoli XI e XII*, Jaca Book, Milano 2001.

Fabro C., *L'uomo e il rischio di Dio*, Studium, Roma 1975.

Gilson E., *Le réalisme méthodique*, Téqui, Paris 1935.

Idem, *Dio e la filosofia*, Massimo, Milano 1984.

Idem, *L'ateismo difficile*, Vita e Pensiero, Milano 1983.

Guardini R., *La fine dell'epoca moderna*, Morcelliana, Brescia 1993.

HODGSON, P. E., *The Roots of Science and its Fruits*, St. Austin Press, London 2002.

IDEM, *Theology and Modern Physics*, Ashgate, Oxford 2005.

JAKI, S. L., *La Strada della Scienza e le Vie verso Dio*, Jaca Book, Milano 1988.

IDEM, *Cosmos and Creator*, Scottish Academic Press, Edinburgh 1980.

IDEM, *Il Salvatore della scienza*, LEV, Città del Vaticano 1992.

IDEM, *Science and Creation. From eternal cycles to an oscillating universe*, Scottish Academic Press, Edinburgh 1986².

IDEM, *Dio e i cosmologi*, LEV, Città del Vaticano 1991.

IDEM, *Lo scopo di tutto*, Ares, Milano 1994.

IDEM, *Ciencia, Fe, Cultura*, Libros MC, Madrid 1990.

IDEM, *Genesis 1 Through the Ages*, Real View Books, Royal Oak, MI 19982.

IDEM, *Means to Message. A Treatise on Truth*, Eerdmans, Grand Rapids 1999.

LADRIÈRE J., *L'articulation du sens*, Cerf, Paris 1984.

LAURENTIN R., *Dio esiste ecco le prove*, Piemme, Casale Monferrato 2001.

LÉONARD A., *Le ragioni del credere*, Jaca Book, Milano 1994.

LIVI A., *Filosofia del senso comune. Logica della scienza e della fede*, Ares, Milano 1990.

IDEM, *La filosofia e la sua storia*, Società Editrice Dante Alighieri, Città di Castello 1996-1997.

NEWMAN J. H., *Grammatica dell'assenso*, Jaca Book-Morcelliana, Milano 1980.

NICHOLS A., *A Grammar of Consent. The Existence of God in Christian Tradition*, University of Notre Dame Press, Notre Dame, Indiana 1991.

TRESMONTANT C., *L'intelligenza di fronte a Dio*, Jaca Book, Milano 1981.

VAN STEENBERGHEN F., *Les preuves de l'existence de Dieu dans les écrites de S. Thomas d'Aquin*, Éditions de l'Institut Superieur de Philosophie, Louvain-la-Neuve 1990.

Indice dei nomi

A

Adam, K. 145, 146, 226, 227
Adamo 36
Adriano 233
Agostino, S. 4, 13, 67–71, 77,
    87–88, 97, 99–100, 108,
    117, 119, 146, 195, 216,
    219, 226, 240, 243, 253,
    263–264, 274–278
Al-Ashari 169
Alberto Magno, S. 24, 95–96,
    120, 172, 254
Al-Biruni 170
Alessandro di Hales 120, 197
Alexander, S. 21
Al-Ghazzali 169
Amenophis IV 166
Anselmo, S. 71, 88, 119, 197,
    198, 199, 201, 206
Aquila 234
Aristotele 3, 5, 29, 30, 35, 96,
    96, 163, 168, 96, 136,
    117, 168, 169, 170, 229,
    283
Artigas, M. 27, 177
Atanasio di Alessandria, S.
    78, 79, 80, 81
Augusto 233
Autolico 83
Averroè 96, 119, 170
Avicenna 170
Ayer, A.J. 146

B

Bacon, F. 125
Barbour, I.G. 19, 20
Barlow, N. 183
Barrett, P.H. 185
Basilio, S. 195
Baumann, G. 289
Bautain, L.-E.-M. 140, 142
Bayle, P. 131
Belloc, H. 253
Benedetto XVI, Papa 15, 35,
    55, 116, 192, 243, 293,
    294
Benson, R.H. 237, 244, 245,
    250, 251
Bergh, B. 288
Bergson, H. 20
Bernardo di Chiaravalle, S. 90,
    91, 92, 93, 94, 119, 288
Boezio 71, 72, 87, 119
Bonald, L. de 140, 141
Bonaventura, S. 108, 109,
    110, 111, 115, 119, 197,
    279–280, 287
Bonetty, A. 140, 142
Bosi, A. 4
Braithwaite, R.B. 18
Brentano, F. 21
Bridgman, P.W. 17
Brigida di Svezia, S. 288
Browning, E.B. 271
Brown, R.E. 272
Bultmann, R. 21
Buridano, G. 162, 163, 170

C

Carey, G.W. 190
Carnap, R. 17
Cartesio, R. 127, 128, 200, 201
Caterina la Grande 193
Cesare 229

Chesterton, G.K. 1, 125, 154, 156, 157
Claudio 233
Claudio Galeno 235
Clemente di Alessandria 75, 76
Commodo 235
Comte, A. 17, 126
Concili
 Concilio di Firenze 263
 Concilio Laterano IV 28
 Concilio Vaticano I 2, 34, 173, 239, 240, 241, 243, 244, 246, 250, 253, 254, 256
 Concilio Vaticano II, 51, 173, 219, 235, 236, 245, 246, 260, 261
Copleston, F. 16, 123, 124
Craig, W.L. 209

D

D'Alessio, D. 154
Darwin, C. 183, 184, 185, 186, 187
Davide 231
Dawkins, R. 186, 187
Diderot, D. 131, 193, 194
Diocleziano 228
Dubray, C.A. 14
Duhem, P. 171
Dulles, A. Cardinal 208, 210, 223

E

Egidio Romano 111
Eklund, S. 288
Engels, F. 137, 148
Enrico di Gand 112
Eulero, L. 193, 194, 195

Eusebio di Cesarea, S. 232, 233
Eva 36

F

Feuerbach, L.A. 137
Fichte, J.G. 136
Fitzmeyer, J.A. 272
Flavio Giuseppe 232, 233
Francesco di Sales, S. 271, 280–283
Freud, S. 147, 148, 149, 153

G

Gaio Cecilio Plinio Secondo 233, 234
Gaio Svetonio Tranquillo 233
Galileo Galilei 172, 173, 245
Gargiulo, A. 217
Gaunilone 198–199
Giacomo, S. 57, 230
Gillespie, N.C. 184
Gilson, E. 7, 16, 20, 21, 115, 154, 155, 156
Giobbe 42
Gioberti, V. 138
Giovanni Damasceno, S. 85, 86, 195, 196, 268, 269
Giovanni della Croce, S. 77, 217, 218, 286
Giovanni Paolo II, Papa S. 1, 18, 22, 33, 37, 38, 45, 48, 60, 62, 86, 98, 104, 125, 127, 138, 153, 156, 158, 159, 173, 174, 177, 182, 191, 232, 237, 247, 256, 257, 258, 259, 260, 292, 293
Giovanni, S. 53, 57, 144, 230
Giovanni XXII, Papa 123
Giustino, S. 74, 75

Indice dei nomi

Gödel, K. 134, 211, 212
Goffredo di Fontaines 111
Gray, A. 184
Gregorio di Nyssa, S. 77
Guglielmo di Champeaux 16, 90
Guglielmo di Ockham 17, 121–124, 139
Guglielmo di Saint-Thierry 94, 95, 278, 279
Guglielmo di Tocco 96

H

Haeckel, E. 186
Haffner, P. 15, 37, 54, 207, 235, 248, 263
Haldane, E.S. 128
Harnack, A. von 125
Hartmann, N. 21
Hawking, S.W. 175, 176, 177
Hegel, G.W.F. 136, 137, 149, 185
Heidegger, M. 21, 150, 151
Higginson, T. 289–290
Hilbert, D. 209–210
Hitler, A. 189
Hobbes, T. 125
Huet, Vescovo di Avranches 139
Hume, D. 126, 134, 135
Husserl, E. 21
Huxley, T.H. 186, 188

I

Ignazio di Loyola, S. 247–248
Ilario di Poitiers, S. 59, 65–67, 216
Ildegarda di Bingen, S. 172
Innocenzo XI, Papa 225
Ippocrate 283
Ireneo, S. 61–62, 292, 293, 294

Isacco 193
Isaia 45, 47, 52
Isidoro di Siviglia, S. 73, 74

J

Jaki, S.L. 2, 21, 33, 55, 128, 135–136, 138, 154, 161, 163–165, 168–171, 175, 177–181, 185, 187–190, 210–212, 215, 235, 256, 259
James, W. 20
Jansen, C. 129
Jaspers, K. 150
Jesus Ben Sirach 38

K

Kant, I. 3, 6, 20–21, 133–136, 145, 153, 179, 206, 217, 272
Kerr, C. 290
Kierkegaard, S. 149–150
Knox, R.A. 28
Kuhn, T.S. 163

L

Lamennais, H.-F.R. de 140, 141, 142
Lattanzio 64, 65
Laurentin, R. 154
Leibniz, G.W. 200, 201
Leone XIII, Papa 244, 245
Lessing, J.G. 131
Lewis, C.S. 274
Locke, J. 131
Lollio Massimo 134
Lonergan, B. 21
Löwith, K. 154
Luca, S. 230
Ludovico di Baviera 123

Lullo, R. 97
Lutero, M. 124, 125, 150

M

Macaulay, T.B. 225–226
Maier, J. 289
Malebranche, N. 128–129, 138
Manno, A.G. 115
Maometto 230
Marcel, G. 151
Marco Aurelio 235
Marco, S. 230
Maréchal, J. 21
Maria, Madre di Dio 62, 143, 143
Maritain, J. 21
Marx, K. 137, 148–149, 189
Matete 60
Matteo, S. 230
Maurer, A.A. 21
McDermott, J.M. 247
McKenzie, J.L. 272
Mendel, G. 162
Mendelssohn, M. 131
Mersenne, M. 125
Messori, V. 256
Mill, J.S. 17, 126
Mivart, St. George J. 185–186
Monet, J.B. de, Chevalier de Lamarck 183
Moore, G.E. 21
Mosè 229
Murphy, R.E. 272

N

Needham, J. 164
Nerone 233
Neurath, O. 17
Newman, B. J.H. 3–5, 121, 143–144, 220–221, 225, 227, 236, 250

Newton, Sir I. 132, 163
Nietzsche, F. 21, 153, 154
Nostradamus 231
Noyes, A. 161, 193

O

O'Collins, G. 275, 276
Orazio 134
Oresme, N. de 163
Origene 76–78

P

Paley, W. 212, 213, 214
Paolo, S. 47–56, 77, 90, 91, 94, 121, 221, 226, 230, 234, 286
Pascal, B. 129–131, 193, 223–224, 285–286
Piaget, J. 185
Pieper, J. 265
Pietro Abelardo 16, 89, 90, 96, 97, 119
Pietro Lombardo 90, 112
Pietro, S. 46, 56, 144, 230, 230
Pio IX, Papa B. 173
Pio XI, Papa 173
Pio XII, Papa 249, 250, 251, 273, 274
Platone 16, 108, 228, 229, 283
Plinio il Vecchio 234
Poincaré, J.H. 190
Ponzio Pilato 45, 233
Pope, H. 253
Popper, K.R. 179
Priscilla 234
Pseudo-Dionigi l'Areopagita 24, 26, 27, 87, 254

Q

Qoheleth 41

Quintiliano 234

R

Raeymaeker, L. de 26
Rahilly, A.J. 6
Rahner, K. 21
Ramsey, F.P. 18
Ratzinger, J. 55
Ratzinger, J. Cardinal 256
Rees-Mogg, W. 221
Reichenbach, H. 17
Reiten, E.A. 95
Riccardo di San Vittore 87
Roscellino di Compiègne 88, 89, 90
Rosmini, A. 138, 139
Ross, G.R.T. 128
Russell, B. 21, 147
Ryle, G. 18

S

Santayana, G. 20
Sartre, J.-P. 21, 151–153
Scheler, M. 21
Schelling, F.W. von 136
Schleiermacher, F. 6, 273
Schlick, M. 146
Scoto, B. Giovanni Duns 16, 111–117, 120, 123, 205–206
Scruton, R. 34
Seneca 2, 283
Setticio Claro 233
Shakespeare, W 191
Sigeri di Brabante 97, 119
Singh, S. 194
Socrate 283
Spinoza, B. 128
Stannard, R. 212

T

Tacito 229, 233
Templeton, J.M. 212
Teofilo di Antiochia 59, 83–84
Teresa d'Avila, S. 77
Tertulliano 63–64, 119, 146
Thompson, F. 121
Tito 232
Todisco, O. 115
Tommaso d'Aquino, S. 6, 12, 20, 21, 24–28, 30–31, 37, 87, 96–110, 113, 114, 116, 117, 120, 124, 127, 156, 157, 178–179, 201–205, 206, 208, 212, 216, 238–239, 241, 243–244, 248–250, 252, 254, 262–263, 265, 266, 267, 272, 273, 274, 276
Tommaso il dubbioso, S. 46
Toulmin, S. 18

U

Ugo di S. Vittore 237

V

Vespasiano 226, 232
Voltaire, F.-M.A. de 131

W

Walzer, R. 235
Whitehead, A.N. 21
Wolff, C. 131

Z

Zuanazzi, G. 202

Indice Generale

Prefazione v
Abbreviazioni vii
1 Strumenti della ragione 1
   1.1 La ragione 2
   1.2 La conoscenza 6
   1.3 La prospettiva realista 15
   1.4 L'analogia 23
   1.5 La causalità 38
2 Fonti Scritturali 33
   2.1 Antico Testamento 36
   2.2 Nuovo Testamento 45
3 Le vie patristiche 59
   3.1 L'Occidente cristiano 61
   3.2 L'Oriente cristiano 74
4 Significato medievale 87
   4.1 S. Anselmo 88
   4.2 La Scolastica Francese 89
   4.3 S. Alberto Magno 95
   4.4 S. Tommaso d'Aquino 96
   4.5 S. Bonaventura 108
   4.6 Beato Giovanni Duns Scoto 111
5 Il meandro moderno 121
   5.1 La frattura della Sintesi Medievale 121
   5.2 Cartesio 127

5.3 Pascal 129
5.4 L'Illuminismo 131
5.5 Gli Hegeliani 136
5.6 L'ontologismo 138
5.7 Fideismo e Tradizionalismo 139
5.8 John Henry Newman 143
5.9 Karl Adam 145
5.10 L'ateismo 146
5.11 L'esistenzialismo 149
5.12 Il nichilismo 153
5.13 Gilson e Chesterton 154

6 L'intrigo scientifico **161**
6.1 La nascita della scienza e la scienza dei suoi aborti ..162
6.2 La cosmologia del Big Bang 175
6.3 La tattica evoluzionistica 181

7 Le prove dell'esistenza di Dio **193**
7.1 L'argomento ontologico 197
7.2 Le vie del Dottor Angelico 201
7.3 Le vie del Dottor Sottile 205
7.4 L'argomento cosmologico 206
7.5 L'argomento della contingenza 208
7.6 L'argomento teleologico 212
7.7 L'argomento estetico 216
7.8 L'argomento antropologico 218
7.9 L'argomento della coscienza 219
7.10 L'argomento del consenso universale 221
7.11 L'argomento dall'inquietudine umana 223
7.12 La scommessa di Pascal 223
7.13 I motivi della credibilità 225
   7.13.1 La sopravvivenza della Chiesa 225
   7.13.2 La credibilità delle Scritture 228
   7.13.3 La corroborazione non-cristiana 232
   7.13.4 L'impatto positivo del cristianesimo 235

8 La Fede è ragionevole 237
- 8.1 Impatto reciproco 237
- 8.2 Ragione e Sintesi 254
- 8.3 La Fede e l'Irrazionale 260

9 La mente ed il cuore della Fede 271
- 9.1 Amore e Ragione 271
- 9.2 La Razionalità Divina 287

Bibliografia 295

Indice dei nomi 299

Indice Generale 305

www.ingramcontent.com/pod-product-compliance
Lightning Source LLC
Chambersburg PA
CBHW022105150426
43195CB00008B/269